子どもに年収を聞かれたら？

11歳から親子で考える お金の教科書

頼藤太希
高山一恵

日経BP

はじめに

「うちの年収っていくらなの？」――子どもからそんな質問を受けて困ったという話をよく耳にします。どう答えたらいいものでしょうか。

「そんなこと、子どもは知らなくていいのっ！」などと叱りつけて、切り捨ててしまうのも気が引けます。これからの**社会を生き抜いていくうえで、お金の話は大事**。学習指導要領の改訂により、２０２２年４月から高校の家庭科で「資産形成」の授業がスタートしましたが、家庭での金融教育にも力を入れる必要があると思います。

私たちは、夫婦ともファイナンシャルプランナー（ＦＰ）で、これまでに２０００人以上の個人マネー相談にのってきました。

若い人のご相談を受けて驚かされるのは、**有名な大学を出て、大企業で働く20代、30代から、実は、数百万円の借金があると打ち明けられる機会が少なくない**ことです。

理由としては、クレジットカードのリボ払いやＦＸ投資が多いです。さわやかで利発そうな若者から、「もうすぐ結婚するので、それまでにこの借金をなんとかしたい」といった相談を受けることが、実際によくあるのです。一方で、堅実にお金を貯め、積立投資などで戦略的にお金を増やしている20代、30代も多くいます。

今の若い人たちの金銭感覚は二極化しているようです。そんな**金銭感覚の格差は、学歴や職歴とはあまりリンクしていない**ようです。お金と上手につきあうスキルは、進学に必要な学力や、就職に必要な社会的スキルとは少し違って、別の教育が必要です。

個人マネー相談を重ねるなかで痛感するのは、金銭感覚は、なんといっても親の影響が大きいということ。お金を貯めたり、増やしたりするのが上手な人は「親が家計管理にうるさかった」「親が資産運用をしていて、教えてもらった」などとおっしゃいます。親子の会話のなかにある「お金の話」が、お金の教育ではとても大事です。

そんなことは、誰もが多かれ少なかれ、感じているのではないかと思います。お金は人生と切っても切り離せないとても大切なもの。だから、**子どもにはしっかりとした金銭感覚を身につけてほしい。けれど、自分自身、お金のことを正しく理解できているかというと、ちょっと心もとない**。あるいは、子どもとお金の話をするのがなんとなく気が引けたりして、お金について伝えるきっかけがつかめない。

そんなモヤモヤを感じる方も多いのではないかと思って書いたのが、本書です。

私たちも11歳の息子ヒロを育てています。夫婦ともＦＰですから、ヒロが幼いころから、お金についてどう教えるのがいいのだろうかと試行錯誤してきました。ひとつの結論として、**11歳になる小学校5年生というのは、お金について体系的に教えはじめるのに、いいタイミング**だと思います。小学校5年生というと、学校で「百分率（パーセント）」を習う学年。４年生で学びはじめる「割合」の扱いにも慣れてきて、なにかと比率が出てくるお金の話を理解する素地が整ってきます。それと同時に社会への関心が広がる時期です。だからこそ、親の年収をしつこく尋ねてきたりします。

せっかく子どもがお金に関心を持ったなら、お金の学びにつながる答えを返したいものです。**子どもの「知りたい！」に答えるかたちで、親として、ＦＰとして伝えたいことを伝えるには、どうしたらいいか**を考え、本書にまとめました。


執筆に先立ち、ヒロやその友だち、ママ友、パパ友に「お金について知りたいこと」や「お金について子どもに聞かれて困ったこと、うまく答えられなかったこと」などをヒアリングしました。「年収」に「電子マネー」「投資」「暗号資産」「ＮＩＳＡ」など、さまざまなトピックが浮かび上がりました。これらを、お金を「上手に稼ぐ」「上手に使う」「上手に貯めて、上手に増やす」という3つの章に分けて、取り上げます。

生きていくには、お金を稼がなければなりません（**上手に稼ぐ**）。けれど、お金はただたくさん稼げばいいというものではなく、稼いだ収入の範囲内でメリハリをつけて、お金を上手に使えば、幸せに生きていくことはできます（**上手に使う**）。お金を上手に使い、将来のためにお金を貯めることが大事です。お金を貯める仕組みをつくり、貯蓄に加えて、堅実な投資を実践する（**上手に貯めて、上手に増やす**）。これができれば、人生100年時代も力強く生き抜いていけるでしょう。本書を通じて私たちがお伝えしたいメッセージです。

本書では、25個のトピックを、ＦＰママとＦＰパパ、そしてヒロの**3人家族の会話形式**で、まとめています（説明の都合で、ホントのわが家の事情と違うところも少しあります）。楽しく学べるように、**1コマ漫画**や**イラスト**、**図解**を多く入れました。難しいところもあるお金の話を、子どもにどう説明するのがいいのか。原稿を少し書いては、ヒロに話して、ちゃんとわかってもらえるかどうか、飽きずに楽しく話を聞いてもらえるかどうかを確認しながら、書き進めました。

結果として、**大人がお金の基本を学び直すのにもちょうどいい**1冊になったと思います。**中学受験や高校受験で問われるような「社会」の知識**も含みます。ＦＰ家族の会話は「回答例」のひとつで、絶対の正解というわけではありません。図解したさまざまなデータや資料などを、会話や学びのきっかけにしていただければと思います。

日本では、家族のあいだでも、お金のことを話すのは気が引ける、はしたないという意識が強いように感じます。家族のあいだだからこそ、気が引けるときもあるでしょう。けれど、子どもは好奇心旺盛。日々の生活のなかで、さまざまなお金の話を見聞きしては、「うちの親の年収ってどれくらいなんだろう？」「どうしたらお金持ちになれるんだろう？」といった疑問をたくさん膨らませています。親が疑問に答えてくれないと、怪しいところから知識を引っ張ってきてしまいかねません。

さて、冒頭にお示しした「うちの年収っていくらなの？」に対する「正しい答え方」とは、どのようなものでしょうか。ＦＰ夫婦も思わずたじろいだこの質問への対応は、第1章で、お伝えします。本書が、親子で楽しくお金について学ぶきっかけとなるなら、うれしいかぎりです。読者の皆さんのお役に立てることを心から願っています。

2023年3月

頼藤 太希

高山 一恵

登場人物

FPパパ

資産運用が専門のファイナンシャルプランナー（FP）で、投資の相談に乗ることが多い。FPママと一緒に会社を経営。ゲーム好き。

FPママ

ライフプランが専門のファイナンシャルプランナー（FP）で、家計管理の相談に乗ることが多い。家事より仕事のほうが好き。

ヒロ

FP夫婦の子ども。小学校5年生。ゲーム好きで、プログラミングを習っている。好きな科目は社会と算数。肉より炭水化物が好き。

イラスト・漫画　高田真弓

第1章

上手に稼ぐ

第2章

上手に使う

第3章

上手に貯めて、上手に増やす

まぁてぇ〜
長期
リスク
くらえっ
積立
分散

第1章

上手に稼ぐ

子どもに年収を聞かれたら？

平均年収を入り口に「お金の学び」を始めよう

ねえ パパと ママって どれくらい 稼いでんの？
○○さんの資産公開！
えっ
正直に言う
ごまかす

子どもから年収を聞かれて困った――。そんな親御さんの話をよく耳にします。「そんなこと、子どもは知らなくていいのっ！」などと切り捨ててしまうのは考えものですが、**自分の年収をズバリ教える必要はない**と思います。FP夫婦のお勧めは、**平均年収を切り口に「お金の学び」につなげること**です。

ねえ、ママ、ちょっと聞きたいことがあるんだけど。

なに？

うちの年収ってどれくらいなの？

子どもに
年収を
聞かれたら？

えっ？　急にどうしたの？

このあいだ学校の友だちと「うちの親ってどれくらい稼いでいるんだろうね」って話題になったんだ。

そっか、そうなんだー。まあ、確かに気になるよね。じゃあさ、ヒロはどれくらいだと思う？

うーん、うちは、1年に何回か家族で旅行にいくし、僕は塾にも通わせてもらっているし、ママがあんまり料理しないから外食も多いじゃん。だから結構稼いでいるのかなって。

おっ。鋭いな。じゃあさ、日本の平均って、どれくらいだと思う？

平均かあ……。普通のうちの年収はどれくらいかってことだよね。

まあ、ざっくりいえばそういうことだね。答えを教えちゃうと、**日本の会社員の平均年収は４４３万円**なんだ（※）。

へーっ。じゃあ、月額にすると、４４３万円÷12＝36万９１６６円っていうところか。

大人はだいたい1カ月に37万円くらいもらっているんだ。

37万円を全部、使えるわけじゃないよ。**年収から税金や社会保険料というお金が差し引かれる**んだ。だいたい年収の20％くらい引かれるんだよ。だから実際には、４４３万円から20％を差し引いた３５４万４０００円を12で割った約30万円が1カ月に使えるお金。これを「手取り収入」って呼んだりする。

ふーん。そうなんだ。税金と社会保険料ってなんなの？

税金は、国や都道府県、市町村に支払うお金のこと。税金はみんなが安心して暮らしていくために必要な交番や救急車、ゴミ収集、学校などに使われているんだ。
もし、税金がなかったら大ケガをしても救急車がこなかったり、きてくれても、すごく高いお金を払わなくてはいけなくなったりしてしまうんだよ。ごみ収集が止まっちゃったりしたら、臭くてたまらないよね。

そうだね。手元に入ってくるお金が減ってイヤだなって思ったけど、税金は僕たちの生活を支えるために必要なんだね。

そうだよ。だから、税金は国民が支払う義務があるんだ。
社会保険は、病気になったり交通事故にあったり、生きていくうえで困ったことが起きたときに、みんなで助けあうためにあるんだよ。もし、ママやパパが病気になって働けなくなったら、お給料がもらえなくて家族が困るよね。そんなとき、あらかじめみんなから集めたお金から助けてもらえるんだ。病院にいったときに支払うお金も、社会保険のおかげで安くなっているんだ。

ふーん……。ところでさ、平均年収はわかったけど、わが家の年収はどれくらいなの？

うーん、うちは、ママもパパも働いているから、平均年収よりは高いかな。

平均年収より高いってことは……1000万円とか？

そこは秘密♪

年収は、仕事の種類や働いている年数で変わってくるんだよ。ネットで調べてみたらだいたいの金額はわかるんじゃないかな。

そうなんだ。じゃあ検索してみようかな。ママたちはファイナンシャルプランナー（FP）だから、「FP　平均年収」みたいな感じだよね。ついでに、どんな仕事だと年収が高いのか調べてみようっと。

※国税庁「民間給与実態統計調査」（令和3年）

解説

子どもに年収を聞かれると答えに困ってしまいますが、子どもがお金に興味を持った貴重なタイミング。お金の学びにつなげたいものですね。

自分の年収をズバリ子どもに教える必要はありません。親の年収を聞く子どもの好奇心は「大人はどのくらいのお金を持っているのだろう」という漠然としたものです。FP夫婦のお勧めは、**「日本の会社員の平均年収＝４４３万円」を伝える**こと。子どものなかに大人の年収に対するイメージができるので、最初の好奇心はある程度、満たされます。できれば、**年収から税金や社会保険料が差し引かれている**ことも伝えたいですね。税金や社会保険について説明できると、社会の仕組みも学べます。

ご自身が働く業界や職種の平均年収を伝えるのもいいと思います。**いろんな業界や業種の平均年収を調べれば、将来の職業選択に関心を持つきっかけになる**でしょう。

ポイント　**「会社員の平均年収＝４４３万円」を教える**

- ▼子どもに年収を聞かれたときには、会社員の平均年収を伝えるのがお勧め
- ▼「年収＝使えるお金」ではない。税金や社会保険のことを忘れないで！
- ▼年収は働く業界や職種によって変わる。業界や業種別の年収を調べて、将来の職業選択について考えよう

子どもに
年収を
聞かれたら？

平均年収が高い職業ランキング

男女総合

1位	医師	1378万円
2位	航空機操縦士	1072万円
3位	大学教授(高等専門学校=高専=を含む)	1072万円
4位	その他の経営・金融・保険専門職業従事者	1030万円
5位	法務従事者	945万円
6位	大学准教授(高専含む)	856万円
7位	管理的職業従事者	840万円
8位	歯科医師	787万円
9位	システムコンサルタント・設計者	734万円
10位	研究者	714万円

男性と女性でも、
結構、違いがあるね

女性

1位	医師	1054万円
2位	大学教授(高専含む)	999万円
3位	法務従事者	879万円
4位	その他の経営・金融・保険専門職業従事者	872万円
5位	大学准教授(高専含む)	821万円
6位	管理的職業従事者	730万円
7位	大学講師・助教(高専含む)	649万円
8位	小・中学校教員	633万円
9位	著述家、記者、編集者	630万円
10位	高等学校教員	618万円

男性

1位	医師	1470万円
2位	航空機操縦士	1107万円
3位	その他の経営・金融・保険専門職業従事者	1100万円
4位	大学教授(高専含む)	1091万円
5位	法務従事者	970万円
6位	歯科医師	874万円
7位	大学准教授(高専含む)	871万円
8位	管理的職業従事者	851万円
9位	音楽家、舞台芸術家	763万円
10位	システムコンサルタント・設計者	758万円

＊厚生労働省「賃金構造基本統計調査」(令和3年)をもとに試算

ユーチューバーはどれくらい稼げるの?

年収ゼロ円から10億円まで。格差もあれば夢もある

ついにユーチューブデビューだな!!
グフフフ
ヒロ&ケンチャンネルのヒロでーす
ケンでーす
これでオレたちもお金持ちだな~!!
グフフフ
YouTube
KEN
HIRO

子どもがなりたい職業の上位にランクインする「ユーチューバー」。年収で見れば格差が大きく、夢があると同時に厳しい競争社会であることがわかります。ヒロもユーチューバーに興味津々。とある休日、お気に入りのユーチューブ番組を見ていたら……。

ねえねえ。僕がいつも見ているユーチューブのこの番組、チャンネル登録者数が1000万人だよ。すごくない?

1000万人! それはすごいわ!

このあいだ、番組で自宅を紹介していたんだけど、すごい豪邸に住んでいてびっ

くりしたんだ。どれくらい稼いでいるのか気になるなー。

じゃあ、調べてみようか。ユーチューバーの年収を推定しているサイトがあったわよ（※）。このサイトによると、**有名な人気ユーチューバーは年収1億円を超える**みたいね。多い人だと、年収10億円以上だって。

年収10億円！　すごすぎだよ！　でも、どうやってそんなに稼いでいるの？

おっ、いい質問だね。**ユーチューバーが稼ぐ仕組みはいろいろあるけど、主な収入源は「広告収入」**だよ。ユーチューバーって、テレビ局みたいに番組や動画をつくっているじゃん？　ヒロはさ、なんでテレビ番組を無料で見られるのか、わかる？

広告があるからだよね。

そうだね。ＮＨＫはちょっと違うけど、民放（民間放送）だったら、番組と番組のあいだなんかにいろんな広告が流れるよね。それを見てヒロが「いいな」と思ったお菓子を、パパが買ったりするじゃん。だから、お菓子をつくっている会社はヒロに広告を見てもらいたくて、広告を流すお金をテレビ局に払うんだ。そのお金で番組をつくっているから、ヒロは無料でテレビ番組を見られるってわけだよね。

ユーチューブもそれと同じってこと？

基本的にはね。ユーチューブで、見たい番組の動画のサムネイルをクリックすると、番組動画の前に広告動画が流れたりするだろ？

確かに！　番組を見ている途中で広告が流れるときもあるよ。

その広告を視聴者がクリックしてもっと長く見てくれたりすると、ユーチューバーにお金が入ってくる。細かいことをいうと、広告を出している会社からユーチューブを運営している会社に広告料が支払われて、その一部がユーチューバーに入るんだ。

それで10億円も稼げちゃうんだ。いいなー。

でも、誰でも広告収入をもらえるわけじゃないのよ。自分が投稿した動画の視聴者が広告をクリックしても、広告収入をもらえないユーチューバーもたくさんいるの。

そうなのー？　それじゃあ「年収ゼロ円」ってことだね。

そうなんだ。広告収入をもらうには、いくつかの条件を満たしていないとダメなんだよ。例えば、チャンネル登録者数が１０００人を超えていることだとかね。

なかなか厳しいんだね。条件を満たした人はどれくらいの広告料がもらえるの？

番組の人気によっても違うけど、１回の動画再生で０・１円ならいいほうだね。

じゃあ、１００回で10円。……えっ、１万回再生でも、たった１０００円！　そういえば、僕が好きなユーチューバーが「編集がまじ大変」っていっていたっけ。

そうだね。ちゃんと稼げているユーチューバーは全体の１割くらいといわれているし、相当大変だと思うよ。コツコツ編集するのも、アイデアを出すのもね。でも、その努力が視聴者に支持されれば大きく稼げるわけだから、夢もあるよね。

※ Tuber Town「2023年版 Youtuber 年収・収入ランキング」

ユーチューバーは
どれくらい
稼げるの？

ユーチューバーはどう稼ぐ?

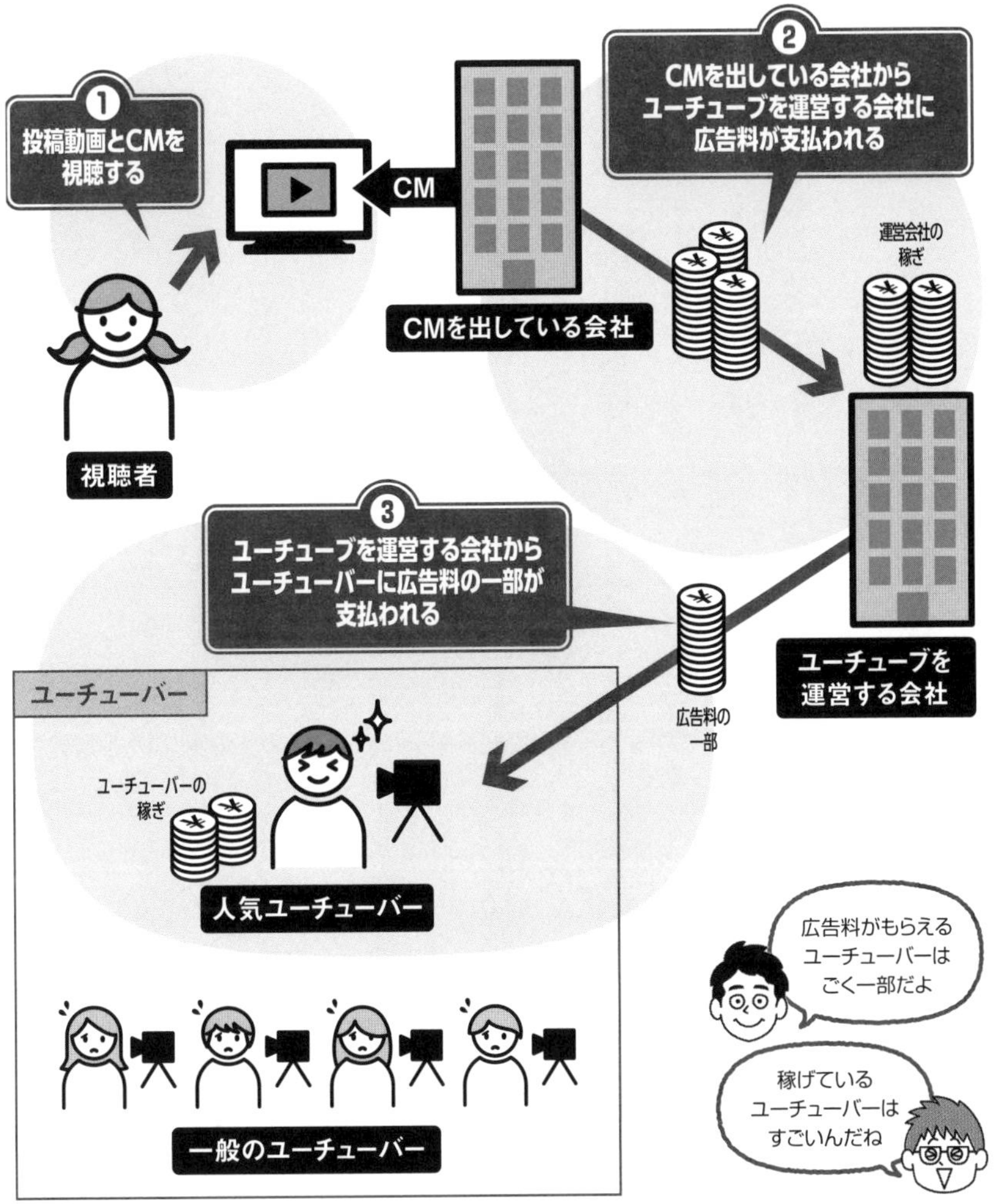

①投稿動画とCMを視聴する
CM
②CMを出している会社からユーチューブを運営する会社に広告料が支払われる
CMを出している会社
運営会社の稼ぎ
視聴者
③ユーチューブを運営する会社からユーチューバーに広告料の一部が支払われる
ユーチューブを運営する会社
広告料の一部
ユーチューバー
ユーチューバーの稼ぎ
人気ユーチューバー
一般のユーチューバー
広告料がもらえるユーチューバーはごく一部だよ
稼げているユーチューバーはすごいんだね

解説

子どもに大人気のユーチューブ。ユーチューバーがどんな生活をしているのか、子どもたちは興味津々のようです。

子どもの関心は「ユーチューバーがいくら稼いでいるのか」に向かいがちですが、将来、自分たちも働くということを考えれば、**ユーチューバーは「どうやって稼いでいるのか」を知ることが大事**です。ユーチューバーのビジネスモデルを、子どもに伝わる言葉で説明できるといいですね。

ＦＰ夫婦がヒロに説明した通り、ユーチューバーの主な収入源は「広告収入」です。ユーチューバーが投稿した動画を再生していると、よく広告が表示されますよね。これらの広告に企業が支払う広告料の一部が、ユーチューバーの収入になります。

ユーチューバーになるのに特別な資格は不要で、基本的には誰でもなることができます。けれど、広告収入を得るにはユーチューブのパートナープログラムに参加する必要があります。参加するためには、チャンネル登録者数が１０００人を超えているなどの条件を満たさなければなりません（２０２３年2月現在）。また1回の動画再生で得られる広告収入は０・1円程度だとされます。こうした仕組みやトレンドもどんどん変わりますから、日々、研究が欠かせません。

そう考えると、**ユーチューブの動画配信だけで生活していくのはなかなか難しい**ですね。ちゃんと稼げるユーチューバーは全体の1割ほどといわれ、**人気ユーチューバー**

はかなりの工夫と努力をしているはずです。大好きなユーチューバーが、どんな工夫や努力を重ねているのか。そんなことも子どもと話せると、将来の自分の職業選択や働き方、稼ぐ力について考えるきっかけになるでしょう。

　子どもたちに人気の職業は、時代の変化を受けて変わっていきます。ユーチューバーがこれほど人気を集めるようになったのは、ごく最近のこと。小学生の「なりたい職業ランキング」を次ページ以降に掲載しました。２０１１年から２０２１年の10年間での変化などを眺めながら、「なぜ人気の職業が入れ替わったのか？」「今から10年後に人気を集めそうな職業はなにか？」といったことを話しあってみるのも、いいと思います。**自分の将来の職業は、今はまだ存在しない職業かもしれない**のです。

ポイント　大きく稼げる仕事には、夢もあるけど厳しさもある

▼人気ユーチューバーの年収は1億円を軽く超え、夢がある職業なのは確か

▼ちゃんと稼げるユーチューバーは、全体の1割ほどしかいない。厳しい職業でもある

▼人気の職業は時代によって変わる。自分の将来の職業は、今はまだない職業かもしれない。

男子

2021年度		
1位	サッカー選手・監督など	7.9%
2位	野球選手・監督など	6.2%
3位	医師	5.0%
4位	ユーチューバー	4.6%
5位	ゲーム制作関連	4.0%
6位	会社員・事務員	3.8%
7位	プロゲーマー	2.7%
8位	建築士	2.7%
9位	飼育員	2.6%
10位	料理人・シェフなど	2.5%

2011年度		
1位	野球選手・審判など	15.7%
2位	サッカー選手・指導者	12.3%
3位	医師	5.9%
4位	その他スポーツ	4.0%
5位	学者・研究者など	3.7%
6位	ゲーム関連(クリエーターなど)	3.2%
7位	バスケットボール選手など	3.0%
8位	自動車関連	2.6%
9位	コック・料理人など	2.4%
9位	建築士	2.4%
9位	漫画関係	2.4%

2021年度は「ユーチューバー」が上位にランクインしたよ!

プロゲーマーなど、ゲーム関連の仕事の人気も上がっているね

‖ **小学生の「将来なりたい職業」ランキング — 10年間の変化**

女子

2021年度

1位	医師	5.8%
2位	看護師	5.1%
3位	保育士	5.0%
4位	イラストレーター	4.7%
5位	教師	4.4%
6位	薬剤師	4.0%
7位	美容師	3.6%
8位	パティシエール	3.3%
9位	獣医	2.7%
10位	会社員・事務員	2.0%

2011年度

1位	保育士	10.6%
2位	パティシエ・ケーキ屋など	8.6%
3位	医師	6.1%
4位	教師	5.0%
5位	看護師	4.7%
6位	デザイナー各種	4.0%
7位	漫画関係	3.6%
8位	美容師・ヘアメイク	3.5%
9位	獣医師・動物病院	3.5%
10位	薬剤師・調剤士	2.9%

女子の1番人気は、
保育士さんからお医者さんに
変わったのね

よく見ると、
ほかにもいろんな
変化があるよ。
探してみよう

＊日本フィナンシャルプランナーズ協会「2021年小学生『将来なりたい職業』ランキング」をもとに作成

将来、AIやロボットに仕事を奪われちゃうの？

創造力とコミュニケーション力を磨いて頑張ろう

AI（人工知能）やロボットが普及すると、便利になる一方で、雇用が失われるという懸念もあって、子どもたちも結構、気にしています。実際には、AI時代にも生き残りやすい仕事があり、それらにはコミュニケーション力や創造力が求められるといった特徴があります。FP家族も先日、ファミレスでこの話題になり……

わーい！　今日は外食だー！　たくさん食べていい？

もちろんよ！　一緒にデザートも食べちゃおっかー？

将来、
AIやロボットに
仕事を奪われちゃうの？

やったー！

よーし、今日はパパもビールを飲んじゃおう♪　ここのファミレスチェーンは、コストパフォーマンスがいいから、お財布を気にしないで食べられて、ありがたいよね。

じゃあ、僕がまとめてタブレットで注文するよ。

今はタブレットで注文できちゃうからすごいわよね。

みんなのぶんの料理、注文したよ！

ヒロ、ありがとう。確かに、最近は便利になったね。スーパーやコンビニでも、セルフレジが増えたし。

セルフレジって、アレかな？　自分でピッとバーコードをかざして、お会計するやつ。

そう、それ。ヒロはよく観察しているね。これから日本は人口が減って働く人が少なくなるから、セルフレジのような自動化はますます進むだろうなあ……。

ねぇ、見て！　ロボットが料理を運んできたよ。すごいねー！

料理もロボットが運ぶ時代か。ヒロが大人になるころには、ロボットやＡＩがやる仕事がもっと増えているんだろうね。

あ、僕、それ、ちょっと気になっているんだ。このあいだ先生に「君たちが大人になるころは、ＡＩとの競争だから大変だぞ！」っていわれて、それは怖いかもなあって。

そういえば、野村総合研究所とオックスフォード大学の共同研究があったな（スマホで検索）……。この研究によると、ヒロが大人になるころには、日本の労働人口の約49％が、今の仕事をＡＩやロボットに代替されてしまう可能性が高いんだ。

えーっ！　そうなの？　僕は将来、プログラマーになりたいんだけど大丈夫かなー？

どんなプログラミングをやるかによると思うわよ。ＡＩやロボットにも得意な仕事と苦手な仕事があるからね。そのあたりの違いを考えてみると、答えが見えてくるんじゃない？

うーん。計算は人間よりもＡＩやロボットが得意そうだよね。

そうだね。だから、税理士や会計士の人たちは危機感を持っているんだ。「会社の数字」を計算する仕事だからね。これからは数字を使って、もっと「会社の経営」にアドバイスできるようになろう、なんていう話が出ているよ。

そうなんだ！　ロボットが料理を運んでくれるならウェイターさんも必要なくなっちゃいそうだよね。自動車も自動運転が普通になったらタクシーの運転手さんもいなくなるかも……。

誰がやってもあまり変わらない単純な仕事ほど、ＡＩやロボットにやってもらうほうがいいから、人間の仕事としては消えちゃいそうね。でも、ＡＩやロボットは、人の気持ちを理解したり、ゼロから新しいアイデアを出したりするのは苦手そうだから、コミュニケーション能力が必要な仕事や創造力が必要な仕事とかは生き残るのかもね。

コミュニケーション能力と創造力が必要な仕事か……。じゃあ、学校の先生とか、お医者さんとか？　あっ、ユーチューバーも生き残りそう！

そうだね。じゃあ、ヒロがやりたいプログラマーは、どうなるかな？

うーん。例えば、ゲームだったら、わくわくするようなストーリーやアイデアがないと人気ゲームにならないから、創造力が必要だよね。ゲームプログラマーなら生き残れるかな？

そうだね。誰かに指示された通りにプログラミングをするのはＡＩのほうが得意そうだけど、わくわくするようなストーリーを考えるのは、人間のほうが向いていそうだよね。これからのゲームづくりでは、ストーリーやアイデアを人間が考えて、ＡＩがプログラミングをするといったかたちで、仕事を分担していくのかもしれない。

お医者さんとかは、どうかな？　年収が高い仕事だったよね？

そうだね。お医者さんの仕事でも、レントゲンを見て病気を診断するのは、ＡＩのほうが向いているっていう話もあるよ。ともあれ、ヒロが大人になるころにはもっとＩＴ化やＡＩ化が進んでいるだろうから、ＩＴ（情報技術）やＡＩを使いこなす能力は絶対につけておかないといけないよね。ＡＩを活用しながら、ＡＩにはできない仕事をするってことなんだろうね。

なるほどねー。いろいろ考えてみようっと。よーし、ＡＩに負けないぞ！

解説

オックスフォード大学のマイケル・オズボーン教授とカール・ベネディクト・フレイ博士が、２０１３年に発表した論文「雇用の未来」は、世界に衝撃を与えました。米国において**今ある職業のうち、47％はコンピューターによって代替される可能性が高い**という内容です。２０１５年には、オックスフォード大学と野村総合研究所の共同研究で「日本の労働人口の約49％が、技術的には人工知能やロボット等により代替できるようになる可能性が高い」と推計されました。

人口減少に伴い、労働力の減少が予測される日本において、ＡＩやロボットを活用して労働力を補う流れは加速していくでしょう。

子どもたちもこのような情報をニュースなどで見聞きしていて、大人が感じるような不安を覚えているようです。自分たちが大人になったときにはＡＩやロボットはさらに進化しているわけですから、気にならないほうが不思議かもしれません。

せっかくなら、そんな子どもたちの気持ちを受け止めて、将来の職業選択について親子で考える時間をつくれるといいと思います。

「47％の仕事がコンピューターによって代替される」ということは、「**53％の仕事は代替されない**」ということです。どんな仕事が代替されにくいのかを、子どもには伝えたいですね。一般に、ＡＩやロボットに代替されやすい仕事は「単純作業」や「コンピューターだけで完結する仕事」などだとされます。反対に**ＡＩなどに代替されに**

くい仕事には「コミュニケーション能力が必要な仕事」「創造力が必要な仕事」「非定型的な仕事」などがあるとされます。

これらの条件を満たす仕事には、具体的にどのような仕事があるでしょうか。そのなかに、お子さんにとって興味がある仕事はあるでしょうか。そのような仕事をするには、これからどんな能力を身につけておくことが必要でしょうか。飲食店で料理を運ぶ仕事などは「単純作業」のようにも思えますが、高度な「コミュニケーション能力」を必要とする場合もありますよね。

ＡＩやロボットを活用する時代には、新しい仕事も生まれます。**これから新しく生まれる「今はない仕事」も、AIなどに代替されにくい特徴を持っている**はずです。

まとめ　生き残るのは「コミュニケーション力」と「創造力」が必要な仕事

▼「AIやロボットに仕事を奪われる」ことを気にしている子どもは少なくない

▼AIなどに代替されにくい仕事は「コミュニケーション能力が必要な仕事」「創造力が必要な仕事」「非定型的な仕事」

▼これから新しく生まれる仕事もある。それらにはAIなどに代替されにくい仕事と共通する特徴があるだろう

日本で、人工知能やロボットに「代替されやすい／代替されにくい」仕事

代替されやすい仕事（50音順）

一般事務員	建設作業員	タクシー運転者
受付係	自動車組立工	宅配便配達員
会計監査係員	新聞配達員	データ入力係
寄宿舎・寮・マンション管理人	スーパー店員	電気通信技術者
CADオペレーター	製パン工	電子部品製造工
行政事務員	石油精製オペレーター	電車運転士
銀行窓口係	倉庫作業員	ビル清掃員
警備員	惣菜製造工	保険事務員
経理事務員	測量士	ホテル客室係
検針員	宝くじ販売人	レジ係

代替されにくい仕事（50音順）

アロマセラピスト	社会学研究者	日本語教師
犬訓練士	獣医師	ネイル・アーティスト
映画監督	小・中学校教員	俳優
エコノミスト	小児科医	はり師・きゅう師
学校カウンセラー	商品開発部員	美容師
経営コンサルタント	スタイリスト	フードコーディネーター
ゲームクリエーター	スポーツインストラクター	保育士
外科医	精神科医	マンガ家
雑誌編集者	大学・短期大学教員	ミュージシャン
歯科医師	テレビカメラマン	レストラン支配人

＊ 野村総合研究所のニュースリリース「日本の労働人口の 49％が人工知能やロボット等で代替可能に」（2015年／野村総合研究所と、英オックスフォード大学のマイケル・A・オズボーン教授およびカール・ベネディクト・フレイ博士との共同研究の結果を報告）をもとに作成

将来、
AIやロボットに
仕事を取られちゃうの？

アメリカで、コンピューターに「代替されやすい／代替されにくい仕事」ランキング

	代替されやすい		代替されにくい
1位	テレマーケティング（電話営業）	1位	レクリエーション療法士
2位	不動産調査	2位	第一級の機械工や修理工の監督者
3位	裁縫師	3位	自然災害などの危機対応の責任者
4位	数理的技術者	4位	メンタルヘルスや薬物乱用のソーシャルワーカー
5位	保険業	5位	聴覚機能訓練士
6位	時計修理	6位	作業療法士
7位	貨物輸送	7位	義肢装具士
8位	税務申告書の作成	8位	医療ソーシャルワーカー
9位	写真現像	9位	口腔外科医
10位	銀行口座開設の事務	10位	第一級の消防・防災の監督者
11位	図書館司書	11位	栄養士
12位	データ入力	12位	宿泊施設の責任者
13位	時間計測器の組立、調整	13位	振付師
14位	保険請求の事務	14位	セールスエンジニア（技術的知識のある販売員）
15位	証券会社の事務	15位	内科医、外科医

あまり
聞いたことがない
仕事も多いね

「代替されやすい仕事」には、
デスクワークが多い気がするわね
「代替されにくい仕事」には、
体を使う仕事も意外に
多いかも

＊「雇用の未来（THE FUTURE OF EMPLOYMENT）」（2013年／マイケル・A・オズボーン教授およびカール・ベネディクト・フレイ博士による論文）をもとに作成

10000 壱万円 4

いらないものは「メルカリ」で売ればいいんじゃない？

商売の基本は「利益＝売上－経費」。フリマアプリでいざ実践

その本高そうだねェ
もう読みおわりそう？
読みおわった？
早く読みおわってよオ
早く売りたい〜
メルカリ

いらなくなったものはフリマアプリで売るのがイマドキの定番。**フリマアプリで不要品を売るのは、子どもに商売の基本を伝えるいい機会になります。**FP家族もフリマアプリの「メルカリ」を愛用していて……。

ヒロ、このゲームはいるの？　最近はあまり遊んでいないみたいだけど。

あっ、これ、昔はよく遊んだなあ。もう使わないかなあ……。でも、捨てちゃうのはもったいない気がして、ちょっとイヤなんだよね。そうだ、ママ、メルカリで売ってよ。

いらないものは「メルカリ」で売ればいいんじゃない？

いいわよ。このTシャツも小さいから、売っちゃおうか。

うん。そうだ！　僕のTシャツがメルカリで売れたら、新しいゲームを買ってくれない？　メルカリで買えば、安いじゃん！

あらっ！　ちゃっかりしているわね。でも売れるとはかぎらないわよ。

なんで？　スマホで写真を撮って、商品の説明とかをテキトーに書くだけでしょ？

そんなに簡単じゃないわよ。写真も上手に撮らないといけないし、値段をつけるときも結構、悩むのよ。**安くしないと売れないかもしれないし、安くしすぎるのもダメ**でしょ。商品の説明も「テキトー」じゃダメで、読んだ人が買いたくなるように考えないと売れないわ。

ヒロも**買う人の立場に立って考えれば、わかる**よ。

そうよね（スマホを操作）……。メルカリで子ども用のTシャツを買うときの画面って、こんな感じよ（スマホをヒロに見せる）。

うわー、僕のTシャツみたいなのがいっぱい！　値段もいろいろだね。

ヒロのTシャツとまったく同じTシャツだって売られているかもね。そのとき、ヒロが買う立場だったら、写真や値段、商品の状態とかをよく比べるんじゃない？

確かにそうだね……。

ママがメルカリでモノを売るときには、同じような商品がどのくらいの値段で売れた

のかを調べているのよ。メルカリでは、過去に売れた価格も調べることができるから。

どういうモノが高く売れるの？

売れる商品の条件はいろいろあるけど、きれいな商品のほうが高く売れるわね。

じゃあ、僕のこのTシャツ、ちょっと汚れているからダメかもね……。

そうね。いずれにせよ、**モノを売るにはいろんな工夫が必要**ってことよ。

あ、でもさ、汚れている服でも、汚れていることを隠して売ったらどうかな？

そうよね、そう思うわよね。メルカリでは、買った人に品物が届いた後に、買った人と売った人が、お互いを評価するの。その評価結果は誰でも見られるから、**汚れているのを隠して服を売ったりすると、「この人はひどい人ですよ！」という評価が、ネットに残っちゃう**。それを見たら、もう誰もその人から買わないわよね。

確かに！　だから、嘘をつく人もいなくなるってわけか。メルカリって、よくできているんだね。でも、メルカリはどうやって儲けているの？

いい質問だね！　メルカリは、商品を買いたい人と売りたい人をつなげる役割をしているよね。その代わり、商品が売れた代金の10％をもらうんだよ。これを「手数料」って呼ぶんだ。例えば、ヒロがゲームのソフトをメルカリに出品して、1000円で売れたとするよね。そうしたら、ヒロの「売上」は1000円だ。で、メルカリが受け取る「手数料」は「1000円×10％＝100円」になる。細かいことをいうと、ヒ

いらないものは
「メルカリ」で
売ればいいんじゃない？

メルカリで学ぶ「商売の基本」の公式

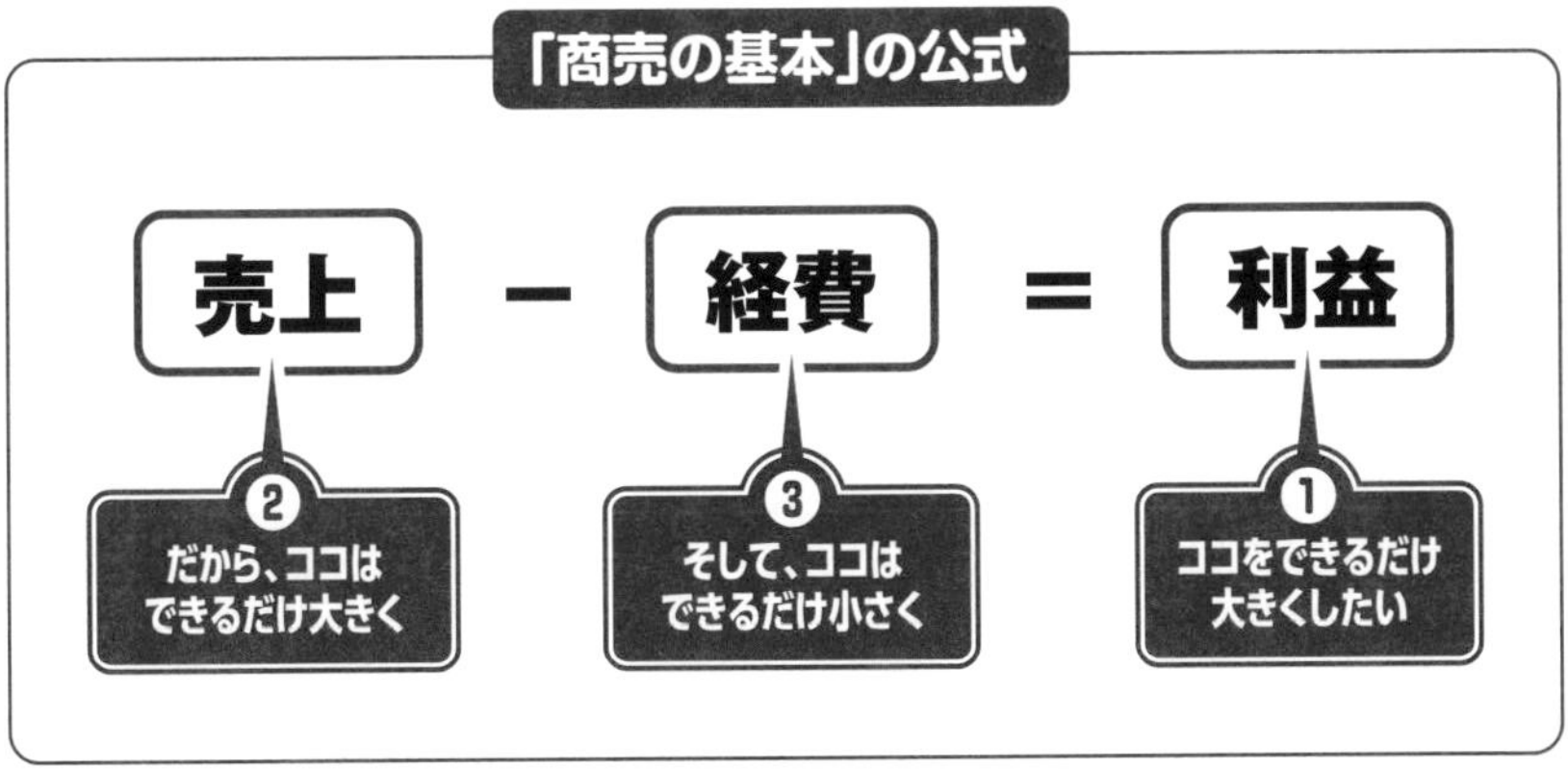

「商売の基本」の公式
売上
－
経費
＝
利益
②
だから、ココは
できるだけ大きく
③
そして、ココは
できるだけ小さく
①
ココをできるだけ
大きくしたい

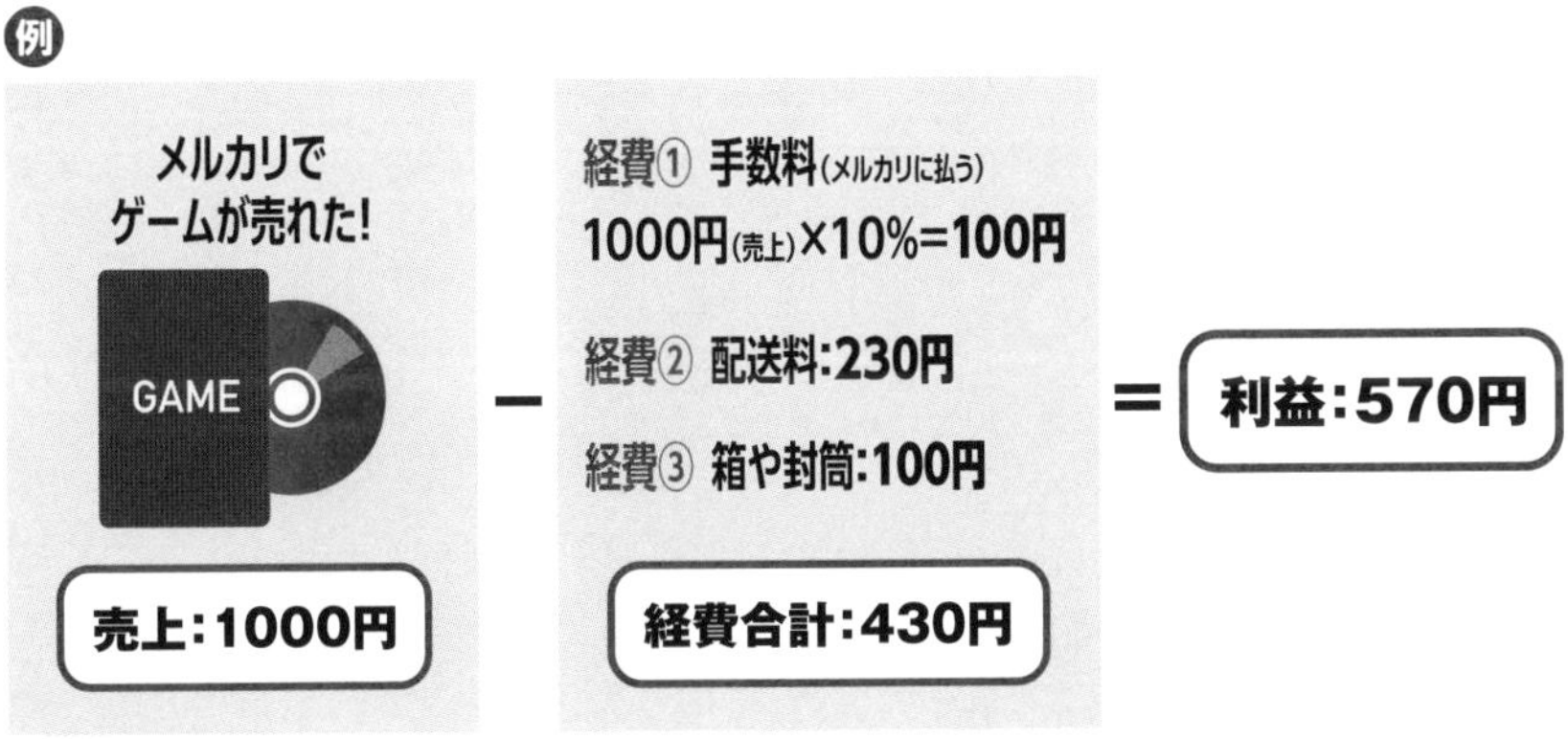

例
メルカリで
ゲームが売れた!
GAME
売上:1000円
－
経費① 手数料(メルカリに払う)
1000円(売上)×10%=100円
経費② 配送料:230円
経費③ 箱や封筒:100円
経費合計:430円
＝
利益:570円

ロのゲームを買った人は、その1000円を、まずメルカリに払うんだ。そこでメルカリは100円を手数料としてもらって、残りの900円をヒロに渡す。つまり、手数料の100円は、ヒロのゲームの売上から差し引かれるんだよ。

じゃあ、僕の利益は「1000円－100円＝900円」ってことになるね。

ところがそうじゃないんだなー。

なんで？

ゲームが売れたら、買ってくれた人にゲームを渡さないといけないよね。だから、ゲームを送るための送料がかかる。送料は、送るモノの大きさや重さ、配送の方法によって違うんだけど、例えば、送料が230円だったらどうなる？

そうか！　送料分も差し引くと、僕の利益は670円ってことか！

そうだね。ほかにも箱や封筒などにもお金がかかるから、利益はもっと減るね。

じゃあ、例えば箱や封筒がすごーく値上がりしたら、赤字になっちゃうかも？

そう！　今日はメルカリで商売の基本を勉強できたね！

商売の基本？

商売の基本は「売上－経費＝利益」なのよ。ゲームが1000円で売れたら、「売上＝1000円」ね。「経費」というのは、メルカリの手数料や送料、箱代とか。**商売では「利益」を大きくしたい**んだけど、それにはどうしたらいいと思う？

いらないものは
「メルカリ」で
売ればいいんじゃない？

うーん、**「売上」を上げる**ことだよね。ゲームが高く売れるほど、利益も増えるよね。

そう。でも、**「経費」を少なくする**ことも大事よ。送料を安く抑えるとか。

確かに！

よーし、商売の基本を学んだら実践もするか！　パパが手伝うから、ヒロのいらないものをメルカリに出品してみよう。売れたら、利益はおこづかいにしてもいいよ。

本当？　よーし、どうやったらたくさん利益が出せるか、よーく考えるよ！

パパはヒロに甘いわね。それにしても、スマホで簡単にいらないものを売れるのはすごいことだわ。ママたちが子どものころは、インターネットもここまで普及していなかったから、メルカリのようなサービスはなかったわ。

えっ！　そうなの？

メルカリは２０１３年に始まったのよ。ヒロが生まれた1年後ね。

そうなんだ。結構、新しいサービスなんだね。

このあいだＡＩやロボットに仕事を代替されるって話をしたよね。

うん。

ＡＩやロボットも仕事を奪うばかりじゃなくて、インターネットがメルカリを生んだみたいに新しいビジネスや仕事を生みだしていくんだと思うよ。

僕が新しいのをなにかつくっちゃうかもね！

解説

イマドキは、不要なものは「メルカリ」などフリマアプリで売るのが定番で、子どもにとっても馴染みのある存在になっています。

不要品があったら、スマホで写真を撮り、値段などの商品情報を入力して出品。買ってくれる人がいなかったら、値下げするなど改善策をとり、売れたら発送――。**フリマアプリの仕組みはシンプルで、子どもに商売の基本を教えるのに適しています。**

商売の基本は「売上－経費＝利益」。売上を最大化し、経費を最小化すれば、利益が最大化できるという公式です。将来、どんな仕事をするとしても必要な考え方で、子どものうちから知っておいていいと思います。

売上を上げるには、買う人のことを考えなくてはなりません。そもそもどんな商品が求められているのか、商品のよさを伝えるには、どこをアピールしたらいいか。写真の撮り方や商品説明、値段のつけ方など、工夫することはたくさんあります。

利益についても、しっかりと伝えたいですね。売れた値段がそのまま利益にはなりません。売上からメルカリに支払う手数料や配送料、梱包資材などの経費を差し引いた額が利益となります。売るために使う時間だって、ある種の経費です。

実際にご両親がサポートしながら、子ども自身が出品する体験をしてみるのもお勧めです。商売とはどういうものかが実感できるでしょう。

今や定番のメルカリですが、２０１３年に始まった割合、新しいサービスです。

私たち親世代が子どものころを振り返ると、不要品を売るといえば、古本屋さんや古着屋さん、リサイクルショップでの買い取りが主流でした。お店に持ち込む手間がかかりましたし、いくらで買ってもらえるかとなると不透明なところがありました。

インターネットの普及を背景に、**フリマアプリのようにスマホで手軽に個人間取引ができるサービスが誕生したのは、大きな進化**といえます。

ＡＩやロボットに仕事を代替されるという話もあります。けれど未来の職業の選択肢は、今ある仕事だけではありません。フリマアプリをきっかけに、新しい仕事が生み出されていくといった話をするのもいいですね。

まとめ　フリマアプリは商売の基本を学ぶのに好適

▼「メルカリ」などのフリマアプリは、子どもに「商売の基本」を伝えるのに適している

▼商売の基本は「売上－経費＝利益」。売上を最大化して、経費を最小化することで、利益を最大化する

▼フリマアプリで不要品を売ったり、フリマアプリのような新しいアプリを開発したりするのは、時代の変化が生んだ「新しい仕事」である

食べ放題でお店は潰れないの？

「原価率」と「人件費」に工夫あり

そんなに肉好きだっけ？
原価率が高いからね!!

子どもにも大人にも人気の食べ放題。たくさん食べれば食べるほど、お得な気分になりますね。なかには「お店が潰れてしまわないか」と心配する子どもも……。**食べ放題の仕組みを知れば、商売に不可欠な「原価」と「人件費」がわかるもの。**ＦＰ夫婦がヒロに解説しました。

わーい！　今日は、食べ放題のビュッフェレストランだ！　食べるぞー！

ヒロは食欲旺盛だからね。食べ放題だと好きなだけ食べてもらっても、お会計は変わらないからありがたいわ。

食べ放題で
お店は
潰れないの？

うん！

でも、食べ放題の時間は2時間と決まっているからね。

了解！　2時間あれば、デザートもたくさん食べられそう♪

ママはヒロほど食べられそうにないわ。

でもさー、僕みたいにたくさん食べる人ばかりきたら、お店が潰れちゃうんじゃないのかなー。ほらっ、あの人もお皿いっぱいにローストビーフを盛っているよ。

確かに心配になるよね。でも、ちゃんとお店側は潰れないように考えているんだよ。ほら、ヒロはこのあいだ、メルカリで商売の基本について勉強したよね。食べ放題のお店が潰れない理由は、商売の基本にヒントがあるよ。

えーっと、商売の基本は「売上－経費＝利益」だったよね。

そう！　よく覚えていたね。じゃあ、食べ放題で利益を出して儲けるためには、どうしたらいいとヒロは思う？

うーん、**売り上げを増やすことも大切だけど、経費を減らすことも大切**だったよね。ここの食べ放題はすごく人気で、たくさんお客さんがきているから、売上は多そうだよね。それで経費は……。

レストランの経費って、どんなことに使うお金だろうね？

お料理の材料費とか？　あとは、店員さんのお給料もあるよね。

その通り。

うーん、食べ放題だと、お客さんがたくさん食べるから、材料もたくさん必要で、材料費がかかっちゃいそうだよね。

そうだね。それでも利益が出るようにするには、どうしたらいいかな？

材料費の安い料理をたくさん出すとか？

うん、いい視点ね。レストランみたいな外食のお店では、材料費のことを「原価」、売上に対する材料費の割合のことを「原価率」っていうのね。で、ここのお店みたいに、ローストビーフやステーキ、パスタ、ピザ、カレーなんかを出す洋食のビュッフェレストランの場合、原価率はだいたい30～40％くらいといわれているのよ。

じゃあ、僕らが１０００円払ったら、そのうち、３００～４００円が原価？

そうね。でも、メニューによって違いがあるのよ。外食の会社で働いている人に話を聞くと、ローストビーフやステーキなどのお肉料理は、原価率が高めで40％くらいのことが多いんだって。一方、パスタやピザのような小麦粉からつくる料理や、カレーなどのご飯ものの原価率はだいたい20～30％で低めなのよ。

そうなの？　じゃあ、お肉料理をたくさん食べたほうがお得ってことだよね。

そうなんだよ。でも、人によっては、パスタやピザが好きでそればかり食べる人もいるよね。

それ、僕のことだね♪

ある人が原価率の高いお肉ばかり食べたとしても、ヒロみたいに原価率が低いパスタやピザを好んで食べる人もいる。パパはステーキが好きだけど、そればっかりだとやっぱり飽きちゃうから、ヒロほどじゃないけど、パスタも食べる。そうやって全体としては、バランスがとれるんだよ。つまり、お店側としては、**原価の高いものと低いものを組み合わせて提供することで、全体では利益が出る仕組みにしている**ってことだね。

それにお客さんにとっても、いろんなお料理があったほうがいいでしょ。

そうだね。僕はお肉ばっかりでパスタのない食べ放題なんてイヤだもん。

さっきの外食業界の人に聞いた話だと、ファミリーレストランの飲み放題のドリンクの原価はだいたい30円くらい。コーラみたいな炭酸飲料やコーヒーは特に安くて1杯15円〜20円くらいなんだって。最近はインフレで物価が上がっているから原価はもっと高くなっているかもしれないけどね。

うちがいつもいくファミリーレストランのドリンクバーセットは200円、僕は小学生だから100円だよね。僕のコーラは7杯飲まないと元がとれないんだね。

ママのコーヒーなんて14杯以上飲まないとダメね。ところで、原価のほかにも、経費ってなかったかしら？

えっとー、店員さんのお給料があったよね。「人件費」っていうんだよね。

お、よく知っているな！

あっ！　食べ放題のビュッフェだと、自分でお料理を取りにいくから、店員さんがたくさんいなくても大丈夫だよね。そのぶん、**食べ放題では人件費が減る**ってことか！

そうなのよ。それにビュッフェの場合、注文をとってから、お料理をつくるわけじゃないでしょ。あらかじめお店側が選んだ料理をまとめてたくさん料理しておけばいいから、その意味でもわりとラクなのよ。

ほら、うちでもママやパパが忙しかったり、疲れていたりするときは、週末にまとめてつくったカレーで夕飯を済ませたりするじゃん？

あ、そうだね。料理って、まとめてたくさんつくっておくほうがラクなんだね。

そう。お客さんの注文を聞いてからつくると、用意していた材料があまっちゃったり、逆に足りなくなっちゃったりしやすいっていうのもあるしね。ムダも出やすいんだ。

そっかー、ビュッフェって、いろんな工夫をして経費を減らしているんだね。

そう、**お客さんを喜ばせながら、いろんな工夫で経費を減らして、利益を出す**んだ。そういうのを**「儲けの仕組み」**とか**「ビジネスモデル」**と呼ぶよ。

そっかー。「儲けの仕組み」があるから、僕がどれだけ食べても、お店は潰れないんだね。よーし、安心してモリモリ食べるぞ！

食べ放題で
お店は
潰れないの？

食べ放題で学ぶ「経費の工夫」

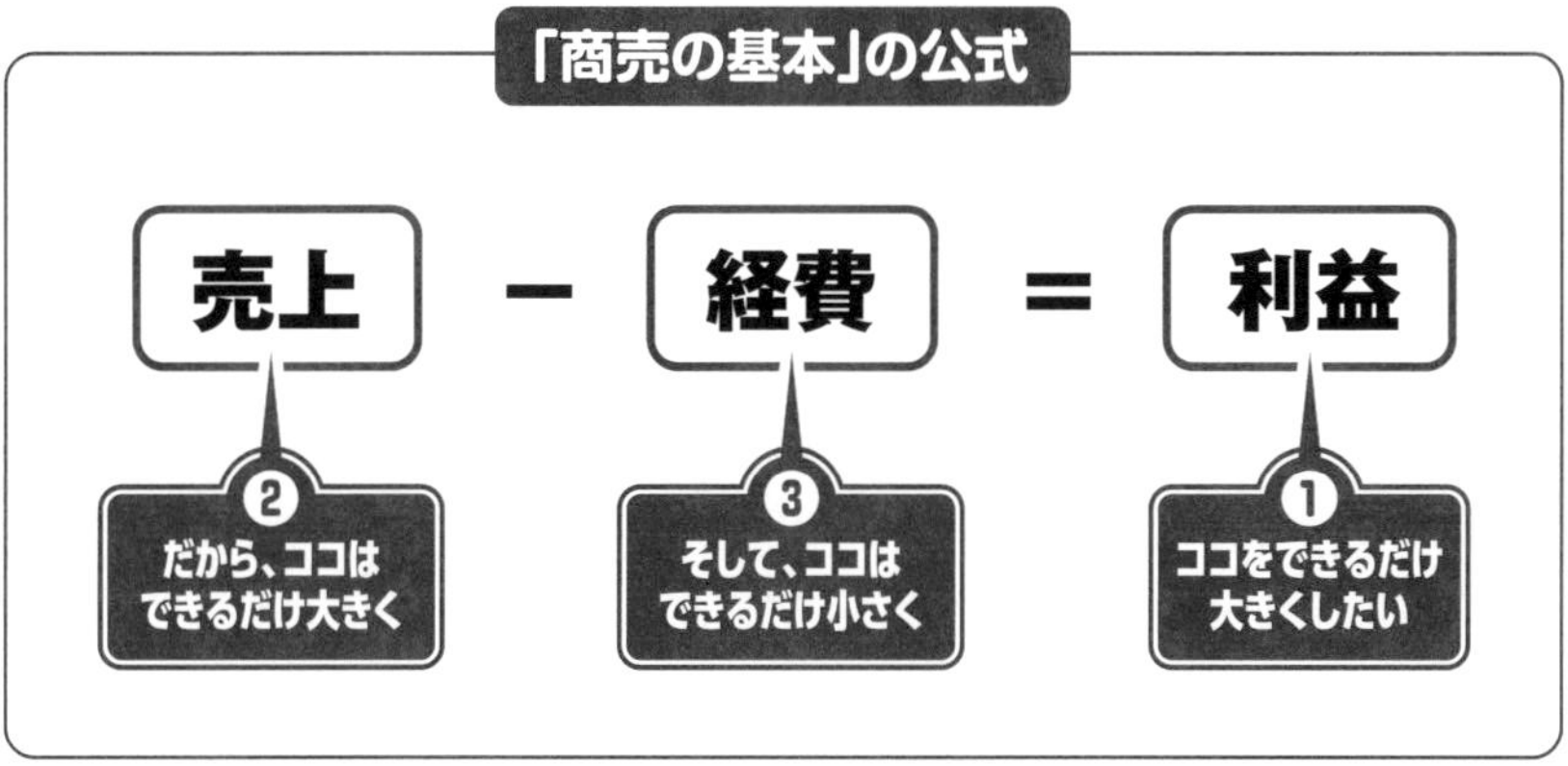

「商売の基本」の公式
売上
－
経費
＝
利益
❷ だから、ココはできるだけ大きく
❸ そして、ココはできるだけ小さく
❶ ココをできるだけ大きくしたい

例 食べ放題のお店

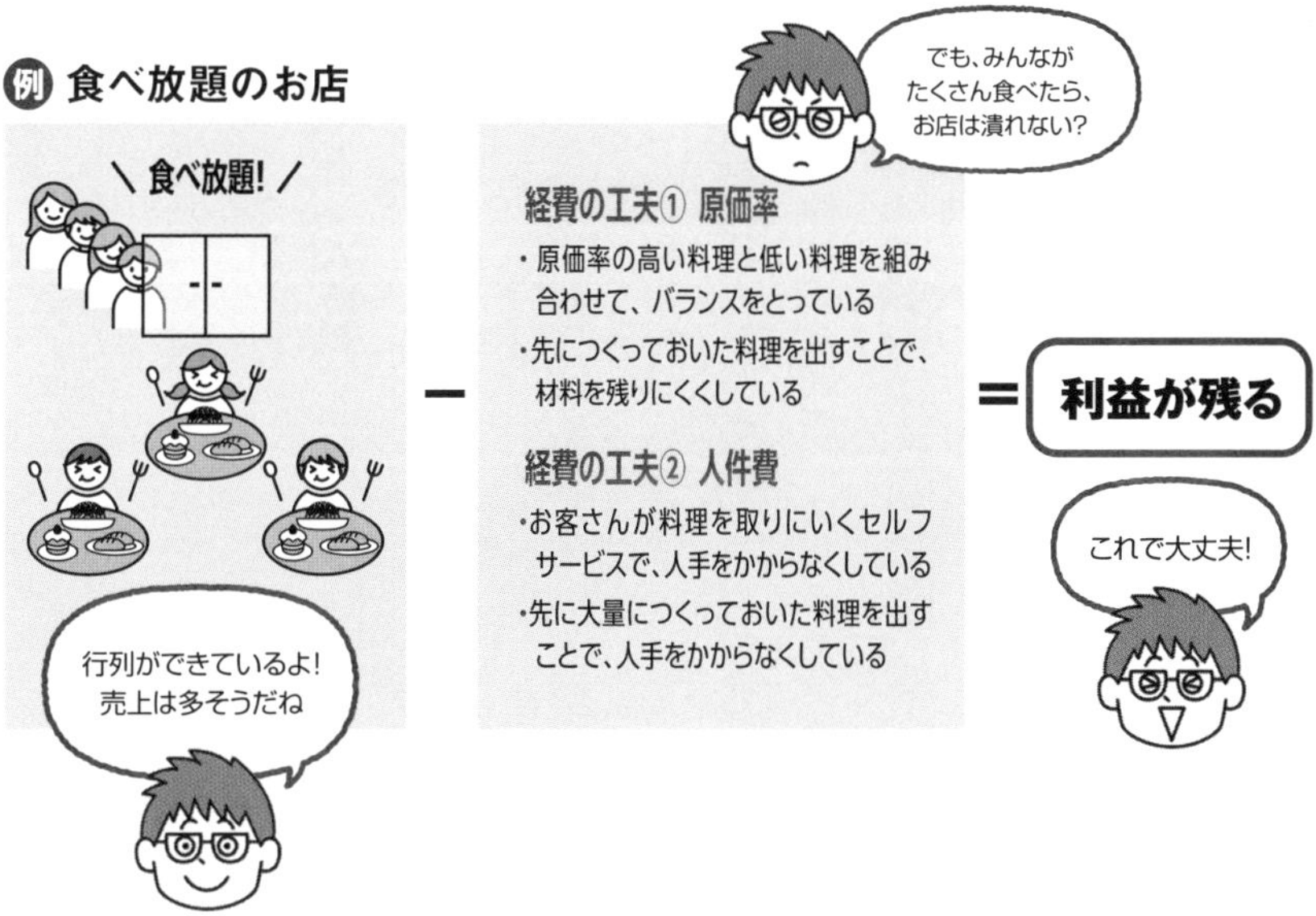

でも、みんながたくさん食べたら、お店は潰れない?
＼食べ放題!／
行列ができているよ! 売上は多そうだね
－
経費の工夫① 原価率
・原価率の高い料理と低い料理を組み合わせて、バランスをとっている
・先につくっておいた料理を出すことで、材料を残りにくくしている
経費の工夫② 人件費
・お客さんが料理を取りにいくセルフサービスで、人手をかからなくしている
・先に大量につくっておいた料理を出すことで、人手をかからなくしている
＝
利益が残る
これで大丈夫!

解説

好きな料理を好きなだけ食べられる食べ放題のビュッフェ。子どもたちと話していると「お店は潰れちゃわないのか」と心配する声も聞かれます。商売の基本は「売上ー経費＝利益」です。食べ放題のお店が潰れない理由は、この式のなかの「経費」と深く関わります。

商売の経費で大きいものといえば「原価」と「人件費」です。**「原価」とは、商品を製造するのに必要な費用のことで、飲食店の場合は「材料費」**です。そして、売上に対する原価の割合のことを「原価率」といいます。

飲食店の原価率の目安は一般に30％程度です。洋食のビュッフェレストランの場合、原価率は30～40％くらいといわれます。ただし、原価率はどの商品（メニュー）も一律に同じではありません。ステーキなどの肉料理は、原価率が高めで40％程度、パスタやピザ、カレーなどの炭水化物中心の料理の原価率は20～30％程度が一般的です。

さまざまなメニューの原価率の相場は、ネット検索でもわかります。具体的な数字を調べながら、なぜそうなるのかを子どもと話しあうと結構、盛り上がります。例えば、肉料理がお得だと、それを目当てにくるお客さんが増えるんじゃないかとか、パスタやピザは、原価率が低くても注文するお客さんが多いんじゃないか、など。

原価率の高い商品と安い商品を組み合わせて提供することで、お客さんを満足させると同時に、お店の利益を確保しているというわけです。１００円ショップも、原価率が高い商品と低い商品をうまく組みあわせています。

「原価」と並んで大きい「人件費」は、働く人のお給料などです。**ビュッフェは、さまざまなかたちで人件費を抑えられる**という意味で、お店にメリットがあります。

ビュッフェはセルフサービスで、お客さんが自分で料理を取りにいきます。そのぶんスタッフが少なくて済みます。また、料理をあらかじめ大量に準備できるのも大事なポイントです。飲食店では一般に、ランチタイムなどの混む時間帯に多くの人手を必要とします。けれど、あらかじめ大量に準備しておけば、それほどの人手はいりませんし、ムダな材料費がかからないという意味でもメリットがあります。

食べ放題のお店には、利益を上げるための工夫がほかにもいろいろあります。ぜひ、お子さんと一緒に楽しく考えてみてください。

まとめ

儲かるかどうかは「原価」と「人件費」にかかっている

- ▼「食べ放題のお店が潰れない理由」を考えるカギは「経費」にある。経費として大きいのは、一般に「原価」と「人件費」
- ▼食べ放題のお店は、原価の高い商品と低い商品をうまく混ぜているもの
- ▼食べ放題のお店は、人件費を抑えやすい仕組みでもある

10000 壱万円 6

どうしてコンビニはスーパーより高いの？

「安くないお店」にも「顧客ニーズ」がある

ママ!!
このポテチ
コンビニ
より
安いよ！
買わ
ないと!!
買わなくても
いいのよ〜…
ポテチ

同じ商品でも、スーパーで買うほうが、コンビニで買うよりも安いですよね。なぜでしょうか。その理由は「顧客ニーズ」から説明できます。コンビニには「安さ」以外の顧客ニーズがあるから、安売りをしないで済むというわけですが、ヒロもふと疑問を感じたようで…

あ！ ママ、このポテトチップス、すごく安いよ。買っていい？

え、いらないでしょ。同じポテトチップスが家にあるじゃない！

だって、このまえ、パパとコンビニで買っ

たときより50円も安いんだよ。お得じゃん。

あら、よく気づいたわね。確かにそうだけど、そんなにポテトチップスばっかり買っても食べきれないでしょ。

うーん……そっか。それにしても、お菓子だけじゃなくて、ジュースもアイスもカップラーメンも、コンビニで買うよりもスーパーのほうが安いよね。同じ商品なのにどうしてなの？　どうしてコンビニは高いの？

コンビニが特別高いっていうわけじゃないの。どちらかというと、スーパーが安く売っているっていうことなんだけどね。

ちょっと難しい話をしちゃうと、お菓子やジュースをつくるメーカーはだいたい、「お店で売るときは、これくらいの値段で売ってくださいね」という価格をあらかじめ決めておくものなんだ。昔はそれを「定価」と呼んだけど、今は「メーカー希望小売価格」とか「参考小売価格」とか呼ぶことが多いね。その値段で売れば、お店でもだいたい利益が出るし、コンビニで売っている値段は、メーカーの希望にわりと近い。でもスーパーは大抵、それより安く売るんだ。**スーパーは基本的に、たくさん商品を仕入れて、たくさん売るスタイルだから、価格を多少安くしても利益が出る**んだよ。

そうなんだ。それって例えば、1個売ったときの利益が1円でも、1億個売れれば1億円になるからオッケー、みたいな感じ？

まあ、ざっくりいえばそんな感じだね。「薄利多売（はくりたばい）」といったりするよ。

それなら絶対にスーパーで買ったほうがいいよね。

そうかもね。でも、ヒロとパパはこのあいだ、コンビニでポテトチップスを買ったわけじゃん？　**スーパーで買ったほうが安いってわかっているのに、なんでコンビニで買ったのかな？**

うーん、急に食べたくなったからかなー。そういえば、このあいだも算数のノートが切れているのに急に気づいて、夜中にママとコンビニにいったね。

そうね。うっかりトイレットペーパーを切らしてコンビニで買ったこともあったわ。なにかがすぐ必要になったときは、いくら安いからって、遠くのスーパーまでいかないで、ちょっと高くても近所のコンビニで買うわよね。

うん！　ママがご飯をつくってくれないときもコンビニでお弁当を買うよ！

まー、そういうときもあるよね。パパにつくっていただいてもいいんですけど♪
でも、パパにせよママにせよ、仕事で疲れていたりするときは、コンビニでお弁当やお惣菜を買えばいいと思うのよ。自分たちで料理するよりちょっと高くても、時間の節約になるし、時間が節約できるぶん、体を休めたり、ヒロと話したりする時間がつくれるじゃない？　高くてもコンビニを利用するメリットがあるってわけ。

価格が高くてもそれだけのメリットがあればいいってことか。

どうして
コンビニはスーパーより
高いの？

||「薄利多売」って、どういうこと?

「商売の基本」の公式

売上 － 経費 ＝ 利益

▶ 99円で仕入れたものを、100円で売っても大丈夫かな?

〔 10個売れたなら? 〕

売上
1個100円×10個
＝1000円

－

経費
仕入れ
1個99円×10個
＝990円
ほかに
人件費、家賃、光熱費など……

＝

赤字になりそう!
※「仕入れ」以外の経費を
「10円」未満に抑えないと赤字。

利益

残りのお金は
10円だけ!

〔 1億個売れたなら? 〕

売上
1個100円×1億個
＝100億円

－

経費
仕入れ
1個99円×1億個
＝99億円
ほかに
人件費、家賃、光熱費など……

＝

黒字にできるかも?
※「仕入れ」以外の経費を
「1億円」未満に抑えれば黒字。

利益

まだ1億円
残っている!

そう！　コンビニが安売りしないで済むのは、コンビニで買いものをする僕らが、それだけのメリットを感じているからなんだ。

そういう意味では、タクシーもそうだよね。駅から歩いてうちに帰ればお金はかからないけど、疲れていたり、荷物が多かったりしたら、タクシーに乗るもんね。

そういうことだね。逆に、今日みたいな休日は、家族でスーパーまで自転車できて、食品や日用品などをまとめて買ったりするよね。それは休日だと時間も体力もたっぷりあって、だったら価格が安くてお得なスーパーで買ったほうがいいと判断しているからなんだよね。つまり、**そのときの状況によって、価格の安さを重視するのか、時間の節約を重視するのかが違って、それによって利用するお店も違ってくる**わけだ。

なるほど！　**コンビニとスーパーでは役割が違う**んだね。お店それぞれに役割があるんだね！

その通り！　**お客さんがそのお店に求める役割を「顧客ニーズ」**と呼んだり、**お店側が考える自分たちの役割を「店舗コンセプト」**と呼んだりするよ。お店側は、どんな人がどういうときにお客さんになるかを考えて価格を決めているってことだ。

そっか、ただ安くすればいいっていうもんじゃないんだね。高くても売れるのには、ちゃんと理由があるんだ！

そうよ。ママがコンビニでお弁当を買うのもちゃんと理由があるってことよ！

どうして
コンビニはスーパーより
高いの？

スーパーとコンビニの特徴

	価格	お店の場所（立地）	営業時間	食品の品ぞろえ
スーパー	安い	家のすぐ近くにはないことが多い ※ 郊外に多く、お店の数はコンビニほど多くない	深夜は閉まっていることが多い	全体に品ぞろえが多く、生鮮食品も豊富
コンビニ	普通 ※ スーパーと比べれば高い	家のすぐ近くにあることが多い ※ お店の数が多く、いろんなところにある	深夜も開いているのが原則	全体の品ぞろえは少ないが、お弁当やお惣菜は豊富

価格だけ見れば、コンビニはスーパーより高いよね
でも、お店の場所や営業時間などにスーパーにない魅力があるわよ

解説

同じ商品でもスーパーで買うよりもコンビニで買うほうが、価格が高いというのは、子どもたちにとっても常識のようです。

基本的にスーパーは薄利多売です。たくさん仕入れて、たくさん売るので、価格を多少安くしても利益が出やすいところがあります。けれど、コンビニチェーンも大手の売上規模はかなりのものですから、たくさん仕入れているはずです。

厳密に考えれば、コンビニは「高い価格で売っている」わけではありません。メーカーの希望小売価格や参考小売価格に沿った「普通の価格」で売っているだけです。スーパーと違って「安売りをしていない」と理解するのが妥当でしょう。

では、コンビニはなぜ、安売りをしないのでしょう。それはなにより、**コンビニには、安売りをしなくても買ってくれる人がいる**からです。ＦＰママが説明したように、コンビニで買いものをするとき、私たちは安さを求めているわけではありません。便利さや時間の節約などを求めていて、価格はあまり重視していません。反対にスーパーを利用するときには、できるだけ安く買いたい気持ちが強いはずです。

価格が安いスーパーと価格が高いコンビニが共存しているということは、利用する人たちが、それぞれのお店に求めるものが違うということです。スーパーに求められるものも安さばかりではなく、高級スーパーもありますよね。

子どもがコンビニとスーパーの価格差に興味を持ったら、このような「ニーズの違い」について話すといいでしょう。これまで商売について「利益＝売上－経費」の公式で説明してきましたが、売上をつくるには、顧客ニーズの理解が欠かせません。

ここまでコンビニが「安売りしなくてもいい理由」を、説明してきました。一方で、コンビニが「安売りできない理由」も、いくつかあります。わかりやすいのは、フランチャイズ経営です。例えば、ヒロのパパが、これから小さなお店を始めるとして、自分の名前を冠した「頼藤商店」の看板を掲げるのと、「セブン－イレブン●●店」では、どちらが儲かりそうでしょうか。後者ですよね。だから「セブン－イレブン」の看板を借りる代わりに、「セブン－イレブン」を運営する会社に売上の一定額（ロイヤリティー）を支払う、というのが、フランチャイズ経営のおおまかな説明です。そのぶん経費が増えるので、簡単に安売りはできないというわけですね。

まとめ　お客さんが求めるのは「安さ」だけではない

▼同じ商品でもコンビニで買うよりスーパーのほうが安いのは、お客さんがお店にどんな役割を求めるかという「顧客ニーズ」が違うのが主な理由

▼コンビニの場合、「安さ」以外の「利便性」を求める顧客ニーズが強い

▼スーパーの場合、「安さ」を求める顧客ニーズの強いお店が多い

お金持ちになるにはどうしたらいいの？

お金の「稼ぎ方」だけでなく「使い方」が大事

お金持ちになったら…
今日のおフロはぬるめだな
うーん おいしい!! この店ごと買っちゃう!!
グフフフフ
?

子どももお金持ちに憧れるもの。将来の夢を聞かれて「お金持ち！」と答える子どももいます。けれど「お金持ち」とはどういう人のことかと尋ねると、あまりわかっていないようです。**お金をたくさん稼ぐだけでは、お金持ちにはなれません。**稼いだ**お金を、上手に使い、上手に貯めることが必要**です。

わーっ、すごい！　ねえねえ、テレビに出ているこのおうち、大豪邸だねー！　やっぱり芸能人ってすごいお金持ちなんだなあ。いいなー。

お金持ちに
なるには
どうしたらいいの？

ヒロは将来、お金持ちになりたいの？

もちろんだよー！

でも、お金持ちって、どんな人なんだろうね。

たくさん、お金を稼いでいる人のことかな。年収1億円のユーチューバーとか？

そうね。でも、贅沢していっぱいお金を使っちゃったら、どうかしら。例えば、1億円を稼げたとしても、豪邸を買ったりして、すぐに1億円を使い果たして、貯金が0円だったらどう？　その人はお金持ちかしら？

貯金が0円かあ。お財布のなかにもお金がないってこと？

そうね。

それは……豪邸に住んでいてもお金持ちじゃないかも。

貯金が0円だったらまだいいけど、豪邸のために借金をしていたらどうかしら？　今年1億円を稼げたからといって、来年も稼げるとはかぎらないわ。

そうだよね。炎上しちゃって、急に人気がなくなっちゃうユーチューバーもいるんだよ！　そのときに貯金がなかったり、借金していたりしたら怖いよね。

でしょ？　だから、**年収が多いからといって、お金持ちとはかぎらない**のよ。

そっかー。年収じゃなくて、貯金で考えるんだね。あ、でも、借金も考えないといけないんだっけ。じゃあ、「貯金−借金」で決まるのかな。

どっちが「お金持ち」？

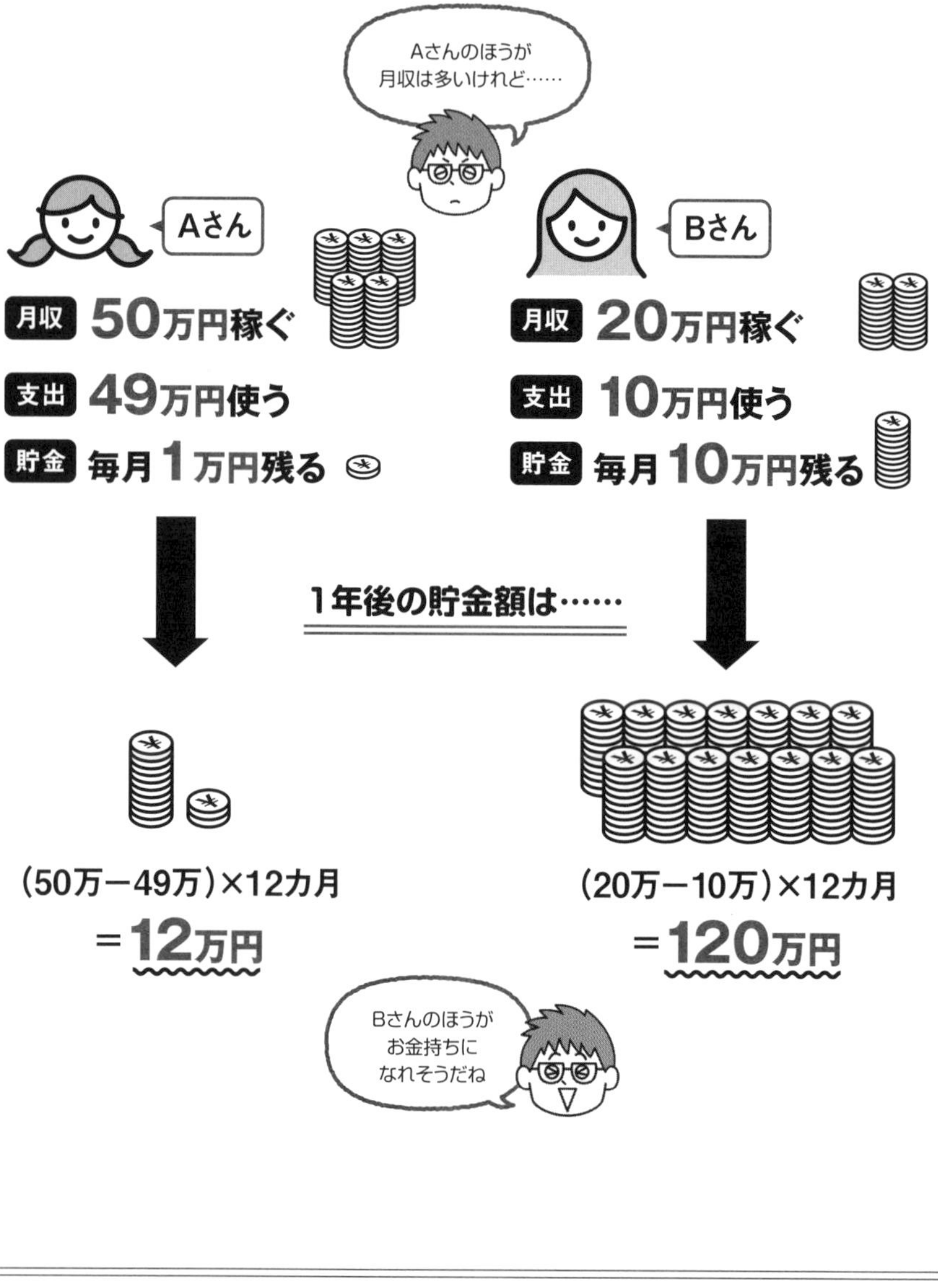
Aさんのほうが
月収は多いけれど……
Aさん
月収 50万円稼ぐ
支出 49万円使う
貯金 毎月1万円残る
Bさん
月収 20万円稼ぐ
支出 10万円使う
貯金 毎月10万円残る
1年後の貯金額は……
（50万－49万）×12カ月
＝12万円
（20万－10万）×12カ月
＝120万円
Bさんのほうが
お金持ちに
なれそうだね

そう！　厳密には、貯金じゃなくて**「純資産」で考える**んだけどね。でも、**ざっくりとした理解としては「貯金－借金」でもいい**わ。

「純資産」って、なに？

そうね、ちょっと難しくなっちゃうけど、**「純資産」は「資産－負債」**で計算するのよ（次ページの図）。

さっきの「貯金－借金」と似ているね。

そう、だいたい一緒なのよ。細かいことをいえば、「貯金」は「資産」の一部。**「資産」には、「貯金（預金）」のほかに、「株式」とか「不動産」**みたいなものが入るの。要するに**「お金に換えることができるプラスの財産」**ということね。それから、ヒロがさっき指摘してくれた「お財布のなかに入っている現金」も資産に入るわ。負債は「借金」とほぼ同じ意味で、住宅ローンや車のローンのように、銀行などから借りているお金のこと。こちらは**「いつかお金を払って返さなくてはならないマイナスの財産」**ということね。

じゃあ、問題。例えば、資産が5億円で負債が3億円だったら、純資産はいくら？

純資産は2億円だね！

正解！　じゃあさ、ヒロは、どれくらいのお金を持っていたら、お金持ちだと思う？

うーん……。1億円とか？

「純資産」って、なに？

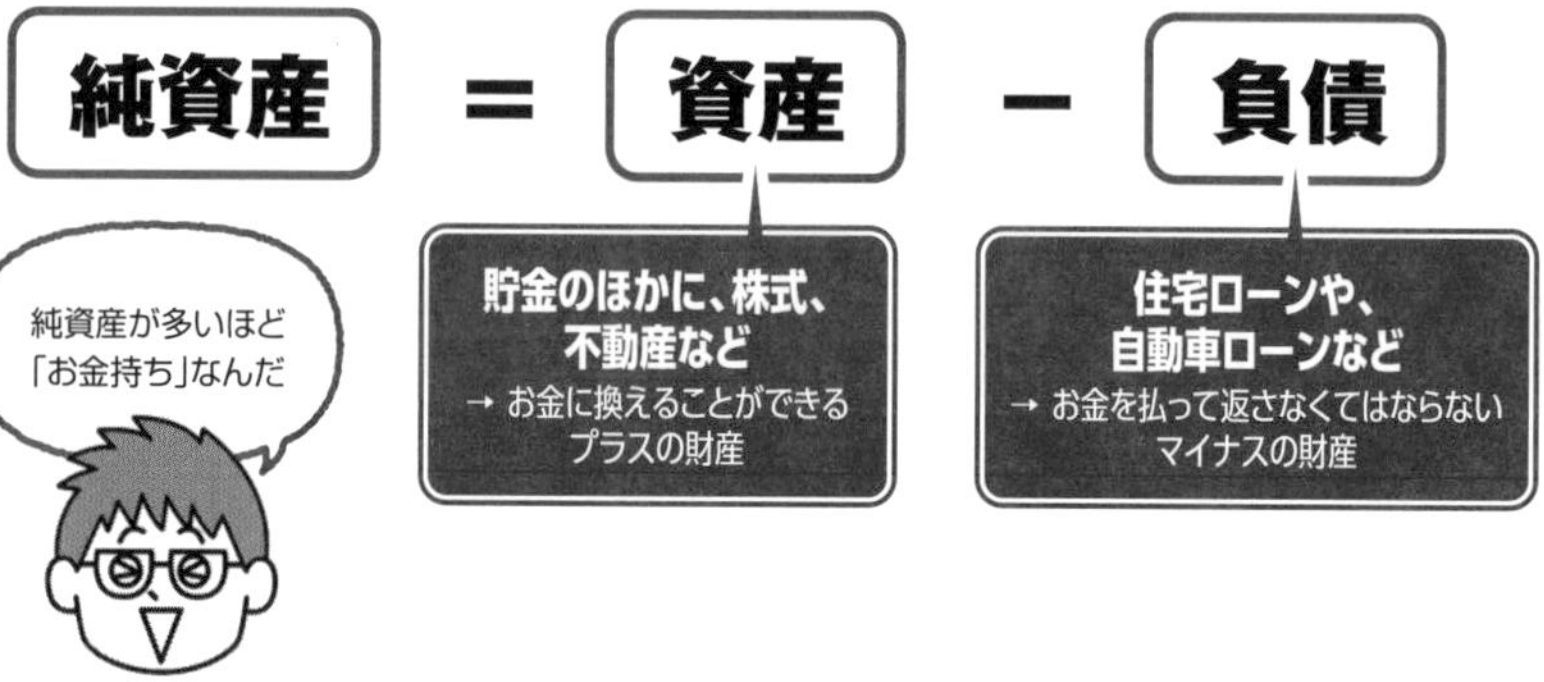
純資産
=
資産
－
負債
貯金のほかに、株式、
不動産など
→ お金に換えることができる
プラスの財産
住宅ローンや、
自動車ローンなど
→ お金を払って返さなくてはならない
マイナスの財産
純資産が多いほど
「お金持ち」なんだ

お、いいところを突いてきたね。**一般に、純資産が1億円を超えているおうち（世帯）を、「富裕層」と呼ぶ**んだ。要するに「お金持ち」っていうことだね。収入や生活のしかたによっても違うけど、今の日本で純資産が1億円くらいあったら、お金の心配をすることはあまりないと思うから、妥当なラインじゃないかな。

そうなんだ。でさ、お金持ちの人って、どれくらいいるの？

いい質問だね。資料があったから調べてみるか（スマホで検索）……。野村総合研究所の推計によると、2021年に「純金融資産」を1億円以上持っていた富裕層は148万5000世帯だね。そのうちの9万世帯は純金融資産が5億円以上ある超富裕層なんだ。この資料にある日本の世帯数の合計は（スマホで計算）……5413万4000世帯か。ということは、**富裕層は日本全体の2・8%**、超富裕層だけに絞ると、0・2%もいないね（※）。

お金持ちは全体の2・8%か……やっぱり少ないんだ。純資産が1億円ってことは、1億円以上は貯めているってことだよね。どうやったらそんなに貯められるんだろう。パパとママはFPで、いろんな人のお金の相談を受けているんだよね。パパとママのところにくるお客さんにもお金持ちの人っている？

もちろんいるさ。

えっ！　どんな人？　先祖代々、お金持ちだったりするのかな？

いやあ、そういう「生まれつきのお金持ち」もいないわけじゃないけど、少ないかな。自分の力で、お金を貯めた人がほとんどだよ。パパやママはこれまでたくさんの人のお金の相談にのってきたんだけど、お金持ちになれる人は、みんな、あたりまえの努力を地道にできる人だと思うよ。

どんな努力をしているの？　教えて！

お金持ちになるためのポイントは3つだよ。

1 「上手に稼ぐ」

2「上手に使う」

3「上手に貯める」

この3つの習慣が身につくと「貯蓄体質」ができて、お金が貯まりやすくなる。さらに、そのお金を「投資」することで、お金を「上手に増やす」こともできる。

えー、お金を増やせるの！　すごい！

そうなんだ。でも、お金を増やす話はまた今度しよう。まずは、お金を貯めないことには、増やせないからね。

そっか、そうなんだ……。

じゃあ順番に説明していこうか。まず、1番目の「上手に稼ぐ」だけど、「どんな仕事をしたら稼げるか」については、これまでにも話してきたよね。

そうだね。ユーチューバーで稼げている人は一握りで、稼げている人はすごく努力しているんだよね。ママがメルカリでモノを売るときもいろいろ工夫しているし、食べ放題のお店にも「儲けの仕組み」があったね。お金を稼ぐって大変なんだって思ったよ。

パパが見るところ、**上手にお金を稼いでいる人は「人が喜ぶことをしよう」とか「人が喜ぶものをつくろう」っていう気持ちで働いていることが多い**よ。これは上手に稼いでいる会社も同じだね。お客さんが喜ぶことを大事にしている会社ほど、結果として稼げているような気がするな。

なるほど！　僕らが大好きなゲームをつくっている会社は、僕らのことを喜ばせたいっていう気持ちで、ゲームを考えているんだね。だから、たくさん稼げるんだね。

確かにそうね。でも、たくさん稼ぐだけでは、お金持ちにはなれなかったわよね。

そうだった！　贅沢しすぎちゃうと、お金がなくなっちゃうもんね。

いくらたくさん稼いでもなにも考えずに、どんどんお金を使っていたらあっという間にお金はなくなってしまうよね。

なにも考えずにおこづかいを使っちゃうと、あっという間になくなるのと一緒だね。

だから、2番目のポイントが「上手に使う」なの。ヒロはおこづかい帳をつけているでしょ。後からよく見てみると「これ、買わなくてもよかったかも」って思うものがあったりしない？

ある！　ガチャガチャをやりすぎて、同じフィギュアがダブっちゃったことがあるよ。2個もいらなかったのに……。

それは、もったいなかったね。でも、そうやってムダづかいするのもいい経験よ。次から気をつけるようになるしね。

でも、ガチャガチャでムダづかいしたせいで、おばあちゃんに誕生日プレゼントを買ってあげられなくなっちゃったんだ……。

あら、そうだったの。お金を貯めるうえでは、支出を減らすことはとても大切だけど、なんでもかんでも節約するんじゃなくて、自分にとって本当に大事なことには、ちゃんとお金を使ったほうがいいわ。おばあちゃんへのプレゼントみたいにね。

つまり、**メリハリをつけてお金を使う**っていうことなの。優先順位をつけて、計画的にお金を使っていくことが大切よ。

節約だけでもダメなんだ。本当に必要なものか……。

今はまだヒロにもわからないかもしれないけれど、ヒロが**いつか本当に「お金を使いたい！」と思ったときのために、お金を残しておく**っていうことなんだと思うよ。それが、3番目の「上手に貯める」になるんじゃないかな。ムダづかいをなくしたらそのぶん、お金が貯まるよね。そうしたら、いつもお世話になっている人へのプレゼントを買いたいと思ったときに、買えないっていうことはなくなるよね。ほかにも将来、本当に欲しいものが出てくるかもしれないし、夢をかなえるのにも、お金は必要だよね。

うん。今、塾に通わせてもらっているのだって、将来のためだよね。僕、ママとパパにありがとうって、思っているよ。

それはうれしいわね。お金持ちの人たちは、たくさん稼いでいても節約しているものよ。そして、いざお金を使うべきだと判断したときには、しっかりお金を使うの。

それが「メリハリ」なんだね。

お金持ちに なるには どうしたらいいの？

お金持ちっていうと、高級な洋服やバッグを身につけて、海外旅行にしょっちゅういって、高級レストランで食事して……っていうイメージがあるけど、**本当のお金持ちは、派手にお金を使うことをせず、「ケチ」といわれることもあるくらい地道に暮らしている**ものよ。それは長年、FPをしてきたママの経験から「絶対」と断言できるわ。

へーっ。なんか、お金持ちのイメージが変わってきたな……。よーし、僕もムダづかいしないでお金を貯めて、本当のお金持ちを目指すぞ！

※野村総合研究所「日本における純金融資産保有額別の世帯数と資産規模」

お金持ちに共通する3つの習慣

その1

上手に稼ぐ

「人が喜ぶこと」をして、
お金を稼ぐ

その2

上手に使う

基本的には節約。
自分にとって大事なことには
しっかりお金を使う

その3

上手に貯める

節約して貯金があるから
安心して、大事なことに
お金を使える

解説

「将来、お金持ちになりたい！」と思っている子どもは多いです。けれど、子どもたちが思い描く「お金持ち」のイメージはかなりあいまい。親子の会話を通して「お金持ち」の定義をはっきりさせられるといいと思います。子どもの好奇心が満たされるだけでなく、お金に対する感覚を磨く機会にもなります。

最初に確認しておきたいのは、**お金持ちかどうかを決めるのは、「年収」や「収入」の金額ではない**ということ。**収入から支出を引いた後で残る「貯金」や「資産」の金額によって、お金持ちかどうかは決まります**。年収が多いからといって、お金持ちになれるとはかぎりません。しっかりと伝えたいポイントですね。

では、お金持ちかどうかは、なにで決まるのでしょうか。

難しい言葉を使えば、「純資産」であり、「資産－負債」の額です。子どもには最初、ざっくりと「貯金－借金」で決まるというふうに理解してもらえばいいでしょう。そのうえで余裕があれば、厳密には「純資産」という概念があって、単なる「貯金」とは違うということが伝わるといいと思います。

では、どれくらいの純資産があれば「お金持ち」なのでしょうか。

野村総合研究所によると、２０２１年の段階で、日本には「純金融資産」が１億円以上の「富裕層」が１４８万５０００世帯あったと推計されます。日本全体の２・８％ほどです。この推計でいう「純金融資産」は「預貯金、株式、債券、投資信託、一時

||「お金持ち」はどれくらいいる？ ― 日本の純金融資産の分布

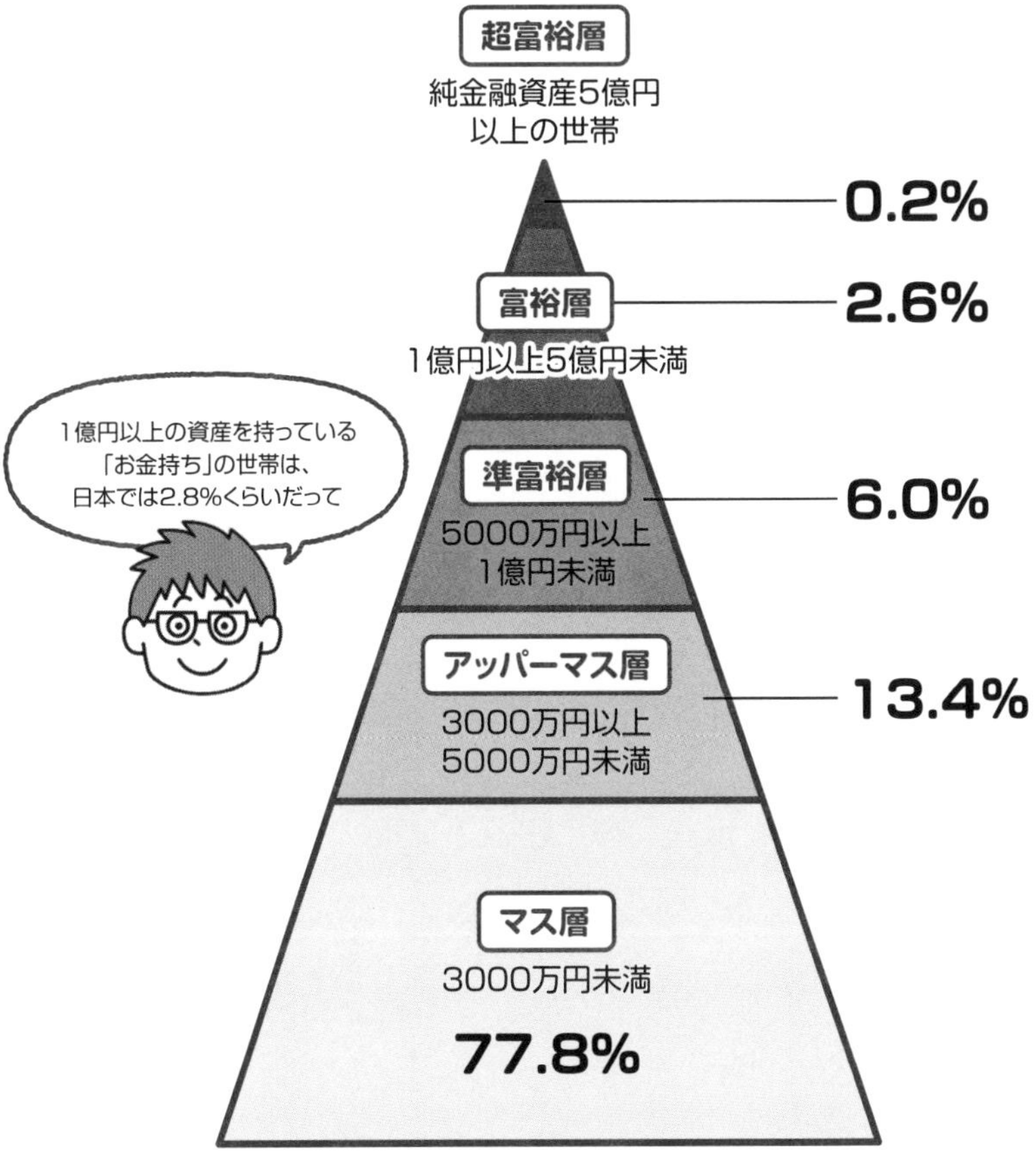

＊ 野村総合研究所の推計をもとに作成（野村総合研究所の推計は、国税庁「国税庁統計年報書」、総務省「全国家計構造調査」、厚生労働省「人口動態調査」、国立社会保障・人口問題研究所「日本の世帯数の将来推計」、東証「TOPIX」および「NRI生活者1万人アンケート調査」「NRI富裕層アンケート調査」などにもとづく）

払い生命保険や年金保険など、世帯として保有する金融資産の合計額から不動産購入に伴う借入などの負債を差し引いた資産」なので、先ほどの「純資産」と、ほぼイコールと考えていいでしょう。

「純資産1億円」といった具体的な金額は子どもの興味をそそりますが、重要なのは、「どうしたら、それだけ資産を貯めることができるのか」です。

これまでFPとして、多くの家計を見てきましたが、お金持ちの人には、共通するお金の習慣が多くあり、それらを大きくまとめると次の3つになります。

1「上手に稼ぐ」
2「上手に使う」
3「上手に貯める」

お金持ちというと、たくさん稼いで派手にお金を使うというイメージがありますが、**現実のお金持ちは節約家で、地道に生活をしている**方がほとんどです。実際に調査した結果をまとめた本もあります。ご興味のある方は『となりの億万長者〔新版〕――成功を生む7つの法則』（トマス・J・スタンリー、リアム・D・ダンコ著、斎藤聖美訳／早川書房）や『日本のお金持ち研究』（橘木俊詔、森剛志著／日経ビジネス人文庫）などを読んでみると、面白いかもしれません。

お金持ちになるには、収入ももちろん必要ですが、一番大切なのは、支出のコントロールです。ムダな支出を減らし、コツコツと貯蓄していく。このシンプルな習慣を続けて、**「貯蓄体質」をつくっていくことがお金持ちへの道**へとつながっていきます。

子どもたちのなかには、おこづかいやお年玉をムダづかいして後悔した経験があるという子も結構います。そんな実体験を親子で思い起こしてみてもいいでしょう。

貯めた金額を「見える化」したほうが、お金を貯めるモチベーションは上がるものです。おこづかい帳をつけたり、子ども名義の銀行口座をつくって、どれだけ貯金が増えたかを確認する習慣も、子どもの「貯蓄体質」強化につながるでしょう。

まとめ　お金持ちになりたければ「貯蓄体質」をつくろう

▼お金持ちとは「収入が多い人」ではなく、「純資産が多い人」である

▼お金持ちになるためのポイントは、「上手に稼ぐ」「上手に使う」「上手に貯める」の3つ。この3つを習慣化して「貯蓄体質」をつくるのが王道。

▼おこづかい帳をつけたり、子ども名義の銀行口座をつくったりして、お金の収支や蓄積を「見える化」すると貯金のモチベーションが上がる。

第2章

上手に使う

10000 壱万円 1

「10%割引」と「10%ポイント還元」は、どちらがお得?

どっちも同じと思ったら、損するよ!

あなたが買いたいのは10%割引のエアコンですか?
10%ポイント還元のエアコンですか?
ザバー
○×電気
えっ
同じじゃないの!?

イマドキは、いろんな割引サービスがありますね。あまりにいろんな仕組みがあるので、同じ商品でも、どこのお店でどう買うのが一番、お得なのか、わからなくなってしまうほど。例えば「10%ポイント還元」と「10%割引」、どちらも「10%」だから同じと思ったら、間違いです。FP家族がお買いものに出かけたときにも……。

わーい、今日はエアコンの買い替え! 家電量販店って、なんかテンションが上がっちゃうんだよねー! 見て、見て! 最新のエアコンは、いろんな機能がついているし、省エネ性能も高いみたいだよ！

お、それ、いいね。

性能がいいぶん、お値段も高いけど！

でも、このエアコン、「10%ポイント還元」だって！　ポイントは1ポイント1円で使えるんでしょ。10%もポイント還元されるんだからお得じゃん！

そうね。でも、さっき見たお店でも、同じエアコンが同じ値段で売られていたじゃない。しかも、さっきのお店では「10%現金値引き」だったわ。

「10%現金値引き」って、なに？

要するに「10%割引」ということよ。

「10%割引」も「10%ポイント還元」も、別に変わらないでしょ。

んっ、本当にそうかな？

えっ！　違うの？

こういうのは、**ちゃんと計算して確かめたほうがいい**と思うよ。数字はなんでもそうだけど、**金額が大きいか小さいかは、特に大事なこと**だからね。例えば、1万円の電子レンジが「10%割引」になっているとするぞ。この場合、「いくらの商品」を手に入れるのに「いくら払った」ことになるかな？

えーっと、割引の金額は「1万円×10%＝1000円」だよね。だから、「1万円－

1000円=9000円」を払ったってことになるよね。で、手に入れたのは「1万円の電子レンジ」だね。

そうだね。つまり、この場合は、「1万円の商品」を手に入れるのに「9000円を払った」ことになる。となると、割引率は、「1000円÷1万円=10%」だね。

だって「10%割引」なんだから当然、そうなるでしょ。

じゃあ、同じ1万円の電子レンジを買って「10%ポイント還元」だった場合はどうかな？　この場合は1万円を払った後で1000円分のポイントがもらえるんだよね。でも、このポイントは買いものをした当日には使えないことが多いから、後日使うか、そのまま貯めておくことになるね。

そうだね。

じゃあ、1万円の買いものをした1週間後に、その1000円分のポイントを使って、1000円のお鍋を買ったとしようか。この場合、「いくらの商品」を手に入れたことになるかな？

電子レンジが1万円で、お鍋が1000円なら「1万1000円の商品」だよね。

正解！　じゃあ、電子レンジとお鍋を手に入れるのに「いくら払った」ことになる？

えっと……最初に払った「1万円」だけかな。

そう！　ということは、この場合、**「いくらの商品」を手に入れるのに「いくら払った」**

ことになるかな?

「1万1000円の商品」を手に入れるのに、「1万円を払った」ということだね。

じゃあ、割引率はどうなると思う?

割引率は……「1000円÷1万1000円」になるけど……。

そう。じゃあ、計算してみようか。スマホの計算機を使っていいからさ。

うーん……「9・1%」だ。あれ、割引率が10%よりも低い……。うわーっ! 「10%ポイント還元」より「10%割引」のほうがお得なんだ! ってことは、「10%現金値引き」のほうがお得なんだね。僕、どちらも変わらないって思っていたけど、違うんだ。損しちゃうところだったよ。

そうなのよ! だからママは、同じエアコンを買うなら「10%ポイント還元」よりも「10%現金値引き」のほうがいいなって思ったわけ。

なるほど!

それにポイント還元の場合、還元されたポイントは、だいたい買いものをしたお店でしか使えないじゃない? 貯まったポイントを使ってお買いものをしたときには、ポイントが貯まらないこともあるしね。

そっかー。ポイントって、使い道がかぎられちゃうんだね。でも、僕は買いものをするたびにポイントが貯まるのが好きなんだ。預金通帳に預金が増えていくみたいで楽

しくていいじゃん。

その気持ちわかるわー、でも、これは、お店側の戦略でもあるのよね。お店から「ポイント2倍キャンペーン」なんて案内がくると、ポイント欲しさに買う予定のないものまで買ってしまう人も多いと思うの。ママだって、「ポイント2倍」に釣られてつい買ってしまうことがあるもの。

ママは買いものが好きだからね！

それとポイントにはだいたい、有効期限があるじゃない。うっかりしているうちに有効期限が過ぎちゃって悔しい思いをするなんてこと、ママもよくあるわ。

そういうときは、その失われたポイントのぶんだけ、お店側が得したことになるわけだよね。

なるほどー。それも、お店の戦略なのかなあ。お店側のことも考えると、いろいろわかってくる気がするね。

まあ、ポイント還元と現金値引きみたいな割引の仕組みには、ちょっとした駆け引きみたいなところがあるかもしれないね。

そっか。よーし、負けないぞー。これからは買いものするとき、ちゃんと計算して、どうやって買うのが一番得なのか、しっかり研究するぞ！

おっ、頼もしいな♪

「10％割引」と
「10％ポイント還元」は、
どちらがお得？

「10%ポイント還元」と「10%割引」

	10%ポイント還元	10%割引
いくら払った?	1万円	9000円
なにを手に入れた?	1万円の電子レンジ  1000円(1万円の10%)分のポイント → 1000円のお鍋に交換 	1万円の電子レンジ  
いくらの商品を手に入れた?	1万1000円	1万円
割引率	9.1%(1000円÷1万1000円)	10%(1000円÷1万円)

お買いものをするときの割引サービス。お店ごとにさまざまな仕組みがあって、迷ってしまいますよね。家電量販店などでよく見かけるのは「○％割引」と「○％ポイント還元」。どちらのほうがお得なのでしょうか？

子どもに尋ねてみると、小学校高学年でも結構、間違える子が多いです。大人でも即答できなかったり、勘違いされていたりすることが意外にあります。**迷ったときは、シンプルな数字を入れて計算し、確かめてみる**といいでしょう。このようなクセをつけることも、お金が貯まりやすい体質づくりにつながります。

割引サービスを比較するときには、「いくら支払って、何円のものが買えたのか」に着目するといいでしょう。

例えば、「１万円」の商品が「10％割引」になる場合、「９０００円を支払って、１万円のものが買えた」ということになります。ＦＰパパとヒロが計算した通り、割引額は「１０００円」なので、割引率は「１０００円÷１万円」、つまり「10％」になります。

一方、「１万円」の商品を買って「10％ポイント還元」になる場合、購入時に１０００円分のポイントが加算され、次回以降の買いもので１０００円として使えます。ということは、「１万円を支払って、１万１０００円のものが買える」ということになります。割引額はさきほどと同様「１０００円」ですが、割引率は「１０００

円÷１万１０００円」なので、「９・１％」になります。

つまり、ポイント還元よりも現金値引きのほうがお得だということがわかります。

「一見同じように見える」と、「どちらでもいいや」となりやすいもの。でも、実際に計算してみると違いがあることがわかります。**どちらがお得なのかを、きちんと計算する習慣があるかどうかで、金銭感覚の鋭さに差が出る**ものです。

今回のＦＰ家族のように、エアコンのような大きな買いものをするときには、親子で一緒に現金値引きとポイント還元のどちらがお得なのか、割引率を計算してみるのがお勧めです。子どもたちはこれから、大小さまざまなお金の選択を迫られます。選択肢を比較することの重要性を学べるはずです。

まとめ

同じパーセンテージなら「ポイント還元」より「現金値引き」

▼ 同じ10%の「ポイント還元」と「現金値引き」。一見、同じようにも見えるが、「現金値引き」のほうがお得

▼ さまざまな割引サービスを比較するときには「いくら支払って、何円のものが手に入ったか」を基準にするとわかりやすい

▼ 割引サービスにかぎらず、複数の選択肢を数字で比較する習慣をつけよう

10000 壱万円 2

Suicaは「魔法のカード」なの？

「見えないお金」だから、使いすぎに注意

【うちでのこづち】
欲しいものを唱えながら振るとなんでも出てくる小槌
これってSuicaのことじゃん
ちがいます

キャッシュレス化が進むこのごろ、SuicaなどのICカードを「なんでも買える魔法のカード」のように思っている子どももちらほら。最近はデータ化された「見えないお金」が増えて、気をつけないとお金を使いすぎてしまいがちです。FPママとヒロが、コンビニにふと立ち寄ったときも……。

わっ！　このアイス、大好きなやつだ！　ねえ、買っていい？　あっちにこのあいだ、テレビで見た新発売のグミキャンディーもあったよ。今日は暑いし、ジュースもいいねー。

ちょっと、こんなに買いものカゴに入れないで！　おやつ1個くらいならいいけど、残りは棚に戻してきて！

なんでー？　だって、いつものカードをピッとかざすだけじゃん。買ってよー。

えーっ！　それは、大きな勘違いよ。**Ｓｕｉｃａがあれば、なんでも買えるわけじゃない**のよ。Ｓｕｉｃａは「魔法のカード」じゃないの。

魔法のカードだなんて、思ってないけど……。じゃあ、アイスだけでいいよ。

あのね、このカードには、あらかじめお金をチャージしているの。チャージというのは、おうちの貯金箱から必要なお金を前もって財布に入れておく、みたいな感じ。要するにＳｕｉｃａって、お財布みたいなものなんだけど……。そうね、じゃあ、まずお会計をしちゃおうか。グミとジュースは返してきてね。

はーい。……戻してきたよ。

じゃあ、お会計しましょうね。お会計のときにＳｕｉｃａにお金を入れるから、よく見ておくのよ……。

＊＊＊

お会計は４４０円です。お支払い方法はどうなさいますか？

電子マネーで払います。このＳｕｉｃａは今、残額が２００円しかないので、１０００円のチャージをお願いできますか？

かしこまりました。では、……こちらから現金を入れて、カードをこちらにかざしてください。………1000円、チャージできました。お支払いは、チャージしたぶんからですね……。ありがとうございました。

こちらこそ、ありがとうございました。

＊＊＊

……うわー、ほんとだ。お金をカードに入れていたね。

現金を電子データにして、カードに入れるのよ。最近は、スマホのアプリに入れることもできるわよ。こういう**データ化されたお金を「電子マネー」という**わ。電子マネーにも、いろんなタイプがあるんだけど、**Suicaは、お金をあらかじめチャージしておくタイプ**。だから、**チャージしておいたぶんのお金しか使えない**の。チャージしたぶんのお金を使い終わったら、今みたいにまたチャージするのよ。でも、チャージさえすれば、同じカードでいくらでもお買いものができるから、「魔法のカード」と勘違いしてしまうのかもね。

そっか。さっきはカードのなかに200円しか残っていなかったから、先に1000円をチャージしたんだ……。確かにママが持っているお金は減ったわけだね。

そうでしょ？　こういうお金のやりとりを「**キャッシュレス決済**」というのよ。

キャッシュレス決済？

「キャッシュ」というのは「現金」のことで、例えば、１０００円札とか１００円玉みたいな手でさわれるようなお金ね。そして「レス」は「ない」という意味。だから、「キャッシュレス」というのは、現金を使わないということなのよ。Ｓｕｉｃａでお買いものするときには、現金は使わないでしょ。

そうだね。

そういうお買いものは、キャッシュレス決済。現金の代わりに、データ化された「見えないお金」を使っているのよ。ほかにも、スマホのアプリを使ってお金を払ったり、最近は「見えないお金」がどんどん増えているわ。**お金が見えないからお金を使った実感がないと思うけど、使えば減るのは現金と同じ。使いすぎに注意**よ。

そうだよね、だってお金を使いすぎちゃったら、どんなにお金を稼いでもお金持ちにはなれないんだもんね。

そうよ。このあいだの話、覚えていてくれたのね。ありがとう。

そっかー……さっきは、ママがお財布からカードに１０００円を移したから１２００円になって、４４０円のお買いものができたんだね。そうすると、カードに残っているのは「１２００円（残額＋チャージ分）－４４０円＝７６０円」。だから、今度の買いものでは７６０円分使えるってことか。

そういうこと！　魔法のカードなんてないのよ！

キャッシュレス決済の分類

	電子マネー（Suicaなど）	デビットカード	クレジットカード
いつお金を支払う？	**前払い**（プリペイド）	**即時払い**	**後払い**（ポストペイ）
どのように支払う？	買いものをする前に、お金をチャージする※	買いものをした瞬間に、銀行口座などからお金が引き落とされる	買いものをした後で、銀行口座などからお金が引き落とされる

※ 電子マネーには、チャージしたお金が減ると、銀行口座などから自動的にチャージする機能を持つものもある

現金がいらないキャッシュレス決済は、お金を使いすぎてしまいがち。大切なのは、**キャッシュレス決済でも「お金は減る」**ということの理解です。

キャッシュレス決済にはさまざまな種類があります。Ｓｕｉｃａのような**電子マネー**のほかに**クレジットカード**、**デビットカード**、スマホを使った**ＱＲコード決済**など。ヒロには電子マネーについて説明しましたが、余裕があれば、ほかのキャッシュレス決済についても説明できるといいですね。

重要な違いは「自分自身がお金を支払うのはいつか？」です。銀行口座からお金が引き落とされるなどして、現実に「自分のお金が減るのはいつか？」ということです。

Suicaのような**電子マネーは、お買いものをする「前」**に、お金をカードにチャージするプリペイド式が主流です。「前払い」ということですね。チャージ残高が少なくなると、銀行口座やクレジットカードから自動でチャージしてくれるサービスもあります。**デビットカードは、お買いものをすると「同時」**に、銀行口座からお金が引き落とされます。これを「即時払い」と呼びます。**クレジットカードは、お買いものした「後」**で、お金が引き落とされるポストペイ方式。「後払い」ということです。

Suicaのようなプリペイド式は**チャージするところを子どもに見てもらうとイメージがつかみやすい**です。自動チャージや即時払い、ポストペイ式などは、**子どもに銀行口座の通帳を見せるなどして、実際にお金が減っていることを「見える化」する**と、お金が使われている実感を持たせることができるでしょう。

ポイント　「見えないお金」の流れを「見える化」しよう

▼キャッシュレス決済では、電子化された「見えないお金」を使う

▼キャッシュレス決済でもお金は減る。銀行通帳などで「見える化」しよう

▼キャッシュレス決済は、大きく分けて3種類。前払いの電子マネーと、即時払いのデビットカード、後払いのクレジットカード

10000 壱万円 3

「リボ払い」ってなに？

「利息がとっても高い借金」みたいなもの

お年玉だぞ〜
ぜひリボ払いでお願いしますっ
年利15％で
お年玉

イマドキの生活に欠かせないクレジットカード。支払いの方法によっては金利手数料がかかるので注意が必要です。特に金利手数料が高いのが「リボ払い」。カード会社にとっては利益が大きいので、リボ払いの広告は多く、子どもたちも結構、目にしています。ヒロも内心、気になっていたようで……。

あっ、まただ。「リボ払い」の広告！このごろユーチューブでよく見るんだよね……。「リボ払い」ってなんのこと？

リボ払いは、クレジットカードの支払い方法のひとつよ。

クレジットカードって……、ママがお買いものの最後にいつも、店員さんに渡しているカードのこと？

そう、それそれ。**クレジットカードは現金がなくてもお買いものができるカード**よ。

Ｓｕｉｃａみたいだね！

あら、よく覚えていたわね！　じゃあ、Ｓｕｉｃａで買いものできるのはなぜ？

買いものする前に、お金をチャージしておくからだよね。

そう。**クレジットカードの場合は、Ｓｕｉｃａとちょっと違って、お金をチャージしてなくても使える**の。

え、どうして？

例えば、ママが、デパートで1万円のお買いものをしたとするじゃない。そうしたら、その1万円はいったん、クレジットカード会社からデパートに払ってくれるの。

うわー、お金がなくても、買いものできちゃうんだ。「魔法のカード」みたいだね。

いいえ、「魔法のカード」なんて、やっぱりないのよ。クレジットカード会社は、後から1万円をママの銀行口座から引き落とすの。例えば、ママのカードだったら「翌月10日」が「引き落とし日」だと決まっていて、今月、お買いものに使ったお金が、翌月の10日にまとめて引き落とされるのよ。

ふーん。

要するに、**Ｓｕｉｃａは「前払い」で、クレジットカードは「後払い」**。でね、後払いの**クレジットカードだと「金利手数料」を払わないといけないことがある**の。

金利手数料？

借金の利息みたいなものよ。

うわっ、怖いね。

後払いというのは、お金を借りているのと同じようなものでしょ？　だから利息をとられるのは当然なのよ。クレジットカードの場合、その「利息みたいなもの」を「金利手数料」と呼ぶのね。

クレジットカードの利息って、どれくらいとられるの……？

お金の支払い方法によって違うんだけど、クレジットカードの支払い方法は大きく分けると、だいたい3つあるのよ。

1：1回払い
2：分割払い
3：リボ払い

ママがクレジットカードで買いものをするときに、お店の人が「お支払い方法はどうしますか?」って聞いてくるでしょ。

確かに! ママはいつも1回払いにしているよね。

よく見ているわね。**1回払いだと、金利手数料がかからない**のよ。

金利手数料がかからないってことは……。

1万円の買いものをしたら、1万円を後から支払えばいいということ。逆にいえば、金利手数料がかかるときは、後から1万円以上、引き落とされちゃうの。

そうなんだ。

1回払いというのは、今月、お買いものに使ったお金を全部、翌月に1回で支払う方法ね。分割払いは、2回とか3回、4回に分けて支払う方法なんだけど、**2回払いだったら、金利手数料はかからないことがほとんど**よ。

じゃあ、3回払いからは、金利手数料がかかるんだ。

そう。それでね、**金利手数料が一番高いのがリボ払い**なのよ。

そうなんだ……。でも、リボ払いって、どういうこと?

リボ払いにすると、どんなに高い買いものをしても毎月の引き落とし額は一定なの。例えば、「毎月の支払いは5000円です」と決めたら、たとえ30万円のブランドもののバッグを買っても、翌月に引き落とされるのは5000円で変わらないのよ。

えーっ! リボ払いってすごく便利じゃん!

便利なんだけど、リボ払いは金利手数料が一番高いっていったわよね。

金利手数料が高いって、どれくらい?

よーし、パパと一緒に計算してみるか。リボ払いの金利手数料は、ちょっと複雑だぞ。だから、まずシンプルな借金の場合を考えてみよう。1万円を借りて、金利が年に1%だったら、1年後に返すお金はいくらだと思う?

1万円の1%って……100円だよね? だから、1年後に返すお金は1万100円かな。

正解! こういう計算式だよね。

利息 = 借りたお金（1万円）× 金利（1%=100分の1）=100円

返すお金 = 借りたお金（1万円）+ 利息（100円）=1万100円

このときは「金利が1%」で「利息が100円」だね。「金利」というのは「割合（%）」で、「利息」は「金額」のことなんだね。金利はだいたい「年に何%」というかたちで決まるけど、これを「年利」と呼ぶこともある。クレジットカードでは、利息ではなくて金利手数料だけど、計算の方法は同じだ。

ふーん……、でも、リボ払いのほうが複雑なんだよね。

クレジットカードの支払方法と金利手数料

	1回払い	分割払い		リボ払い
		2回払い	3回以上の分割払い	
金利手数料	なし	なし	あり	あり
金利	―	―	3回払いで12％くらい 回数が増えるほど上がる	15％くらい

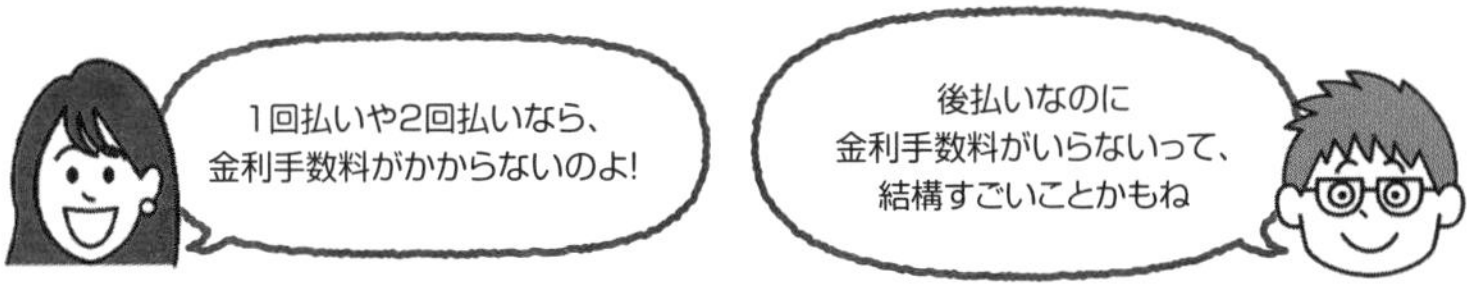
1回払いや2回払いなら、
金利手数料がかからないのよ!
後払いなのに
金利手数料がいらないって、
結構すごいことかもね

そうだ。順を追ってやってみよう。例えば、「毎月5000円のリボ払い」で、5万円の時計を買った場合で考えてみようか。この5万円に対して、何％かの「金利」がかかる。そして、リボ払いの金利は15％。これも年利だね。

年に15％！　高すぎない？

いいや、リボ払いの金利は実際、年利15％くらいのことが多いんだ。でも、ヒロのいう通り、ものすごく高い金利だよね。

そうだよね……。

じゃあ、計算するぞ。リボ払いの金利が1年間で15％とすると、1カ月の金利はどうなる（※）？

「15％÷12カ月」っていうことかな。

そう、その通りだ！　スマホを貸すか

ら計算しようか。

ありがとう。うーん……「1・25%」になるね！

そうだよね。5万円の時計を買った翌月、1回目の引き落としのときには、5万円の1・25%を、金利手数料として取られることになる。いくらになるかな？

「5万円×1・25%」だから……625円！

そう。リボ払いだから、1回の引き落とし額は5000円と決まっている。ここから金利手数料の625円を引くと、4375円。つまり、5000円の引き落としのうち、金利手数料が625円、残りの4375円で時計を買うために借りたかたちの5万円を返済する、という計算になる。残りの「返済」は来月以降に回すんだけど、いくらぶんくらい、残っていることになるかな？

うーん……。「5万円−4375円＝4万5625円」ってことになるね。

そうなるね。この「4万5625円」を「利用残高」と呼ぶんだ。要するに「まだ支払っていないお金」であり、カード会社に「まだ返していないお金」といってもいい。翌月の金利手数料は、この利用残高に対してかかるから「4万5625円×1・25%＝570円」……という具合に計算していくんだ。この計算を繰り返していくと、結局、全部でいくらの金利手数料を取られることになると思う？

えーっ……。いくらになるんだろう？

リボ払いの計算

▶「5万円の時計を金利（年利）15％、
毎月5000円のリボ払い（後払い）で買った」としたら……

1カ月の金利 ＝ 年利15％ ÷ 12（カ月）

1カ月の金利 は 1.25％

【 1カ月後の計算 】

今月の金利手数料 ＝ 後払いにしたお金:5万円 × 金利1.25％

今月の金利手数料 は 625円

「後払いにしたお金」のうち、今月に「減った支払い」 ＝ 今月に支払ったお金5000円（固定） － 今月の金利手数料625円

今月に「減った支払い」 は 4375円

「後払いにしたお金（≒借金）」のうち、翌月に「残る支払い」 ＝ 借りた金額5万円 － 今月に「減った支払い」4375円

翌月に「残る支払い」 ＝ 4万5625円

翌月に「残る支払い」を
「利用残高」と呼ぶよ
ややこしいね……

じゃあ、表にして計算してみようか（左ページ）……。答えは３７４６円！　つまり5万円の買いものをリボ払いにすると、１回払いよりも３７４６円も余計かかる。

うわー、結構高いね！

しかも、支払いの回数は11回になるのよ。

5万円の時計で1年近くかかるんだ。30万円のバッグだったら、どうなるんだろう？

計算してみよう……金利手数料の合計は25万円以上。１１２回払いで9年以上かかるね。

えーっ！　リボ払いってやばい……。でも、その間、ずっと毎月５０００円でいいんだよね。それならいいような気もするけど……。例えば、僕がリボ払いをしている途中で死んじゃったら、どうなるのかな？

そんなことは考えたくないけど、借金も相続されるから、ママとパパが代わりに払うのかな。ヒロが結婚していたら、奥さんや子どもが代わりに払うことになるわね。

それはイヤだな……。やっぱり、支払いが長くなるのはダメだね。

でも、**クレジットカード会社からしてみたら、金利手数料が高いリボ払いはすごく儲かる**の。だから、クレジットカード会社は、みんなにリボ払いを利用してほしいのよ。

そっかー。だから、ユーチューブでもリボ払いの広告がよく流れるんだね。

そういうこと。

そっか、でもママはいつも一回払いだよね。さすがＦＰ、賢いね！

※元利定額リボルビング払いで計算

リボ払いの計算

▶5万円の時計を毎月の支払いが5000円、金利15%のリボ払いで買った場合

	Ⓐ 支払いの残り	Ⓑ 金利手数料 ※Ⓐ×1.25%	Ⓒ 支払いの残りがどれだけ減るか ※5000円－Ⓑ	Ⓓ 翌月に残る支払い ※Ⓐ－Ⓒ
1カ月目	5万0000円	625円	4375円	4万5625円
2カ月目	4万5625円	570円	4430円	4万1195円
3カ月目	4万1195円	514円	4486円	3万6709円
4カ月目	3万6709円	458円	4542円	3万2167円
5カ月目	3万2167円	402円	4598円	2万7569円
6カ月目	2万7569円	344円	4656円	2万2913円
7カ月目	2万2913円	286円	4714円	1万8199円
8カ月目	1万8199円	227円	4773円	1万3426円
9カ月目	1万3426円	167円	4833円	8593円
10カ月目	8593円	107円	4893円	3700円
11カ月目	3700円	46円	3700円	0円！

合計 3746円

金利手数料の合計は3746円になるよ
5万円の買いもので、手数料が3746円ということは……1回払いよりも7.5%も割高だ!
支払いが全部終わるまでに11カ月もかかるのも、気になるね……

解説

FPとして、親として「絶対にダメ！」と断言したいのが「リボ払い」。リボ払いは、クレジットカードの支払い方法のひとつなので、子どもにはそもそも「クレジットカードとはなにか」から説明する必要があります。

クレジットカードはキャッシュレス決済のひとつです。Ｓｕｉｃａなどの電子マネーもキャッシュレス決済ですが、**電子マネーは「前払い」。それに対して、クレジットカードは「後払い」のカード**だと説明すると、子どもにもわかりやすいようです。**後払いのクレジットカードを使うのは、お金を借りるのと同じようなもの**です。ですから本来、借金の「利息のようなもの」を払わなくてはいけません。**クレジットカードの場合、利息の代わりに「金利手数料」を上乗せして、支払います**。金利手数料の計算方法は、借金の利息と同じです。後払いにした金額に一定の「金利」を掛けた「金利手数料」を足して、クレジットカード会社にお金を「返済」します。

クレジットカードは、支払い方法により金利手数料が異なります。基本的に**1回払い、もしくは2回払いにすると、金利手数料はかかりません**。金利手数料がかかるのは、3回以上の分割払いとリボ払いです。

分割払いは、支払い回数を自分で指定する支払い方法です。例えば、10万円の買い物をして「5回払い」と指定すれば、5回で完済できるように、毎月の引き落とし額（支払い額）が決まる仕組みです。金利は支払い回数が多くなるほど高く設定されています。5回だと13・5％が相場です。かなり高いですよね。

分割払いよりも**金利手数料が膨らみがちなのが「リボ払い」**です。リボ払いにも、いくつか種類がありますが、今回、ヒロに説明したのは「元利定額方式」で、毎月一定の引き落とし額のなかに金利手数料が含まれています。それに対して、一定額に金利手数料を上乗せして引き落とすのが、「元金定額方式」です。

リボ払いの金利は15％に設定されていることが多く、非常に高い金利手数料を支払うことになります。けれど、**引き落とし額が一定だと、自分が金利手数料を負担していることを忘れがち**です。ヒロに説明したような「毎月５０００円のリボ払いで、5万円の時計を買った」という、かなり単純化したケースでも、「毎月５０００円の引き落としのうち、いくらが金利手数料なのか」「何回の引き落としで借りたお金を完済できるのか」「完済までに合計いくらの金利手数料をとられるのか」といったことが、とてもわかりにくくなっています。いろんな買いものにリボ払いを使ったら、ますます混乱します。

1回の引き落とし額が数千円からと、**毎月の支払いを少額にできるのもリボ払いの落とし穴**です。少額の支払いでは、毎月の引き落としに占める利息の割合が多く、返済までの期間が長くなってしまいます。

リボ払いには、「残高スライド方式」という仕組みもあります。これはクレジット

さまざまなリボ払い(イメージ)

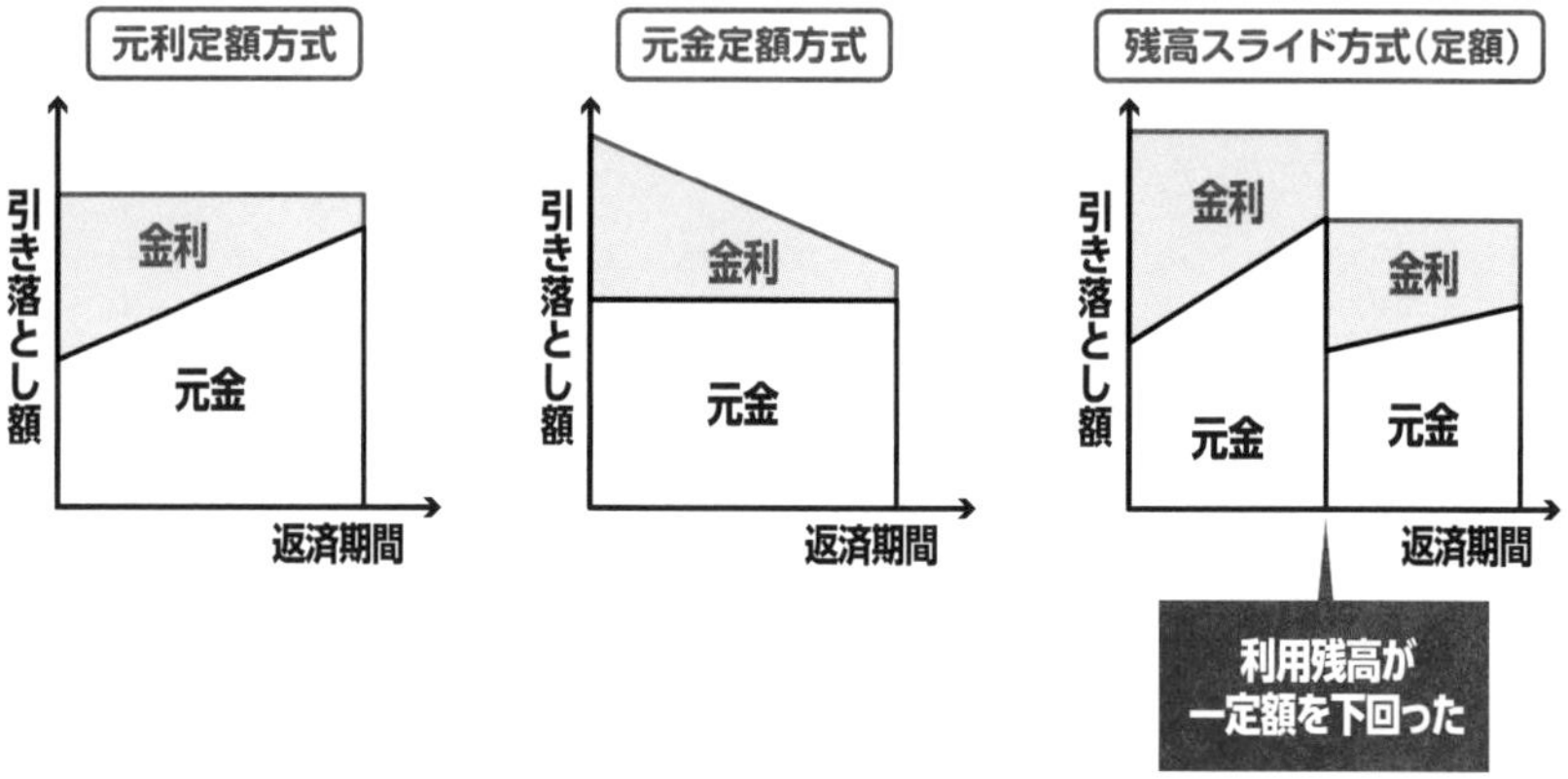

カードの利用残高によって、毎月の引き落とし額が増減するというものです。利用残高とは、クレジットカード会社に支払いが済んでいないお金のことで、借金の残高のようなものです。利用残高が減れば、毎月の支払い額は減りますが、現実には買いものをしすぎて、あるタイミングで急に、毎月の支払い額が上がることが多いです。

今回、ヒロには元利定額方式にもとづいて、リボ払いについて「支払期間が長くなる」というデメリットを強調して説明しました。けれど、その説明では「支払期間が長くても、毎月の支払いが少額ならばいいじゃないか」と、納得できない子どももいるかもしれません。その場合は、残高スライド方式も説明するといいでしょう。**「自分がどれだけお金を借りているのかがわからなくなって、あるとき突然、毎月の引き落としが増える」**ということまで理解できれば、怖さがより伝わると思います。

クレジットカード会社からすると、金利が高いリボ払いを利用してもらったほうが儲かるので、さまざまな方法を使ってリボ払いの利用を提案してきます。ネット広告を見て「なんとなく怪しい」と感じる、敏感な子どももいます。

そんな子どものモヤモヤを晴らすためにも、ぜひリボ払いにするとどれくらいの金利がかかるのか、お子さんと一緒に計算をしてみてください。支払い方法によって大きく金利手数料が違うことが実際に計算してわかれば、納得度が高まると思います。

まとめ　クレジットカードは「1回払い」を選ぶのが賢い

▼クレジットカードは「後払い」のキャッシュレス決済で、借金と似ている

▼キャッシュレス決済では「金利手数料」がかかるケースがある。金利手数料とは、借金の利息のようなもの

▼クレジットカードを使ったときの金利手数料がとても高くなるのが「リボ払い」。金利手数料がかからない「1回払い」を選ぶのが賢い

無料ゲームはどうやって儲けているの?

「広告」と「課金」の2本柱で稼ぐ

課金するとも強くなるゾォ…
ポチッとしちゃえよ
うう…
ヒロ!! ガマンよガマン!!
ショップ
10連ガチャ

「無料」で遊べるオンラインゲーム。子どもたちに大人気ですが、どうして無料で遊べるのでしょう? 無料ゲームが無料なのは「広告」と「課金」があるからです。無料の裏にはゲーム会社の儲けの仕組みがあり、ときには落とし穴もあります。とある休日、FP家族のリビングで……。

ヒロー、なんのゲームをやっているの?

「ロブロックス」だよ。これって、ホントに楽しいよねー♪

ロブロックスってなに?

お、ママは知らないのか。ロブロックス

無料ゲームは どうやって 儲けているの？

は、世界的に人気のゲームだよ。ユーザー数は6000万人以上（2022年12月現在）。これはすごい数字だよ！　ロブロックスの特徴は、主なプレイヤーが13歳以下だっていうところ。小学生が多いらしいね。

それで、小学生のヒロがハマっているってわけね。なにがそんなに楽しいの？

ロブロックスはいわばプラットフォームなんだよね。ロブロックスのなかにはいろんなミニゲームがたくさんあるんだ。しかも、どれも基本的に無料なんだ。

パパは詳しいよねー♪　パパも遊んでいるから！

うちはパパもゲーマーだからね♪

ロブロックスのなかでは、アバターをつくっておしゃれもできるし、Wi-Fiで友だちとつながることもできるんだよ。こんなに楽しいのに「無料」ってすごいよね！

でも、ヒロが最近、遊んでいるゲームは、無料ばっかりだよね。

確かにそうだね……。ロブロックスだけじゃなくて、パズドラもフォートナイトも無料だもんね。無料はうれしいけど、ゲーム会社はどうやって儲けているんだろう？

おっ！　いい視点だね。**無料ゲームで稼ぐ方法はいろいろあるけど、代表的なのは、広告収入**だね。

そうだよね。ユーチューバーもそうだし、なんとなく広告かなって思ったけど。

オンラインゲームだと「リワード広告」をよく見るよね。「リワード」は「報酬」っていう意味の英語なんだけど、動画を視聴することでユーザーが、ポイントやアイテムといった報酬を受け取ることができる仕組みだ。

知ってる！　無料ゲームをしているとよく見るよ。画面をクリックして広告の動画を見るんだよね。最後まで見るとアイテムがもらえるから、つい、見ちゃうんだよね。

そうそう。パパもそういうとき、あるよ。ユーチューブの仕事をしているパパの友だちの話によると、リワード広告の場合、1回の広告再生で1・5円～3円くらいになるらしいよ。1・5円といったら小さいと思うかもしれないけれど、ユーザー数が数百万人、数千万人といれば結構な金額になるね。

正直、広告はちょっとジャマだけど……。でも、アイテムは欲しいもんね。

わかる、わかる！　無料ゲームの広告はストレスだよね。

なんだか、意気投合しているわね。

あ？　でも……ロブロックスでは、そういう広告って見ないよね？

そうだね。ロブロックスはきっと、別の方法で稼ごうとしているんだね。

別の方法？

ほら、パパもヒロも新しいアイテムが欲しいわけだよね。でも、広告はジャマで、できれば見たくない。とにかくサクサク、スムーズにゲームがしたい。なんなら、もっと便利で強くなれるアイテムをゲットしたい。そんなときに使いたくなるのは……？

無料ゲームは
どうやって
儲けているの？

無料ゲームの儲け方

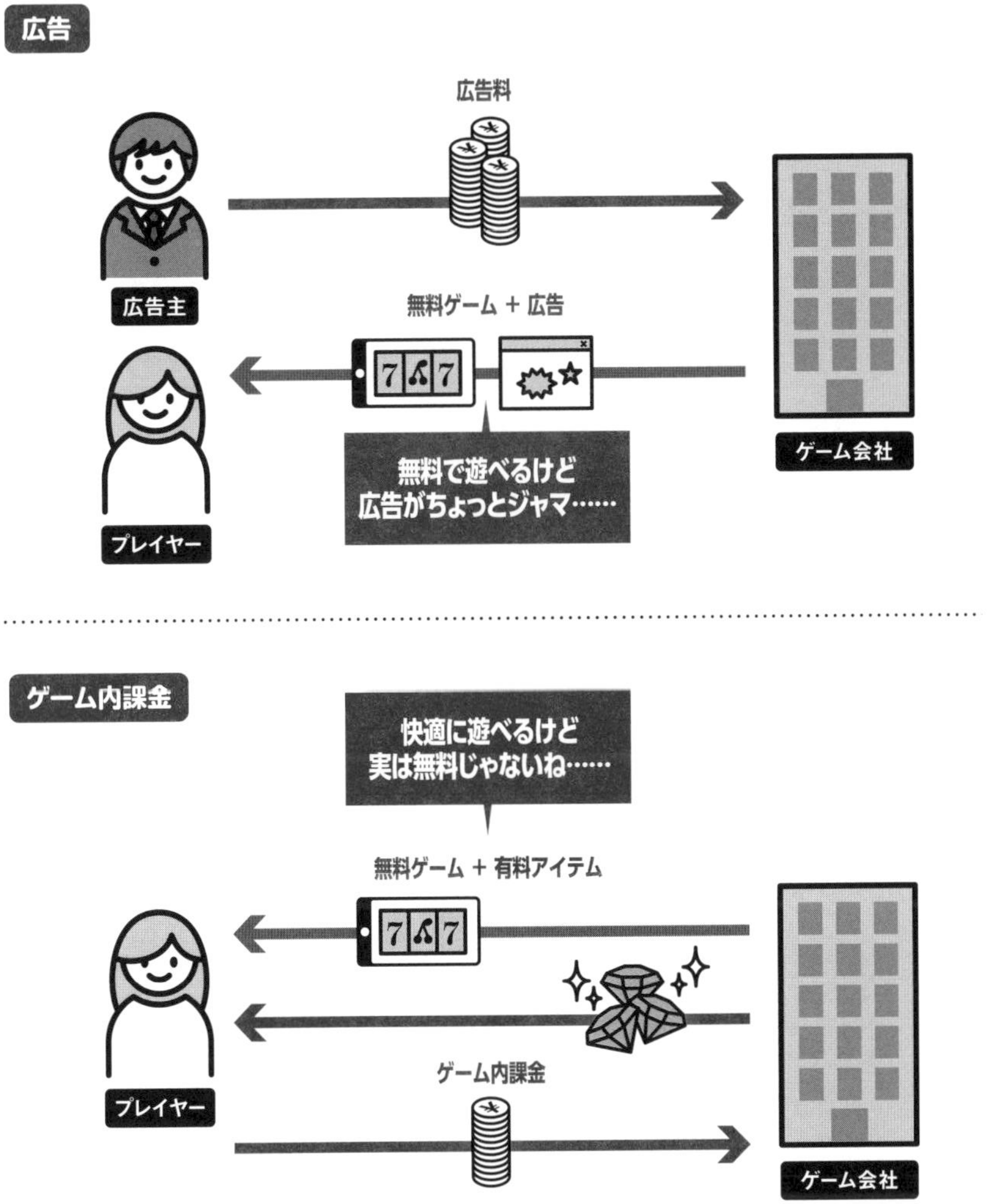

あーっ、「課金」だ！

そうだね。**「ゲーム内課金」も無料ゲームの会社の大きな収益**になっているぞ。

わかるーっ！　ロブロックスは「課金」が多いんだ！　おしゃれなアバターの洋服とかは、課金しないともらえないんだよね。

小学生のあいだは、課金はダメだからね。約束したわよね？

わかってるよ。だから、課金なんてやったことないじゃん。

課金したくなる気持ちもわかるけどね。強い敵が出てくると無料アイテムでは歯が立たなくて、パパも「課金で敵を倒して先に進みたい！」って思うよ。

パパとはわかりあえるなー。

パパは大人だから正直、無料ゲームで遊んでいて課金をするときもあるよ。

えーっ！　大人はいいなあ。

だけど、あらかじめ自分のなかで「課金はいくらまで」とルールを決めて守っているよ。アイテムは1個100円とか300円程度のものが多いから、大人はつい「これくらいの金額ならいいかな」なんて思ってしまいがちだけど、ゲームに没頭しちゃって、あっという間に何万円、何十万円に膨れあがってしまった、みたいな話も聞くからね。**小さな課金の積み重ねが怖い**んだ。

タダほど怖いものはないっていうでしょ。無料には必ずワケがあるってこと！　ママ友から聞いたんだけど、息子さんが知らないあいだに課金を繰り返していて、あるとき、ママのクレジットカードから10万円も引き落とされていてびっくりしたんだって。

10万円! それはすごいね。でも、どうして、その子はクレジットカードを使えたの?

ママのお財布からクレジットカードをこっそり抜きだして、番号や有効期限などをメモしておいたみたいなの。その番号を使って課金を繰り返していたってわけ。

そっか、クレジットカードそのものがなくても、ネットでは使えちゃうんだね……。

感心している場合じゃないわよ。でも、うちだって、ヒロのことをママやパパがずっと監視しているわけじゃないじゃない。

ずっと監視なんて、そんなのイヤだよ。

そうだよね。でも、オンラインの世界は広くて、いろんなことが起きるからね。不安なことは課金だけじゃない。親としては正直、ちょっと心配なんだ。ゲーム端末やスマホには、子どもがオンラインで変なことをしないように、あらかじめ利用できる機能に制限をかける「ペアレンタルコントロール」の設定ができるものも多いけど、うちはそこまでしていないしね。

さっきの10万円の話を聞いたときには「うちも、クレジットカードの置き場所に気をつけないと!」って、ママも思っちゃったわ。ヒロにはちょっと悪いけど……。

大丈夫だよ! 僕は、課金の誘惑に打ち勝つよ。

解説

子どもたちに大人気の無料のオンラインゲーム。上手につきあっていくには、「無料」の裏にある仕組みを理解することが大事です。

無料ゲームでゲーム会社が儲ける方法は、主に「広告」と「ゲーム内課金」です。

オンライン広告にはさまざまな手法がありますが、FP夫婦がヒロに説明したのは、無料ゲームで頻繁に出てくる「リワード広告」です。広告動画を視聴することでユーザーがなんらかの報酬（ポイントやアイテム）を受け取ることができる広告のことです。ユーチューブで好きな動画を見る前に、広告を視聴しなければならないのと似ていますね。

そして親としては気になる「ゲーム内課金」。子どもにねだられて困った経験のある方もいらっしゃるでしょう。より楽しく快適にゲームを遊ぶために使えるアイテムなどを売ることも、無料ゲームを運営する会社の大きな収益になっています。

課金されるアイテムなどの単価は数百円程度ですが、課金を繰り返しているうちに数万円、数十万円と高額になってしまうことも少なくありません。消費者センターにも相談事例が多く寄せられています。

無料ゲームをプレイした経験がある方はおわかりになると思いますが、ゲーム内には、プレイヤーを課金に誘導するさまざまな仕組みがちりばめられています。あたかも入園無料の遊園地のようなもので、園内でいろいろ遊ぼうとすると有料の魅力的なオプションがたくさんあって、ムダづかいしやすいというわけです。

「課金はダメ」というルールにしているご家庭は多いと思いますが、それでも、子どもが「課金したい」と思ってしまうのには、無理もないところがあります。それなら「課金をしたくなってしまったときには、必ず相談して」と声をかけておくというのも、いいかもしれませんね。

子どもが遊んでいるゲームの内容は、親もだいたい把握しておきたいもの。基本的な仕組みや、どこまでが無料でどこからが有料なのか、有料の部分の支払い方法などを確認することが大切です。

「**タダほど怖いものはない**」。親子で肝に銘じましょう。

まとめ　無料ゲームには「課金」の誘惑がつきまとう

- ▼無料ゲームを運営する会社は、主に「広告」と「課金」で収益を得ている
- ▼無料ゲームにはだいたい、ユーザーを課金に誘導する仕組みがちりばめられていて、誘惑が多い
- ▼無料ゲームといっても、小さな課金の繰り返しで大きな出費になることがある。タダほど怖いものはない

10000 壱万円 5

うちの生活費ってどれくらい？

3人家族の平均「月額31万円」と、わが家を比べよう

ジャー
水にもお金がかかってるのか…
そうよー大事に使うのよー

私たちの今の生活には、どれくらいのお金がかかっているのでしょうか。**上手にお金を使うには現状把握が必要です**。ちなみに、**3人～5人家族の生活費の平均は31万～33万円ほど**。子どもたちは普段、生活にかかるお金について深く考えずにいるものですが、こんな数字をきっかけに興味を持ってもらえるといいと思います。

ママ、なにをしているの？

生活費の計算！　家計簿をつけて、ここ1カ月のわが家の支出を振り返っているところよ。**うちが1カ月でどれくらいの**

うちの生活費ってどれくらい？

お金を使っているのかを把握したいの。

そうなんだ！　うちは実際、1カ月にどれくらいの生活費がかかっているの？　僕、結構興味あるよ！

そうなの？　そうね……、わが家の生活費の話をする前に、まずは平均の話をしましょうか。日本の平均的な家庭の生活費はいくらくらいかってことね。

えー、なんで？　僕はうちの生活費が知りたいんだけどな。

だって、平均がわからないと、わが家の生活費がいくらかを話しても、それが多いのか少ないのかとか、よくわからないでしょ。

確かにそうだね。

総務省が「家計調査」という調査をしていて、いろんなタイプのおうちの収入や支出の平均を出しているのよ。

いろんなタイプ？

ほら、うちみたいに子どもがヒロ1人だけという家族と、子どもが3人いる家族では、使うお金の額も当然、違うでしょ？　単純に考えれば、子どもが食べるご飯の量も3倍になるわけだから。

そっかー、子どもが多いほうがお金はかかるんだね。考えてみればそうだけど……。

でも、家族の人数が多いと、まとめ買いで食料を安く買えたりするから、1人にかかる金額は下がりやすいものだけどね。それでもやっぱり、家族の人数が多いほうがだいたいお金はかかるものよ。うちは3人家族だから3人家族の生活費（消費支出）の平均（勤労者世帯、世帯主は60歳未満）を見てみましょう。2021年のデータを見ると（パソコンのキーボードを叩いて）……、3人家族の生活費は、30万6656円ですって。ざっと31万円くらいね。内訳は……

- **食料**　7万4387円
- **光熱・水道費**　2万0542円
- **家具・家事用品**　1万2441円
- **被服及び履物**　1万0730円
- **保険・医療費**　1万3110円
- **交通費**　3万3460円
- **通信費**　1万5373円
- **教育費**　2万0060円
- **住宅関連**　6万3443円（家計調査の「住居」と「土地家屋借金返済」の合計額）

といったところね。

住宅関連がすごく安くない？　家族３人が家賃６万３０００円くらいだとしたら、なんだか安すぎる気がするよ。僕、家の広告が好きで、近所を歩いているときとかによく見ているんだけどさ。

そうだね。住居費というのは家賃や住宅ローンの返済のことだけど、おじいちゃんや、おばあちゃんの家を引き継いでいたりして、家賃も住宅ローンも払っていないおうちもあるからね。そのぶん、平均の数字は低くなっているかもしれないな。

家族３人で住む家といったら、間取りでいえば、２ＬＤＫ（2部屋＋リビング、ダイニング、キッチン）とか、２ＤＫ、３Ｋといったところだよね。これくらいの間取りの家の平均家賃は、東京23区だと17万～18万円くらい（※）だから、ずっと東京に住んでいるヒロからすれば、住居費が６万円台は安く感じられるのかもしれない。

でもね、東京じゃなければ、同じような間取りの部屋を６万～７万円で借りられる地域もたくさんあるのよ。同じ東京でも、福生市や八王子市の平均家賃は６万円台だし、関西だったら、大阪市内でも平均家賃が６万円台のエリアが結構あるわ。

大阪市って、新幹線もとまるし、かなりの都会だよね。それくらいの家賃で住めるんだ。場所によってかなり違うんだね。

家計調査の数字はあくまで平均だから、実際にかかる生活費は、住む場所や生活スタイルなどによってだいぶ変わってくるわ。

確かに。地方に旅行にいくと、東京よりもいろんなものが安かったりするもんね。

そうそう。だから、今の生活ではお金がかかりすぎると思ったら、住む場所を変えるとか、大胆に生活スタイルを変えることを考える人もいるわ。**ほかの人たちの家計と比べると、自分たちの支出の特徴がわかって、どこが節約できるかも見えてくる**のよ。

それにしても、毎月、いろんな物にお金がかかっているんだね。普段あんまり深く考えないで生活しているけど。

そうなのよ！

確か、日本人の会社員の平均年収は４４３万円で、毎月の手取りが30万円くらいなんだよね。それで今日、教えてもらった3人家族の平均の支出は、毎月31万円くらい。

あれ？　平均年収だと赤字になっちゃう？

いや、３人家族の世帯収入はもっと多くて、平均して61万円くらいなんだ。うちみたいな共働きだと世帯年収は増えたりするからね。つまり、だいたいの家庭は、**収入を全部使いきらないようにして、貯金できるように暮らしている**んだよね。でも、会社員1人の月収の平均は、確かに30万円くらいだ。そう考えると、**それなりに稼いでいる人でも、うっかりしたらすぐに赤字になっちゃう可能性もある**んじゃないかな。

ホントだ！　おいしいものをもっと食べたいとか、旅行にもいきたいと思ったら、たくさん稼がなくちゃいけないね。

それに稼いだお金を全部使っちゃったら、貯金もできないだろ。**貯金ができないと、急に大きな病気になったり、老後に収入が減ったりしたときに困っちゃう**よ。

そっか……、そうだね。

生きていくためにはたくさんのお金がかかるってことだね。だけど、毎月の収入はだいたい決まっている。だから、**収入の範囲内で暮らすため、毎月、なににどれくらいお金を使っているのかを把握して、計画的にお金を使っていくことが大切**なんだよ。

ヒロは、お金持ちになるための条件、覚えている？

あ、覚えているよ。たくさん稼ぐだけじゃダメなんだよね。

そう！　ムダづかいをしないで、賢く上手にお金を使う人が、お金持ちになれるのよ。収入よりも多くお金を使ってしまったら、貯金どころか、生活もできなくなってしまうじゃない。だから、ママは毎月、食費、日用品費、水道光熱費などの項目に分けて「今月はこれくらいの額までなら、お金を使っても大丈夫！」っていう予算を立てて、その範囲内でやりくりするように頑張っているわけ。

なるほどね。僕がねだってばかりだと、すぐにお金がなくなっちゃうんだね。

そういうことよ！

※全宅連（公益社団法人全国宅地建物取引業協会連合会）が運営する「ハトマークサイト」掲載の賃料相場をもとに試算。
２０２３年２月現在

解説

子どもに「年収」を聞かれて困った、という話はよく聞きますが、子どもが「生活費」を聞いてくることは、あまり多くありません。けれど、**お金に困らない生活をするには、収入を増やす以上に、支出を抑えることが大事**です。今回のヒロのように、ふとした瞬間に子どもがわが家の生活費に興味を持ってくれたなら、いい機会です。このチャンスを逃さずに、子どもと前向きに話せるといいですね。

親にとっては、年収同様、わが家の生活費も、ずばりストレートな金額を教えることには抵抗があるかもしれません。年収については「平均を伝えるだけでもいい」と書きましたが、**生活費については、ある程度、具体的に伝えてもいい**と思います。

自分たちの生活費について知ることは、子どもにとって、さまざまなことを考えるきっかけになります。

「毎月、これだけいろんなことにお金がかかっている」

「収入の範囲内でやりくりをしなくてはならない」

「今の生活を続けるためには、常にある一定以上の収入を稼がなくてはいけない」

生活費についても「平均」は伝えたほうがいいでしょう。

平均を学べば、比べることができるようになります。実際の**「わが家の生活費」を知ったときに、平均と比較して、わが家の生活について考える**ことができます。

わが家はなにに対して、一般の家庭よりお金をかけて、なにを節約しているのか。

このあたりは、それぞれのご家庭の価値観が出るところだけに、親子で共有することには意味があると思います。東京在住ならば、ほかの地域より住居費がかかります。「なぜ東京に住むのか」「地方に住むという選択はアリなのか」といったことを、話してみてもいいですね。

ヒロには今回、総務省の家計調査から、世帯主が「60歳未満」で「勤労」している3人家族の数字を伝えました。3人家族の生活費は月に31万円ほど、4人家族は33万円くらいです。家計調査には、単身世帯や4人家族、5人家族のデータもあれば、地域別のデータなどもあります。夏休みなどに、自分たちの興味、関心に合わせて、調べてみても面白いでしょう。

まとめ

▼子どもと「わが家の生活費」について話すのはお勧め。お金に困らないためには、収入を増やす以上に、支出を抑えることが大事

▼生活費の平均は3人家族で31万円ほど、4人家族で33万円ほど

▼「平均の生活費」と「わが家の生活費」を比べると、わが家の特徴や価値観が見えてくる

家族の人数による家計の違い

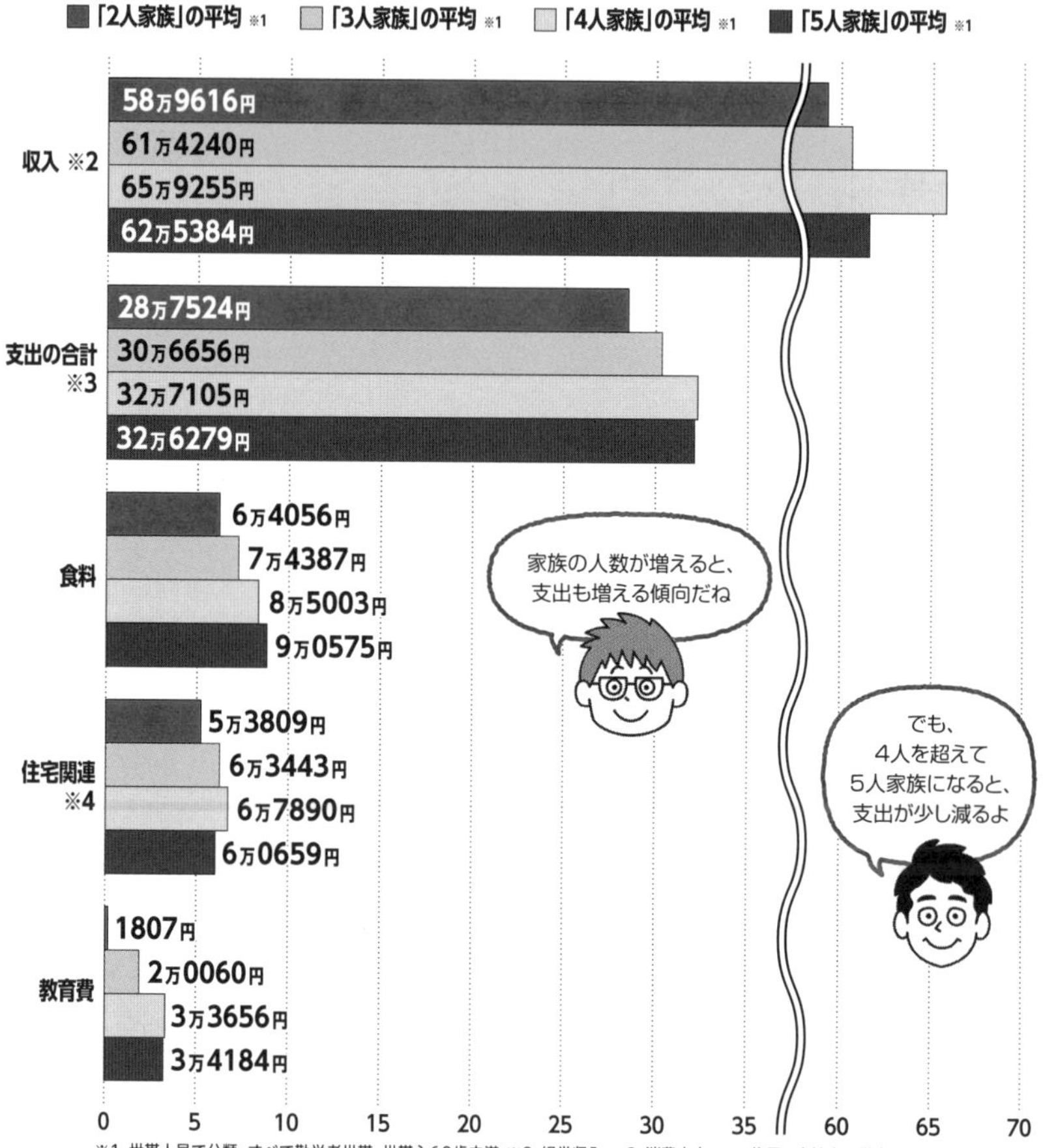

※1.世帯人員で分類。すべて勤労者世帯、世帯主60歳未満 ※2.経常収入 ※3.消費支出 ※4.住居+土地家屋借金返済

＊総務省「家計調査」(2021年)をもとに作成

うちの
生活費って
どれくらい？

共働きと専業主婦の家計の違い

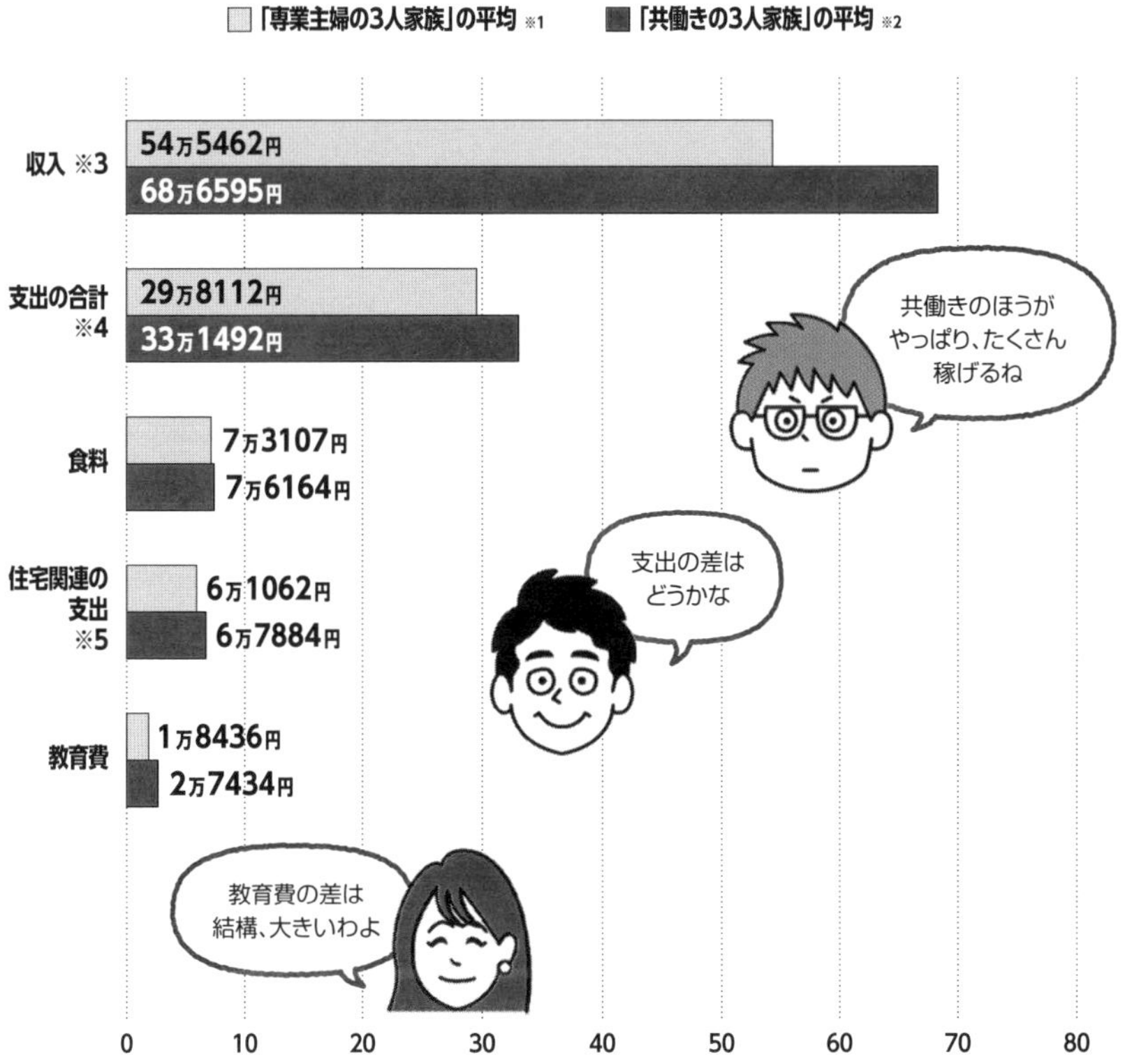

※1. 夫のみ有業のうち夫婦と未婚の子供1人の世帯
※2. 夫婦共働き〈有業者は夫婦のみのうち核家族〉のうち夫婦と未婚の子供1人の世帯
※3. 経常収入 ※4. 消費支出 ※5. 住居+土地家屋借金返済

＊総務省「家計調査」(2021年)をもとに作成

大都市と小都市の家計の違い

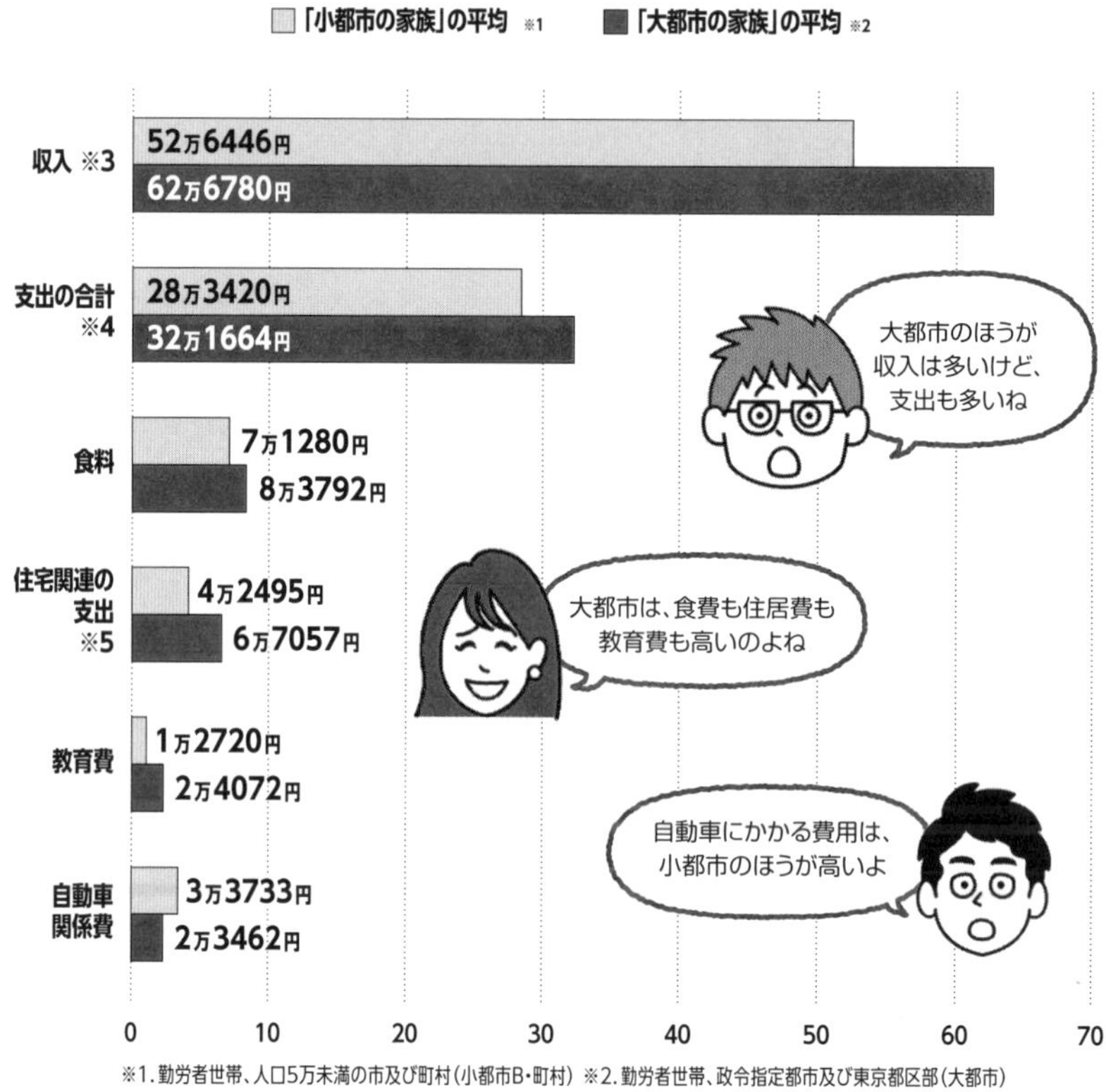

※1. 勤労者世帯、人口5万未満の市及び町村(小都市B・町村) ※2. 勤労者世帯、政令指定都市及び東京都区部(大都市)
※3. 経常収入 ※4. 消費支出 ※5. 住居+土地家屋借金返済

＊総務省「家計調査」(2021年)をもとに作成

うちの
生活費って
どれくらい？

年収による家計の違い

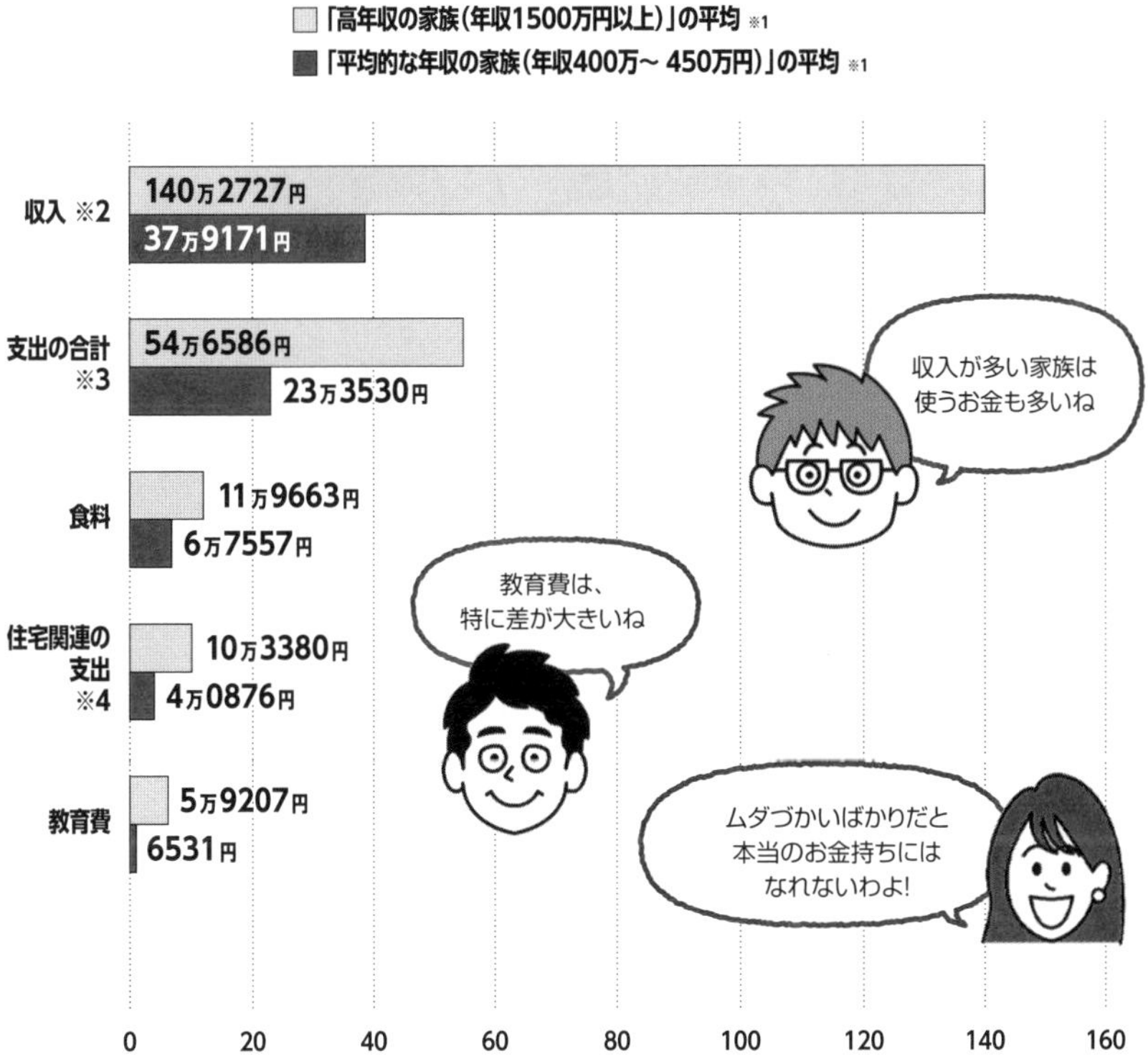

※1.「年間収入階級別」のデータにもとづく
※2.経常収入 ※3.消費支出 ※4.住居+土地家屋借金返済

＊総務省「家計調査」（2021年）をもとに作成

中学受験ってどれくらいのお金がかかるの？

塾代だけで250万円以上。教育費は「人生の3大資金」

ママー 夏期講習のお知らせだってー
行っていい～？
夏期講習
7/21～8/10
¥100000
10万円…!!

首都圏を中心に中学受験をする子どもが増えています。**中学受験をする場合にかかる塾代の総額は少なく見積もっても250万円以上**。家計のやりくりに親が頭を悩ませることも。そのあたりの事情は子どもたちもわかっていて、内心、気にしている子もいます。ヒロの場合は……。

ただいまー。ママ、塾から夏期講習のお知らせがきたよ。

あらっ。もうそんな時期なのね。夏期講習は、通常の塾の月謝にプラスして授業料を払うのよね。大変だわ。

中学受験って
どれくらいの
お金がかかるの？

夏期講習の授業料っていくらなの？

えーっと、10万円くらいかかるみたいよ。

10万円！　結構高いね……。

そうね。毎月の月謝も結構かかっているのよ。

塾の月謝っていくらなの？

月に4万5000円。このほかに、教材費とかテスト代とかもかかるけどね。

僕ってホントにお金かかっているんだね……。

わかってくれた？

6年生までずっと塾に通うとしたら、全部で塾代はいくらかかると思う？

今、毎月4万5000円だから……1年間に54万円かかるってことだよね。僕は小学4年生から通っているから……。とりあえずすごい金額になりそう。

中学受験の塾は、学年が上がるほど授業が増えて、月謝も上がるよね。だから、そうだな……**3年間の塾代だけで250万円は軽く超える**かな。

塾代だけで250万円！　すごい金額だね。

実際に受験するとなったら受験料もかかるよ。私立中学の場合は、1校受けるのに、2万〜3万円くらいかかるんだ。仮に5校受けたら、それだけで10万〜15万円かかるね。

私立中学の場合は、めでたく合格してもその後も大変よ。文部科学省が「子どもの学

中学受験の進学塾にかかる費用

入会費

大手塾では2万〜3万円前後であることが多い。基本的には1回支払えばいい。「入塾金」「入室金」といったりする。

授業料

学年が上がるほど授業の回数が増え、授業料も上がるのが一般的。4年生では月2万〜 4万円ほど、5年生では月3万〜5万円ほど、6年生では月3万〜7万円ほど。教材費やテスト代を授業料に含む場合と、含まない場合がある。

教材費

授業料に含める塾もある。年間20万円ほどかかる場合も。

テスト代

模試などのテスト代の一部を授業料に含める塾もある。年間十数万円かかる場合も。

季節講習

学校の長期休暇の時期に実施される「春期講習」「夏期講習」「冬期講習」。それぞれ数万〜十数万円ほどかかる。

そのほか

泊まりこみの合宿や、志望校対策の特別コースなど、さまざまな追加オプションがある。個別指導塾や家庭教師を併用するケースも。

いろんなお金が かかるんだ
そう！ 複雑だから、どこの塾が高いとも安いともいいにくいんだ
予想外の出費が発生して、びっくりすることもあるわ

＊ 大手塾（複数）のホームページを参照して作成。

習費」を調べたデータがあるから、それを見てみましょうか（※）。「学習費」というのは、学校や塾の授業料や、参考書や本棚など、子どもの「学習」のために保護者が払ったお金のことよ。それが**私立中学の場合、年間143万円以上**になるの。

もしも中学受験をしないで、公立中学に通ったら、どうなるの？

公立中学は、年間54万円弱ね。

うわー、私立と公立でかなり違うんだー。2・6倍くらいだね。

私立中学の場合は、授業料がかかるところが違うのよね。**公立中学の場合、授業料は払わなくていい**から。それに修学旅行や遠足にかかる費用も高い傾向にあるわ。海外研修があったりするからね。自宅から遠い私立だと通学にかかる交通費だって結構な額になるし、こういった費用が3年間かかり続けるってわけ。

でも、そういう研修とか合宿とかが楽しそうなんだよね。理科室がたくさんあったり、大きな図書室があったり、設備も魅力的だし……。でも、それだけお金がかかるってことなんだ。

肝心なのは、そこまでお金をかけて「なぜ中学受験をするのか」「なぜ私立中学にいきたいのか」を、自分の頭で考えることだよ。ヒロはなぜ、受験するのかな？

ぶっちゃけ、最初は、パパとママに勧められたからだけど、いろんな学校を見学したりするうちに「いいな！」と思う学校があったんだよね。気が合いそうな子が多かったり、部活も楽しそうだったりして。それに高校受験や大学受験をしなくてよければ、プログラミングだとか、勉強以外に興味があることに時間を使えるでしょ。

そうだね。最初は確かにパパとママが「私立中学という選択肢もあるけど、どうかな?」って、聞いたよね。ヒロの性格を考えると、私立のほうが自分に合う学校が見つけられるかもしれないって思ったんだ。

うん。僕もそう思う。

でも、私立中学はすごくお金がかかるし、公立中学が合う子もいる。ヒロだって、もしかして地元の公立中学に進学することになって、いざ通ってみたら、いい先生やいい友だちに出会えて「よかった」と思うかもしれない。

そっか……。そう思っていたほうが、気が楽かもね。

でも、公立中学に通ったときにかかる年間54万円だって、わが家にとって決して安い出費じゃないわ。

そうだよね……。

生活費の話をしたときに、生きていくためにはいろんなお金がかかることを話したわよね。なかでも、特に大きなお金がかかるものを**「人生の3大資金」**と呼ぶんだけど、教育にかかるお金はその1つよ。

あとの2つは?

人生の3大資金は次の3つ。受験には出ないかもしれないけど、覚えておいて。ヒロの人生でも、これから大事になるはずよ。

- **教育資金**
- **住宅資金**
- **老後資金**

いずれにせよ教育には大きなお金がかかるの。そして**大きなお金がかかるということは、人生において大事な選択**っていうことなのよ。だからこそ、家族でよく話し合って自分たちにとってベストな選択をしたいわよね。

そうだよ。公立と私立のどちらがいいかなんて、簡単に決められるものではないよね。人それぞれ置かれている状況も違うし、価値観にも違いがあるからね。よく考えて、自分なりに納得することが、ヒロにとって大事だと思うよ。そのときに、私立中学を受験するにはそれなりのお金がかかるってことは覚えておいてほしいかな。

うん! こんなにお金がかかると思ってなかったよ。僕、頑張るね!

応援しているわよ♪

※文部科学省「令和3年度 子供の学習費調査」

解説

中学受験をする家庭が、首都圏を中心に増えています。東京都では２０２２年、公立小学校の卒業生のうち、都内の私立中学に進学した生徒の割合は19・4%。前年から0・7ポイント増えました（※）。ほかに国立中学に進学した生徒（0・4%）もいますし、都立の中高一貫校や都外の私立中学に進学する生徒もいることを考えると、都内では子どもの5人に1人くらいが、中学受験をへて進学していると考えられます。都内では文京区や港区など、私立中学に進学する子どもが4割を超える地域もあります。

進学熱の高い地域に住んでいる場合は特に、親も子どもも、なんらかのかたちで**「中学受験をするか、しないか」の選択を迫られる**でしょう。

中学受験をする場合、子どもは塾に通うのが一般的です。私立中学などの入試は出題範囲が広く、公立小学校での勉強や家庭学習だけで挑むのは現実的ではありません。この塾代が結構な金額になります。大手塾の資料をもとに試算すると、**中学受験をするための塾代は、小学校4年生から6年生までの3年間で、２５０万円以上**。最近は、小学3年生から塾に通うのが一般的になっていますし、大手塾に通いながら、個別指導塾や家庭教師を利用するケースも増えていて、実際には２５０万円で済まないことが多いでしょう。中学受験はとてもお金がかかります。

中学受験をして進学する学校には、国立中学など公立の学校もありますが、私立中学が多いです。**私立中学の場合、入学後も公立と比べてお金がかかり、学習費は実に2・6倍**です。

小学校4年生、5年生ともなれば、子どもも自分の教育費が家計に与える負担も察しているものです。もしも子どもが気にしているようならば、親子で一度、中学受験にかかるお金について話してみてはいかがでしょうか。お金の問題も含めて、中学受験をすることのメリットとデメリットを一緒に考える。そのうえで、わが家はどういうスタンスで臨むのかを考える。こういうことを親子でできれば、中学受験をするにしてもしないにしても、いい経験になると思います。

子どもに学費の話をするのは気が引けるかもしれません。けれど、おおまかにでもかかる費用を子どもに知らせることで、塾で勉強したり、中学受験ができたりするのは、当然のことではないとわかります。勉強に臨む姿勢も変わるでしょう。子どもが勉強をさぼっているように見えると、親はついカッとなって「塾にいくら払っていると思っているのよ！」などと怒鳴りつけてしまいがちですが、そうなる前に、落ち着いて話しあえる時間をつくれるといいですよね。

中学受験をしなかったとしても、子どもの教育費は、家計にとって大きな出費。**教育資金は、住宅資金、老後資金と並ぶ「人生の3大資金」**です。

公立中学に進学すれば、学校の授業料はかかりませんが、高校受験に向けて塾に通う子どもが増えます。ＦＰママが紹介した「子どもの学習費」のデータでも、塾などに使う「補助学習費」は、公立中学のほうが、私立中学よりも多くなっています。**教育費というのは節約しにくいものですし、やみくもに節約するのがいいというものでもない**でしょう。

中学進学は、子どもが自立するまで長く続く「教育資金」問題の序章です。長い目で見てベストの選択ができるように、ぜひ親子で話しあってみてください。それぞれのご家庭が大事にする価値観がはっきりしてくると、教育費の使い方にもメリハリが出てくると思います。

まとめ

▼今の子どもたちは、なんらかのかたちで「中学受験をするかどうか」の決断を迫られることが多い

▼中学受験をする場合、塾代は250万円以上かかる。私立中学の場合、入学後にかかるお金は、公立中学の2・6倍以上にもなる

▼「教育資金」は「人生の3大資金」の1つ。大きなお金をかけるからこそ、自分たちの価値観を明確にして、ベストな選択をしたい

※東京都教育委員会「令和４年度　公立学校統計調査報告書」

私立中学と公立中学の「学習費」の違い（年額）

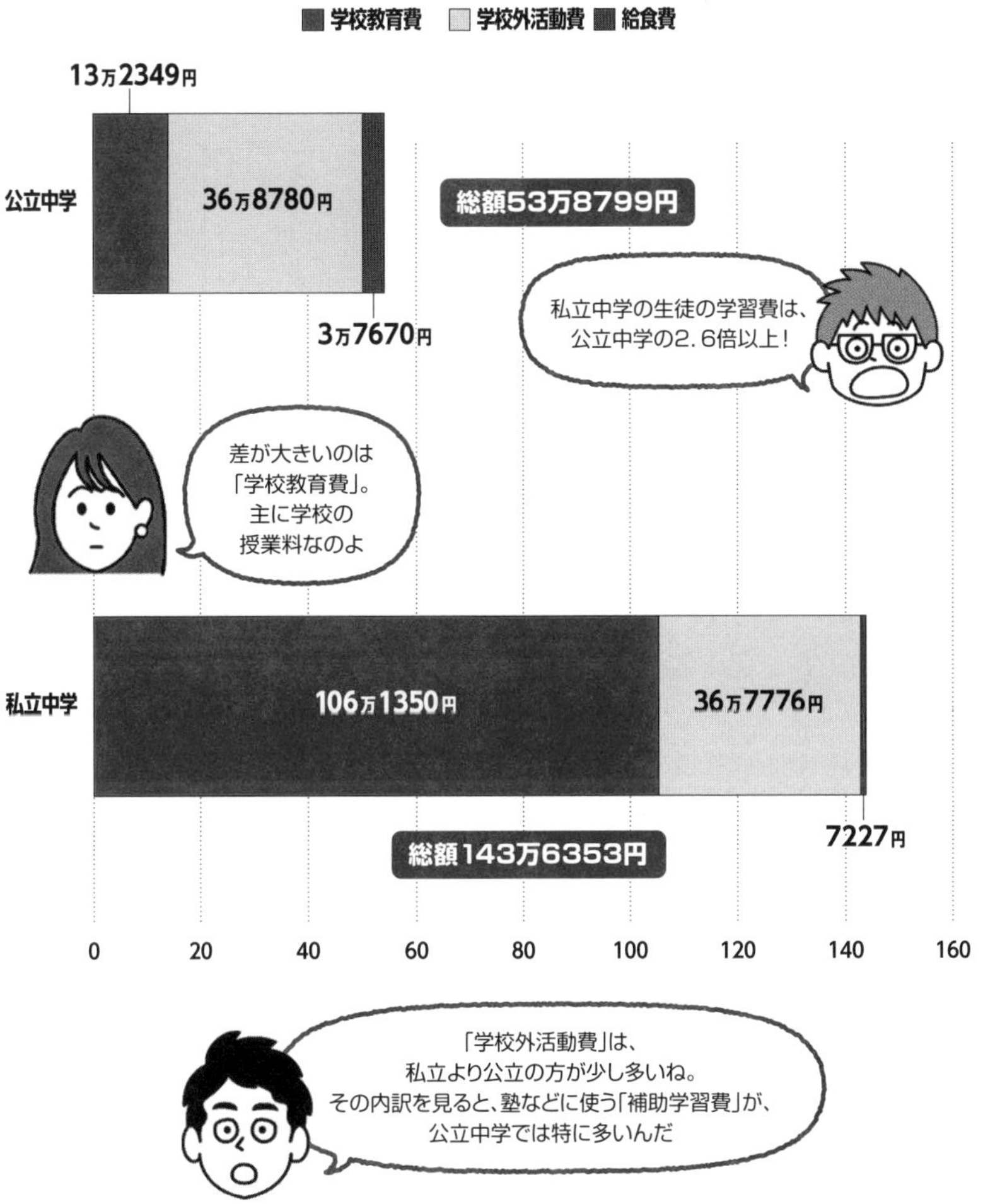

＊文部科学省「令和3年度　子供の学習費調査」

僕の教育費って、全部でいくらかかるの？

子ども1人に2500万。生涯賃金に影響する

どちらになさいますか？
うーんとねー
ドキドキ
公立
フルコース
私立
フルコ

子ども1人にトータルでかかるお金は、どれくらいでしょうか。親としても気になるところですよね。結論からいえば、子ども1人にかかる教育費は2500万円以上です。けれどそれだけ教育費をかけることには意味があります。

ねえねえ、中学受験にすごくお金がかかることは、わかったんだけどさ。その先もあるよね？　中学受験だけであんなにお金がかかるのに、大学までいったら、どれだけお金がかかるんだろうって、怖くなっちゃった。

僕の教育費って、全部でいくらかかるの？

そうなの？　じゃあ、ヒロが大人になって稼げるようになるまでに、どれだけお金がかかるのかを試しに計算してみようか。といっても、平均を出すんだけどね。合計すると……。

えーっ！　その答え、聞きたいような、聞きたくないような……。

ふふふ。じゃあ、答えをいっちゃう前に、少し説明するわね。私立中学に進学したときの「学習費」は、公立中学の約2・6倍だったでしょ？　それと同じで小学校も高校も大学も、私立にいくか、公立にいくかで、かかるお金に差が出るわ。幼稚園もね。

僕は幼稚園じゃなくて、保育園だったよ。

そうね、ヒロもそうだったけど、ママもパパも働いている「共働き」のおうちの子はだいたい、保育園よね。ただ、今回は幼稚園のデータを使わせて。文部科学省のデータによると「子供の学習費」は……（※1）。

オール公立コース（高校まで）　580万円くらい

オール私立コース（高校まで）　1840万円くらい

うわあ、3倍以上の差がつくね。

これに、大学の学費を足すわよ。国立大学の4年間での学費は合計242万5200

円。これを「公立コース」の学費と考えましょう。私立大学は大学によってまちまちだけど、平均すると、４年間で合計４６９万円くらいね（※２）。だから……

オール公立コース　合計８２０万円くらい

オール私立コース　合計２３１０万円くらい

わあ、オール公立でも８００万円以上かかるんだー！

それだけじゃないわよ。子どもを育てるには、食べるものも、着るものも、おこづかいもいるじゃない？　そういった学習以外の費用が22歳までに１６４０万円かかるという試算があるわ（※３）。だから、ざっくり考えて子ども１人に最低でも２５００万円くらい、多いと４０００万円を超えちゃう。大学院や留学もあるでしょ？

僕１人に３０００万円とか４０００万円とか……。なんだか、申し訳なくなっちゃうよ。本当に子どもってお金がかかるんだね。うちのお金、大丈夫？

心配してくれてありがとう。でも、ママとしてはヒロのやりたいことを一番、優先したいかな。

ママ……ありがとう……。

最近では、子どもにお金がかかりすぎることが社会問題にもなっているんだよ。

僕の教育費って、
全部でいくら
かかるの？

「私立コース」と「公立コース」の違い

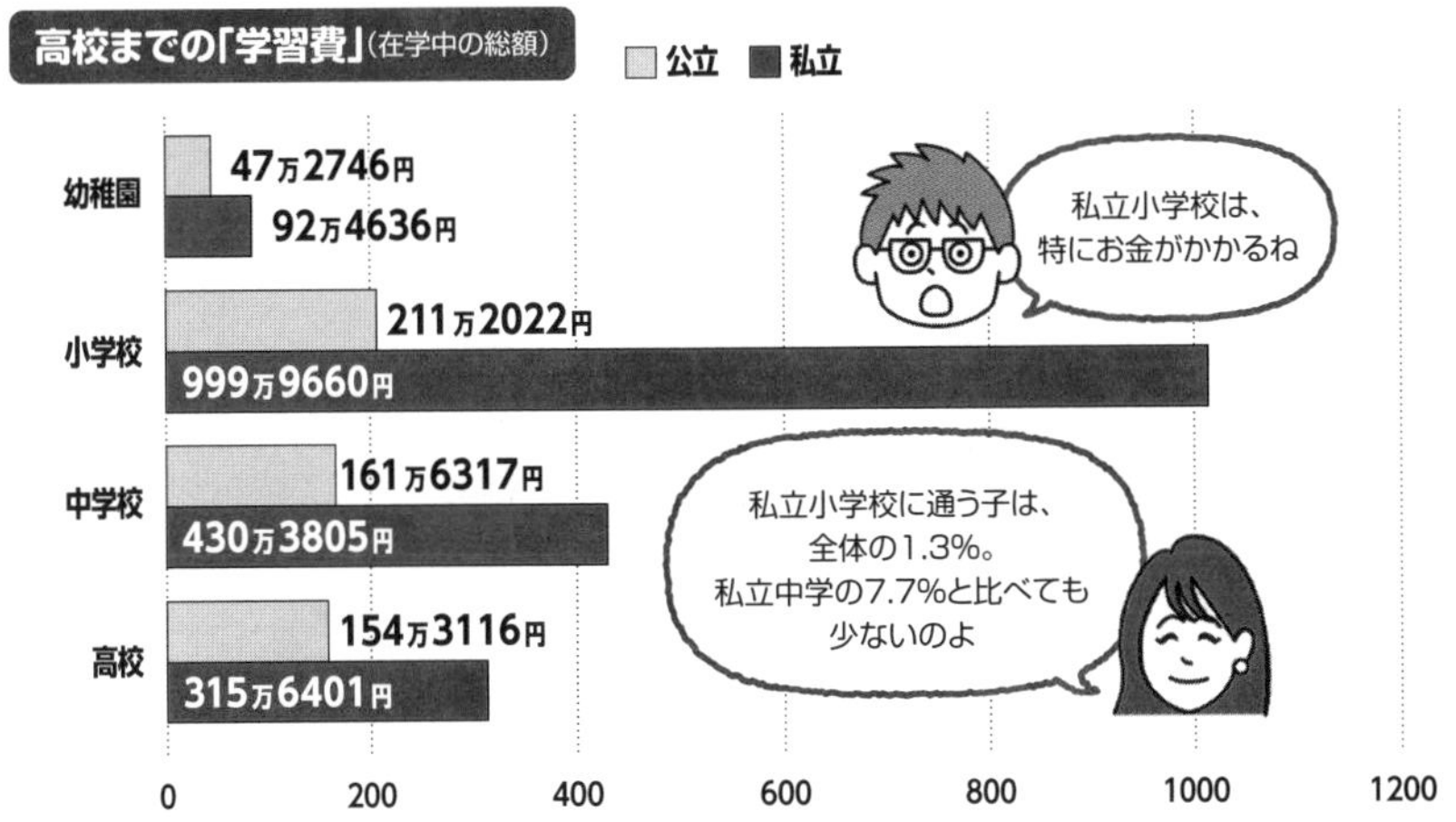

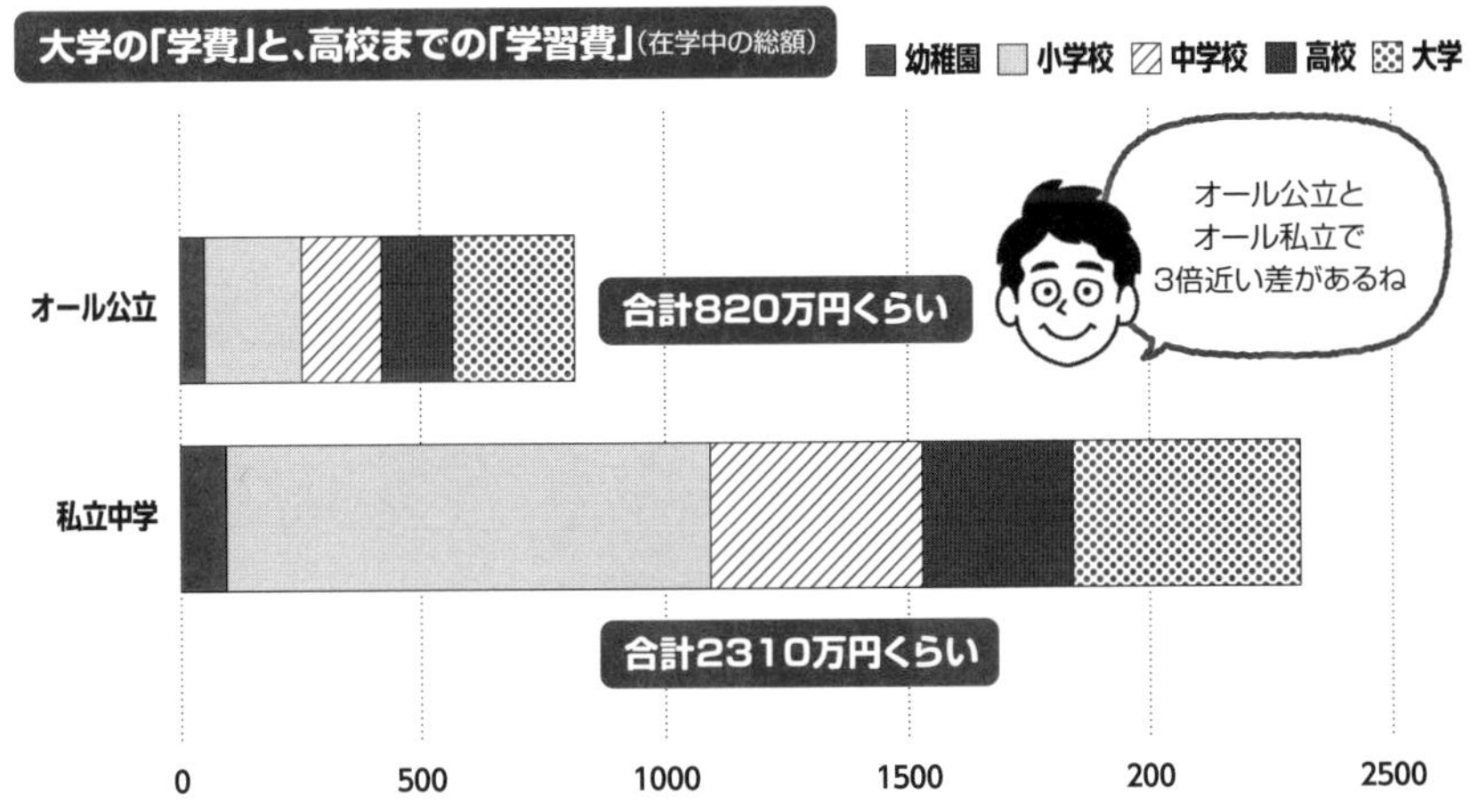

＊「令和3年度　子供の学習費調査」など、文部科学省の資料をもとに作成

学歴による「生涯賃金」の違い

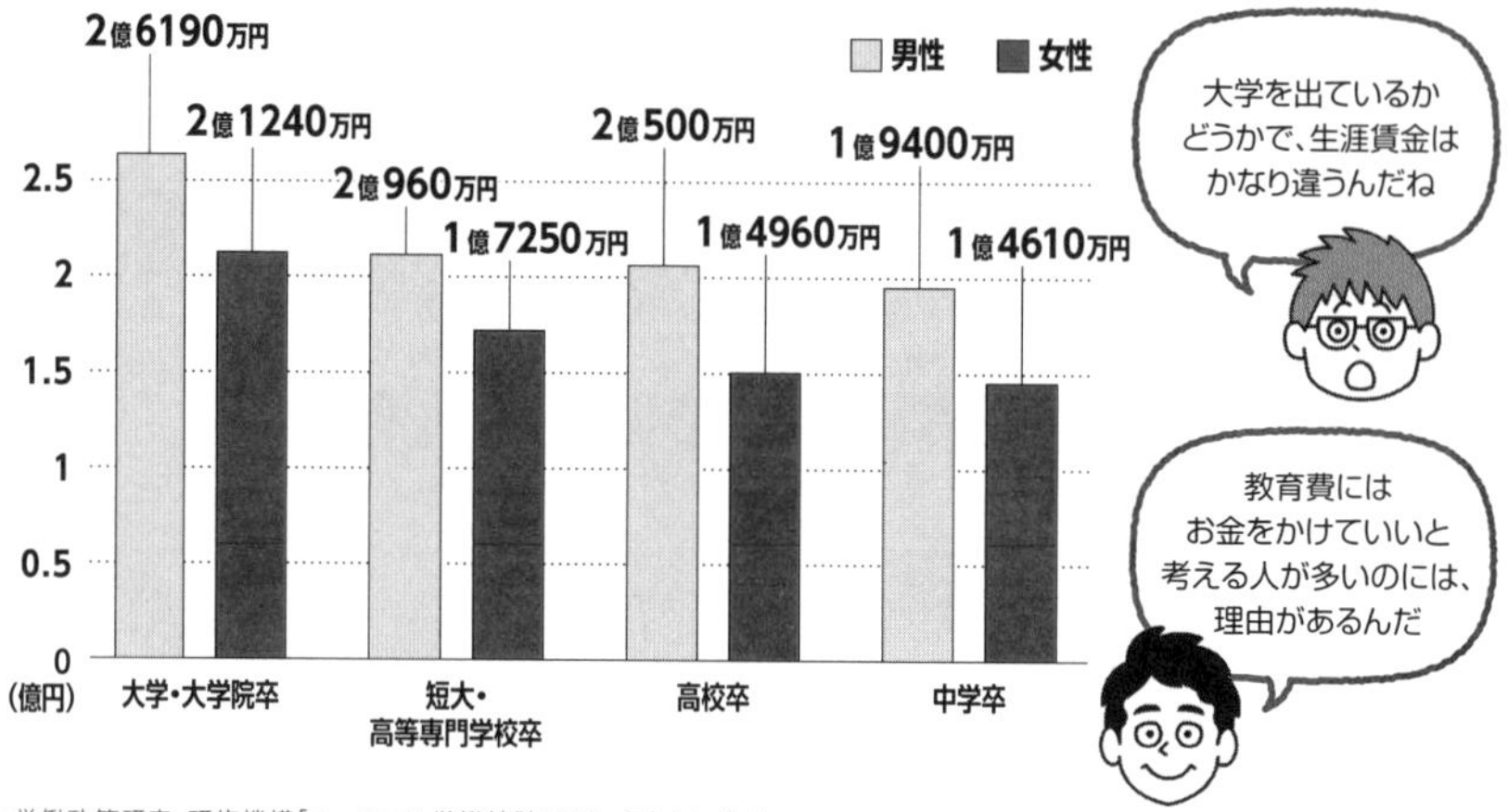

＊ 労働政策研究・研修機構「ユースフル労働統計2022」をもとに作成

あ、少子化でしょ？　僕も知っているよ！　子どもを産む人が減っているんだよね。

そう、みんなが子どもを産まなくなったのは、お金がすごくかかってしまうからじゃないかっていわれている。だから、高校の授業料を無償化するといった動きもあるよ。

それはいいね！

でもさ、ヒロ。どうしてパパやママは子どもの教育にお金をかけるんだと思う？

うーん、いい大学にいって、いい会社に入ってほしいから？

あら、要するにヒロに幸せになってほしいからよ。でも、いわゆる「いい大学」や「いい会社」にこだわらなくても大丈夫。パパとママは自分で会社を経営していて、わりと幸せよ。

そっか。でも、お金はちゃんと稼ぎたいよ！

そうだよね。**一般論でいえば、大学や大学院まで進んで勉強していた時間が長い人のほうが、一生のうちに稼げるお金は多い**んだ。「生涯賃金」っていうんだけどね。フルタイムの正社員の場合、男性の生涯賃金は、大学や大学院を卒業していると、2億6190万円、女性は2億1240万円。これが高校が最終学歴の人だと、男性が2億5000万円で、女性は1億4960万円。6000万円くらいの差がある（※4）。

うわあ、大学を出ているかどうかで、6000万円も違うんだ。

そうなのよ。これはあくまで平均の話だから、現実には、中学校しか出ていないけれど大金持ちという人もいるわ。でも、**もしも大学で学ぶための教育費に1000万円かけることで、生涯賃金に6000万円の差がつくとしたら、1000万を出したいと思う**わよね。いわば投資なのよ。

投資？

投資については、また今度、ゆっくり話すわ。すごく大事なことだから。

※1：文部科学省「令和3年度　子供の学習費調査」
※2：文部科学省「令和3年度　私立大学入学者に係る初年度学生納付金平均額（定員1人当たり）の調査結果について」
※3：AIU保険（現AIG損保）「現代子育て経済考2005年」
※4：労働政策研究・研修機構「ユースフル労働統計2022」

解説

人生の３大資金のうちの１つである教育費。その総額は、親としてはしっかり押さえておきたいところです。

教育費の総額は、子どもの進学プランによってかなり違いますが、ＦＰママが計算した通り、子ども１人について、幼稚園から大学まで「オール公立」コースで８２０万円、「オール私立」で２３１０万円が目安となります。教育費はなにかと上振れしやすいので、**「オール公立なら１０００万円くらい」「オール私立なら２５００万くらい」**と覚えておくのもいいと思います。

子どもにかかる費用は、教育費のほかにも、食費などいろいろとあり、それらをまとめて「養育費」と呼ぶこともあります。養育費については、２００５年にＡＩＵ保険（現ＡＩＧ損保）が子ども１人あたり約１６４０万円とした試算があります。少し古いデータになりますが、これを参考にすると、**子ども１人を育てるのにかかるお金は、教育費と養育費を足して、ざっくり３０００万～４０００万円くらい**だとわかります。

小学生でも高学年になると、自分の教育にかなりのお金がかかっていることに気づくものです。中学受験にかかるお金と同じで、思い切ってオープンに話してみてはいかがでしょうか。

子どもたちが日々、あたりまえのように受けている教育は、あたりまえのものではありません。両親をはじめ、さまざまな人たちの働きや協力があってのものです。養育費もそうです。オープンに話すことで、あらためて周囲の人に感謝したり、勉強や習いごとへのモチベーションを高めたり、ムダづかいはいけないと思ったり、子どもなりに気づくことがあるでしょう。

大人が子どもの教育について気にかけ、お金もかけているのは、教育は、子どもたちの将来や、未来の社会に向けての投資だと考えているからです。ヒロには生涯賃金のデータを示しましたが、教育費について話す際に、教育を受けることの意味についても考えられるといいですね。子どものなかに、前向きな変化が生まれやすくなると思います。

親の視点に立つと、お金がかかる教育費には、計画的に備えておく必要があります。できれば子どもが小さいうちから漠然とでもいいので、進学プランを考え、塾代なども含めた教育費の総額を「見える化」してみましょう。**いつの時点で教育費がいくら必要になるかを予測して、おおまかでも資金計画を立てておくことは大事**です。

大学に進学する場合、ここが教育費の山場になります。大学の学費は、国立でも４年間で２４２万５２００円、私立では４６９万円くらい（※２）。この費用を子どもが小さいときから、18歳になるまでコツコツと貯めていく必要があります。自宅を出て下宿する場合は、さらにお金が必要です。

私立大学の場合、文系か理系かでも違いが出ます。理系のほうが一般に高くなりますが、医学部に進学する場合は、特にお金がかかります。それぞれについて在学中にかかる学費の平均額を概算すると、次の通りです（※2）。これらを参考に、大学入学までの貯金の目標額を決めておくのが、お勧めです。

私立文系（4年） 407万9000円
私立理系（4年） 551万2000円
私立医科歯科系（6年） 2396万2000円

もちろん、大学に入学するまでのあいだも教育費はかかります。文部科学省の調査から1カ月あたりの教育費（学習費）を示します（※1）。

小学校
（公立）2万9000円
（私立）13万9000円

中学校
（公立）4万5000円
（私立）12万0000円

高校
（公立）4万3000円
（私立）8万8000円

僕の教育費って、
全部でいくら
かかるの？

これらを毎月支払いながら、大学進学に向けた目標額を貯金できるでしょうか。子どもの進学プランを考える際の参考にしてみてください。

子どもの教育に多額のお金がかかることは、社会的な課題にもなっています。幼児教育・保育は２０１９年から無償化されましたが、高校では２０２０年から、私立も含めた授業料の実質無償化が始まりました。所得制限の対象となる世帯も多いですが、私立高等学校等授業料軽減助成金といった助成制度もあります。それぞれのご家庭で利用できる制度について、調べておくといいでしょう。

まとめ　大学進学を選ぶなら、計画的な貯金が必要

▼子どもにかかる教育費は進学プランにより大きく違う。目安としては大学までオール公立で子ども1人1000万円、オール私立で2500万円

▼教育費に養育費も加えると、子ども1人を育てるのに3000万～4000万円程度かかる

▼子どもが小さいうちに、大学進学に向けた貯金の目標額を決めよう。毎月の教育費を払いながら、貯められるかを確認すること

10000
壱万円
8

どうして、うちは借金をしているの?

将来のためになるなら借金もアリ。金利に注意!

えっ
うちって借金あるの!?
金返せ
ひぃぃぃぃぃ!!
たぶん思ってる感じのヤツじゃない
コワイ…ッ

長い人生のなかでは教育費をはじめ、たくさんのお金がかかります。ときには銀行などからお金を借りる必要も出てきます。借金というとネガティブなイメージが強いですが、使い道によっては「いい借金」にもなるでしょう。でも、ヒロは借金が怖くてたまらないようで……。

ねえ、ママ、うちには借金ってある?

えっ? なんで、そんなことを聞くの?

借金があったら怖いなあ、と思ってさ。

そうね、借金は確かに怖いわね。でも、正直にいえば、うちも借金はしているわ。

どうして、うちは借金をしているの？

住宅ローンがあるから。

えーっ！　ちょっとショック……。どうして借金しているの？

おや、ヒロはそんなに借金が怖いのか。でも、借金は悪いばかりのものでもないよ。

そういえばパパも昔、奨学金を借りていたな。

奨学金って、なに？

大学などに進学して勉強したいけれど、そのためのお金が足りない人に、お金を貸したり、あげたりするのが、奨学金よ。ほら、子どもの教育にはすごくお金がかかるって、このあいだ話したでしょ？

うん！　教育にはすごくお金がかかるけど、お金をかけて大学にいったほうが将来、お金を稼げるんだよね。

一般論としてはそうね。だから、もしもヒロが大学に合格したとして、そのときにママもパパも経済的に困っていて、学費を出してあげられなかったら、どうする？　入学金や授業料を今すぐ払えないとしても、なんとかして大学に入学したいって思うんじゃない？

うん！　そう思う！

そんなときに頼りになるのが奨学金なの。

でも、奨学金って、借金なんだよね……。

奨学金は全部が全部、借金というわけじゃないよ。お金がタダでもらえる場合もあって、そういうのを**「給付型」の奨学金**っていうんだ。

えっ！　そうなの？　それなら絶対、給付型がいいよね。

そうなんだけど、給付型の奨学金をもらうのは難しんだ。すごく成績がよくないといけなかったり、ものすごくお金に困っている人しかもらえなかったりする。条件が厳しいんだ。

そっか……。そうだよね、お金をタダでもらえるんだから、簡単じゃないよね。

そう、だからパパも、給付型の奨学金はもらえなくて、後で返さないといけないタイプの奨学金をもらっていたんだ。**「貸与型」の奨学金**っていうんだけど、要するに借金だよね。大学を卒業して就職してから、毎月、数万円ずつ返していって、全部返すのに10年くらいかかったのかな。でも、**奨学金の利息はそんなに高くないし、利息がつかないものもある**からね。利息がつかないもののほうがだいたい、もらう条件は厳しいよ。

利息って、あれだよね、クレジットカードのリボ払いで計算したやつ。あれはヤバかった……。借金って、利息がどんどん増えちゃう感じが怖かったんだけど、奨学金はそれほどでもないってこと？

そうね、奨学金の利息はリボ払いみたいに高くないわ。ヒロには絶対、リボ払いはし

奨学金の3分類

奨学金の種類	返済の負担	需給の条件
給付型	なし	厳しめ
貸与型（無利子）	軽め	
貸与型（有利子）	重め	緩め

返済の負担が軽いほど、
奨学金をもらう条件は
厳しくなるわ
考えてみれば、
当然かもね

てほしくないけど、**奨学金を借りるという選択肢はアリだと思う**わよ。もちろん借りないで済むなら、そのほうがいいけれど、大学に進学できれば、いろんな知識を身につけたり、大切な友だちができたり、ほかにもたくさんの貴重な経験をすることができるわ。つまり**大学で学ぶことは、借りたお金以上の価値を生むかもしれない**ってことね。そういう借金は「いい借金」だと、ママは思うの。

借金にも「いい借金」があるんだ！うちが住宅ローンを借りているのだって、ママとパパが、これは「いい借金」だと思ったからだよ。ママとパパが「家を買おう」と思ったのは、ヒロが生まれたからで、子ども部屋が欲しかった

んだよね。そのとき、この家を見つけて「いい家だ」と思ったけど、借金しないで買えるくらいのお金を貯めるには、何年もかかっちゃうかもしれない。そのあいだにヒロが大人になって家を出たら、子ども部屋なんて、もういらないよね。家を買わなかったら、住宅ローンはないかもしれないけど、家賃は毎月、支払わないといけないわけだしね。だから、借金してでも「今、家を買おう」と思ったわけさ。いい家を買えば、将来高く売れるかもしれないし、誰かに貸して家賃を稼げるかもしれない。そういう家を「資産価値が高い家」といったりする。

つまり、資産価値が高い家を買うなら「いい借金」ってこと?

まあ、そういうことになるね。じゃあ、「悪い借金」は、どういう借金だと思う?

うーん……、リボ払い?

確かに！　クレジットカードのリボ払いは「悪い借金」の典型かもしれないね。でも、なんで「悪い」のかな?

リボ払いは……まず利息がヤバかったよね。それから……いくらでも買いものができちゃうから、ムダづかいをしやすいんじゃないかな。

正解！　リボ払いのように、利息がめちゃめちゃ高い借金は絶対にNGだよね。**借金するとしたら、できるだけ利息が低い方法を選ぶ**のが鉄則だよ。ヒロが指摘してくれた「ムダづかい」も、大事な視点だね。借りたお金をどう使うかで、同じ借金でも「いい借金」になったり、「悪い借金」になったりする。そして、お金の使い方は「消費」「浪費」「投資」の3つに分けることができるんだ。

消費 ＝ 今の生活に必要なものにお金を使うこと

浪費 ＝ 必ずしも必要でないものにお金を使うこと

投資 ＝ 将来のためにお金を使うこと

浪費っていうのは「ムダづかい」ってことだね。投資っていうのは……教育費は投資だって、このあいだいっていたよね。

そうね。資産価値が高い家を買うのも、投資よ。買うと将来、得をするということだから。

投資になるなら「いい借金」になるんだね！

基本は、そうだ。そしてヒロがさっきいったみたいに、リボ払いの買いものは「浪費」になりやすい。そういう意味でも「悪い借金」なんだね。

リボ払いだと、お洋服をいっぱい買っちゃったりしそうだもんね。

でも、**同じ洋服を買うのでも、浪費になるときもあれば、消費になるときも、投資になるときもある**わ。　例えば、毎日着ているTシャツが汚れたり、破れたりして買い替えるのは、「今の生活に必要」だから、消費になると思うの。でも、特に着るものに困っているわけでもないのに、新しい洋服をたくさん買っちゃうのは、ヒロのいうようにムダづかいで浪費よね。

洋服が投資になるときもあるの？

例えば、仕事のために高級なスーツを買う場合はどうかな？　プレゼンのときなんかは見た目も大事だし、自分のテンションも上がっていいプレゼンができるかもしれない。その結果、プレゼンが成功して、評価が上がったり、収入が増えたりする可能性があるなら、投資といえるよね。

正直にいえば、消費と浪費、投資の3つをスパッと区別できないときも結構あるわ。でも、こう考えると、わかりやすいんじゃないかしら。**消費というのは「手に入れたものの価値」と「支払ったお金の価値」が同じ。「支払ったお金の価値」以上のものを手に入れられるのが投資で、「手に入れたものの価値」が払った金額に見あわないのが、浪費。**

なるほど……。浪費はなくさないといけないね。

でも、浪費がゼロというのも、つらいよ。ヒロは、ゲームをまったくしないとか、お菓子をまったく食べない生活なんて、考えられるかい？

えーっ！　それはイヤかな……。

ゲームがストレス解消になるときもあるしね。それで勉強を頑張れるとしたら、ゲームもちょっとだけ投資になっているかもしれないわよね。でも、基本的には「浪費はできるだけ減らす」が正解よ。ヒロのいう通り！

どうして、
うちは借金を
しているの？

消費と浪費と投資

	要するにどういうこと?	手に入れたものの価値	例えば…
消費	今の生活に 必要なものにお金を使う	手に入れたものの価値 = 支払ったお金の価値 支払ったお金の価値と同じ	すりきれた服を 買い替える
浪費	必ずしも必要ないものに お金を使う	手に入れたものの価値 < 支払ったお金の価値 支払ったお金の価値より小さい	必要のない服を 衝動買いする
投資	将来のためにお金を使う	手に入れたものの価値 > 支払ったお金の価値 支払ったお金の価値より大きい	仕事を成功させるために 服を買う

洋服を買うのも、
目的次第で、
消費にも浪費にも
投資にもなるわ
高い買いものは、
できるだけ投資に
したいね
ゲームを買うのも
「投資」にできるかも?

借金というと一般に、悪いイメージを持つ方のほうが多いのではないでしょうか。子どもたちに尋ねても、「借金＝怖い」といった声があがります。

けれど、子どもたちもこれから先の長い人生できっと、借金をしなければならない場面や、借金をしたほうがいい場面に遭遇します。「人生の3大資金」でもある「教育資金」や「住宅資金」など、まとまったお金が必要になるときには、ローンを組むことが現実的な選択肢として浮上します。**お金に対する考え方を整理しておけば、借金は悪いばかりのものではありません**。

イマドキの子どもにとって身近な借金といえば、奨学金です。奨学金を支給する団体はさまざまありますが、国の奨学金を運営するのが「日本学生支援機構」で、奨学金の受給を考えるときには、最初の選択肢となるでしょう。

日本学生支援機構の調査（※１）によると、２０２０年時点で、奨学金を受給している学生の割合は、大学（昼間部）で49・6％、短大では56・9％。大学生の半分程度が奨学金を受給しています。この調査からは、そのうち返済が必要な貸与型を受給している学生の割合は9割ほどであると見られます（給付型と併用しているケースも含む）。子どもたちにとって、他人ごとではありません。

奨学金の負担は、どのくらいになるのでしょうか。

労働者福祉中央協議会が２０１８年に実施したアンケート調査（※２）によ

ると、日本学生支援機構の奨学金を利用した39歳以下の人の借入総額は、平均３２４万３０００円。毎月の返済額は１万６８８０円、返済期間は14・7年が平均です。就職してから、毎月１万７０００円ほどを15年かけて返済していくといったイメージで、かなりの負担になります。

けれど、ＦＰママがヒロに話した通り、大学で学ぶことの価値を考えれば、奨学金を借りることは決して損にはなりません。しっかりと学ぶのであれば、「いい借金」になります。奨学金についていえば、近年、給付型の拡充が図られているので、親としてはその動向をチェックしておきたいところです。

家を買うために銀行から借金をするのも、ＦＰパパが説明したように、買う物件を吟味すれば「いい借金」になる可能性があるでしょう。マイホームの場合、売るときの資産価値ばかりでなく、愛着を持って住み続けられるかという視点も大事です。

「いい借金」と「悪い借金」は、なにが違い、どう見分けたらいいのでしょうか。**大切なのは、借りたお金の「使い方」**です。

借金して買ったものが、将来への投資になって、支払ったお金以上の価値を生むなら、それは「いい借金」になるでしょう。

逆に、**借金して買ったものが、ムダな浪費でしかなければ「悪い借金」**です。

では、生活に必要なもの（消費）のために借金する場合はどうでしょうか。家計のやりくりのために借金するということですが、これはいいとも、悪いとも、なかなかいいにくいですね。ただ、生活に困って借金するときには、その前に浪費をしているケースも散見されます。**浪費を抑え、生活費を上手に節約して、投資を増やす。これがお金の使い方の基本**です。

借金でもうひとつ、注意を促したいのが、利息です。**良い借金をするとしても、できるだけ利息が低くなる方法を選ぶことが大切**。この点も子どもたちに伝えておきたいですね。

まとめ　**お金の使い道を「投資」「浪費」「消費」に分けよう**

- ▼借金は怖いばかりではない。「いい借金」と「悪い借金」がある
- ▼お金の使い道は、「投資」「浪費」「消費」の3つに分かれる
- ▼「いい借金」は「投資」になることに使う借金。「悪い借金」は「浪費」に使う借金。「消費」のために借金する人は、それ以前に浪費をしている可能性がある

※1：日本学生支援機構「令和2年度　学生生活調査」
※2：労働者福祉中央協議会「奨学金や教育費負担に関するアンケート調査」

どうして、
うちは借金を
しているの？

「良い借金」と「悪い借金」

	良い借金	悪い借金
お金の使い方	**投資** 将来、借りたお金以上の価値が得られるものに、お金を使う	**浪費** 将来、借りたお金以上の価値が得られないものに、お金を使う
金利	低い	高い

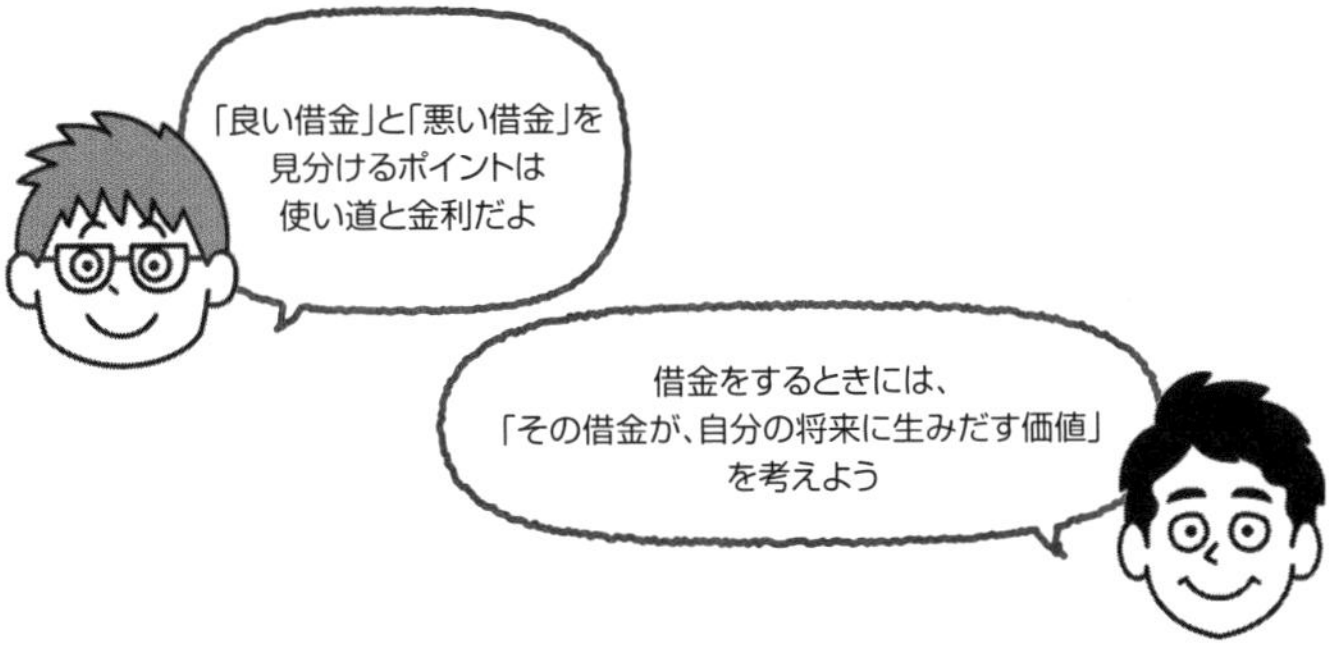
「良い借金」と「悪い借金」を見分けるポイントは使い道と金利だよ
借金をするときには、「その借金が、自分の将来に生みだす価値」を考えよう

10000
壱万円
9

貯金はどれくらいあれば大丈夫なの？

「生活費6カ月分」が「生活防衛資金」の目安だよ

ヴァイオリン弾いてて大丈夫？
生活費の6ヶ月分貯金してあるから大丈夫～♪

お金の不安をなくすには、ムダづかいをしないでお金を貯めることが大事。では、どれだけの貯金があればいいのでしょうか。貯金が多いに越したことはありませんが、**最低でも「生活費6カ月分」の貯金は確保したいところです**。その理由はというと……。

ヒロ、今月のおこづかいよー。

わーい！ マンガの最新刊、これでやっと買える！ そういえば蛍光ペンも欲しかったんだー。あっ、来月には新作ゲームが出るんだった！ あー、悩むなー。

貯金は どれくらいあれば 大丈夫なの？

いろいろ欲しいものがあるのね。でも、ヒロはムダづかいしないでお金持ちになるんじゃなかったっけ？

わかっているよ！　でも、たまにはムダづかいとか気にしないで、あれもこれも買いたい！　って思っちゃうんだ……。すごーくたくさん稼げるようになればいいのかな。

確かに、すごーくたくさん稼げるなら、ちょっとムダづかいをしても貯金できるね。

じゃあさ、どれくらい貯金があればいいの？　どのくらい貯金したら、ムダづかいしても大丈夫なの？

ヒロー、どれだけ貯金しても、ムダづかいはやめたほうがいいとママは思うわよ。

でも、ヒロの気持ちもわかるよ。どこまでも節約しないといけないと思うと、ちょっとつらいよな。**一般に、貯金は最低でも「生活費3～6カ月分」**といわれているから、それがひとつの目安かもしれないね。

なんで生活費の3～6カ月分なの？

「なんのために貯金をするのか」っていうことを考えると、そうなるんだよ。

なんのために貯金するか……将来の夢をかなえるため、かな？

確かにそれもあるんだけど、それだけでもないよね。

うーん、老後の備え？

それもあるよね。貯金の目的はいろいろある。そのなかでも**絶対に必要なのは「まさ**

かのときに備える貯金」なんだ。**「生活防衛資金」と呼ぶ**こともあるよ。例えば、ママとパパが交通事故にあって大ケガをして、2人とも働けなくなったら、どうなる?

それは困るね。お金が入ってこないじゃん。

そうだよね。働けなくなったら、お金は入らないよね。でも、食べるものは必要だし、水道代やヒロの学費は払わないといけない。**収入がなくなったからって、支出はなくならない**んだよね。こんなときに貯金がなかったらどうなるかな?

えー! そんなこと考えたことなかったよ。貯金がなかったら……怖いー。

でも貯金があれば、どうかな? 働けなかったり、お給料が入ってこなかったりするあいだ、貯金を切り崩して、食費や学費などを支払うことができるよね。

確かに貯金があれば、なんとかなりそうだね。

でしょ? じゃあ、どうして「生活費3~6カ月分」なのかを、説明するわよ。ケガや病気で仕事ができなくなったとしても、治れば、また仕事ができるわよね。ケガや病気になってお休みした人がお仕事に戻るまで、どれくらいかかると思う?

うーん、わからないよー。

ケガや病気で仕事を休むのは、平均して半年くらい。そういうデータがあるのよ(※)。

そっか、だから半年分の生活費があれば、なんとかなるんだね。

そういうこと。

貯金は
どれくらいあれば
大丈夫なの？

貯金の目的と「生活防衛資金」

収入 － 支出 ＝ 貯金

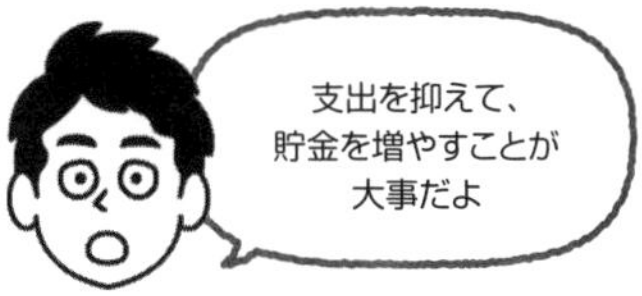
支出を抑えて、
貯金を増やすことが
大事だよ

夢の実現	・いつか海外旅行にいくためのお金 ・いつか留学するためのお金 ……など
将来への備え	・老後資金（老後の生活費など） ・教育資金（子どもの進学費用など） ……など
「まさかのとき」への備え	生活防衛資金 ケガや病気などで「収入」を失ったときの「生活費（支出）」になるお金

生活費3〜6カ月分が目安

考えてみれば
貯金にはいろんな
目的があるね

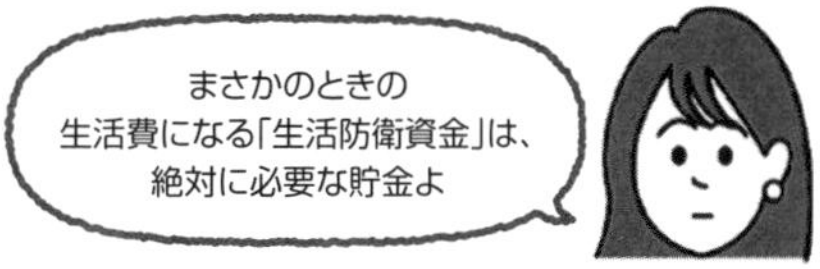
まさかのときの
生活費になる「生活防衛資金」は、
絶対に必要な貯金よ

でも、パパはさっき生活費3〜6カ月分っていったでしょ？　3カ月分でもいいの？

そうだね、会社員や公務員なら生活費3カ月分くらいでも大丈夫だと思うよ。なぜかというと、会社員や公務員の人たちは「健康保険」に入っているものだから。健康保険に入ると、お給料から「健康保険料」が引かれるんだけど、これは社会保険料の一種だ。

社会保険料って……なんか前に教わった気がするんだけど。

そう！　年収の話をしたときね。社会保険は、困ったことが起きたときにみんなで助けあうためにあるんだったわよね。**健康保険という社会保険に入って、健康保険料を払っていると、いろいろないいことがあるんだけど、そのうちのひとつが「傷病手当金」。病気やケガでお給料がもらえなくなったときに、お金がもらえる**の。

どれくらいもらえるの？

傷病手当金の金額は、毎月のお給料の3分の2よ。

毎月のお給料の3分の2はもらえる。ということは……。そのぶん貯金が少なくても大丈夫っていうことか！

そうだよ。例えば、ヒロのお給料が30万円で、生活費に毎月20万円を使っていたとしたら、生活費は全部、傷病手当金でカバーできる。それなら貯金がなくてもなんとかなるね。もしも生活費が30万円だったとしても、足りないのは毎月10万円だから、半

年で60万円。それなら、生活費2カ月分の貯金があれば済む。もしもケガや病気がちょっと長引いたとしても、生活費3カ月分の貯金があればなんとかなるだろうっていう計算なんだ。

ふーん……。傷病手当金がもらえるってすごいね。社会保険ってありがたいんだなー。

そうよ！　だからママとパパの会社では、ちゃんと健康保険に加入して、社員のみんなが傷病手当金をもらえるようにしているわ。もちろんママとパパももらえるのよ。

でも、**傷病手当金をもらえない人もいる**ぞ。会社に所属していないフリーランスや個人事業主の人は、「健康保険」という社会保険には加入していないんだ。その代わりに「国民健康保険」という社会保険に加入するんだけど、国民健康保険には、傷病手当金の制度がない。だから、ケガや病気で働けなくなってしまったときには、生活費の全額を自分の貯金から出すことになるんだよ。

そうすると、生活費の6カ月分の貯金は最低でも必要だね。そっか、会社員や公務員って、やっぱりフリーランスや自営業よりも恵まれているんだね……。

社会保険のことだけを考えれば、そうかもね。いずれにせよ、貯金は最低でも「生活費3〜6カ月分」が「生活防衛資金」として必要。さらに将来の夢があったり、子どもの教育費がかかったりするとなったら、必要な金額はどんどん増えていくわよ！

うーん……、わかりました……。ムダづかいはやめてお金は貯めておくことにします。

※全国健康保険協会「令和3年度 全国健康保険協会管掌健康保険 現金給付受給者状況調査報告」

解説

お金持ちになるための基本は、上手に稼いで、上手に使い、上手に貯めること。ムダづかいは禁物です。とはいえ、倹約ばかりではストレスもたまりますよね。ときには、ムダづかいなどを気にせずに、お金を使いたいと思うこともあるでしょう。

そんなときには**「なぜ、お金を貯めるのか?」**を考えてみるといいと思います。

いつか海外旅行にいきたいから、本当に欲しいものが見つかったときに手に入れるのをあきらめたくないから、大学に進学したい、老後に備えるため……。貯金には、さまざまな目的があります。そして、それぞれの目的に応じて「いつまでにいくら貯めたいか」も、だいたい決まっていきます。

なかでも、**あらゆる人に必要不可欠な「最低限の貯金」が「生活防衛資金」としての貯金**です。「生活防衛資金」というのは、**突然のケガや病気などで働けなくなって、「今の収入」が得られなくなったときに「今の生活」を守るためのお金**です。

私たちの生活はリスクと隣りあわせです。ケガや病気でなくても、勤務先の会社からリストラにあってしまうなど、不測の事態から働けなくなり、毎月の収入を失う可能性は常にあります。そんなとき、毎月の生活費をどこから出せばいいのでしょうか。いざというときのために日ごろから備えて、貯金をしておく必要があります。貯金では足りないようならば、生命保険に入ることも選択肢となるでしょう。

子どもたちは普段、こんなことをあまり考えていないものですし、考えたくもない

健康保険と傷病手当金

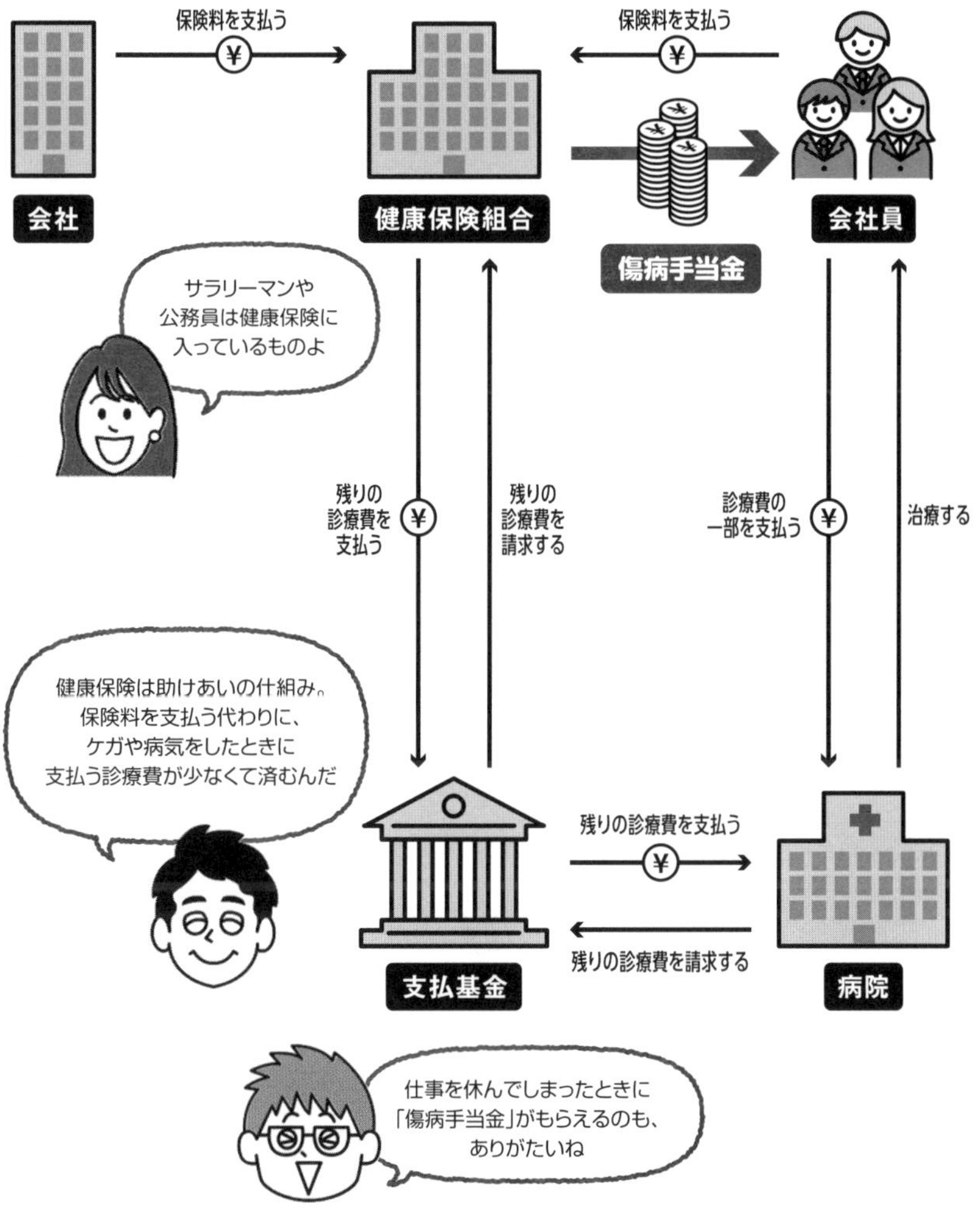
保険料を支払う
¥
保険料を支払う
¥
会社
健康保険組合
会社員
傷病手当金
サラリーマンや
公務員は健康保険に
入っているものよ
残りの
診療費を
支払う
¥
残りの
診療費を
請求する
診療費の
一部を支払う
¥
治療する
健康保険は助けあいの仕組み。
保険料を支払う代わりに、
ケガや病気をしたときに
支払う診療費が少なくて済むんだ
残りの診療費を支払う
¥
残りの診療費を請求する
支払基金
病院
仕事を休んでしまったときに
「傷病手当金」がもらえるのも、
ありがたいね

のかもしれません。けれど、いつかは直面することです。今回のＦＰ家族のように、ちょっとした機会をとらえて「なぜ貯金が必要なのか」「どれくらい貯金が必要なのか」を、親子で話せる時間をつくれるといいと思います。

「生活防衛資金」として必要な貯金額は「生活費6カ月分」が目安です。全国健康保険協会の調べによると、「傷病手当金」の平均支給期間は１５０・３２日。傷病手当金は、病気やケガで働けなくなったときにもらうお金ですから、病気やケガで仕事を休んだ期間が平均して１５０日くらい、ということになります。男女別に見ると、男性のほうがやや長くて、１６０・２２日で、５〜６カ月くらい。女性は、１３８・７０日で、４〜５カ月です(※)。このデータから考えて「生活費６カ月分」くらいの貯金があれば、病気やケガをしたときにもなんとかなるだろう、ということです。

　ＦＰ家族のような３人家族の場合、生活費の平均は31万円ほどでしたね。とすれば、最低限１８３万円くらいの貯金は欲しいということになります。

ただし、ＦＰ夫婦がヒロに説明した通り、会社員や公務員であれば、健康保険から傷病手当金が出るので、必要な貯金額は少なくなります。

　健康保険に入ると、保険料を支払わなければいけませんが、支払うだけのメリットは十分にあります。その仕組みを前ページに図で示しました。健康保険に入るとまず、病院でケガや病気を治療したときの支払いが少なくて済みます。それは、健康保険組合（健保組合）が診療費の一部を肩代わりして支払ってくれるからです。それに加えて、今回取り上げた「傷病手当金」の支給も受けられる、というわけです。健康保険の話は、子どもにとっては少し難しいかもしれませんが、「社会保険の役割」を伝えるのには、いい事例だと思います。

ヒロには「生活防衛資金＝ムダづかいできないお金」だと説明しました。大人であれば「生活防衛資金＝投資に回してはいけないお金」と理解してもいいでしょう。第3章で詳述しますが、投資には必ずリスクがあり、持っているお金のすべてを投資に回してはいけません。最低限、生活防衛資金は現預金で確保するのがひとつの目安になります。

まとめ　最低限の貯金とは「生活防衛資金」である

▼どんな人にも必要な最低限の貯金は「生活防衛資金」としての貯金

▼「生活防衛資金」とは、突然のケガや病気などで働けなくなるなど「収入」がなくなってしまったときに「生活費」として使うための貯金

▼「生活防衛資金」として必要な貯金は、生活費の6カ月分が目安。健康保険に入っている会社員や公務員の場合は、必要な金額が少し減る

どれだけお金があったら、働かなくていいの？

人生に必要なお金は2億5000万円ほど。その内訳は？

ボクの夢は●才までに[redacted]円貯金して
その後はずっとゲームしたりユーチューブを見て暮らすことです!!

お金をどれだけ貯めたら、一生働かなくてもいいのでしょうか？　「一生にどれくらいのお金を使うのか」という意味でいえば、2億5000万円が目安です。素朴な疑問をきっかけに、人生に必要なお金の全体像を把握できるといいと思います。

ママ……、ちょっと聞きたいことがあるんだけど、いい？

どうしたの？　浮かない顔して。

どれだけお金があったら、一生、働かないで済むのかな？

あら！　そんなことに興味があるの？

ほら、このあいだからママやパパと生活費や教育費の話をしてきて、人が生きていくためには本当にたくさんのお金がかかるんだなあって、思ったんだ。でもさ、一生に使うお金をあらかじめ貯めてしまえば、もう働かなくてもいいわけでしょ。残りの人生、ずっとゲームをしていてもいいし、ユーチューブを見ていてもいいわけじゃん！

なるほどねえ。

だからさ、いくら貯めればいいのか知りたいな、と思ったんだ。ねえ、僕が一生で使うお金ってどれくらいなのかな？

うーん、難しいわねえ。都会に住むのか、田舎に住むのかによっても違うだろうし、子どもを持つのか、持たないのかとか、**一生に必要なお金の総額は、いろんな要因で変わってくる**わよね。だから、答えを出すのはなかなか難しいわ。

それはそうだけど……。でも、だいたいの目安だけでも知りたいな。

そうね……じゃあ、試しにヒロのライフイベント表をつくってみましょうか。

ライフイベント表？

ライフイベントというのは、就職や結婚、出産など、人生で起きるさまざまな出来事のことよ。**ライフイベントがあると大きな支出があったり、毎月の生活費に変化が起きたりする**ものなの。だから、自分の人生にこれから「いつ、どんなライフイベントが起きるのか」を予想しておくと、一生にかかるお金も予想しやすくなるのね。それを表にしたのが、ライフイベント表で、例えば、こんな感じね（左ページ）。

ママとパパが仕事で家計の相談に乗るときにも、よくつくっているぞ。

うわーっ、すごく具体的。僕に子どもが2人生まれるんだ……大丈夫かな。

あくまで「仮」の計画だから。仮でも決めておかないと計算できないからね。とりあえずヒロは浪人も留年もしないで大学を卒業して、22歳で就職、65歳でリタイアするというプランよ。28歳で結婚して、子どもは2人。マイホームは購入するっていうことにするわね。計算を簡単にするために、物価の変動なんかは無視するわ。だから、すごくざっくりとした、おおまかな数字になるわよ。いいわね。

オッケー。わかったよ。

まず、人生にかかる費用を、大きく2つに分けて考えてみるわね。次の2つよ。

- **日常の生活費**
- **特別な出費（ライフイベント）**

生活費は、月に30万円くらいだったっけ。

そう、よく覚えていたわね。子ども1人の3人家族なら31万円、子ども2人の4人家族なら33万円といったところね（※1）。こういった平均の数字から、ヒロが就職

どれだけ
お金があったら、
働かなくていいの？

ヒロの仮想ライフイベント表

	ヒロ	妻	長女	長男	ライフイベント
2012年	0歳				誕生
2034年	22歳				大学卒業・就職
2040年	28歳	28歳			結婚
2041年	29歳	29歳	0歳		長女誕生
2045年	33歳	33歳	4歳	0歳	長男誕生
2046年	34歳	34歳	5歳	1歳	マイホームを購入
2047年	35歳	35歳	6歳	2歳	長女、小学校入学
2051年	39歳	39歳	10歳	6歳	長男、小学校入学
2053年	41歳	41歳	12歳	8歳	長女、中学校入学
2056年	44歳	44歳	15歳	11歳	長女、高校入学
2057年	45歳	45歳	16歳	12歳	長男、中学校入学
2059年	47歳	47歳	18歳	14歳	長女、大学入学
2060年	48歳	48歳	19歳	15歳	長男、高校入学
2063年	51歳	51歳	22歳	18歳	長女、大学卒業・就職／長男、大学入学
2067年	55歳	55歳	26歳	22歳	長男、大学卒業・就職
2077年	65歳	65歳	36歳	32歳	定年
2097年	85歳	85歳	56歳	52歳	臨終

結婚して子どもが
2人生まれるという
計画にしたわよ
子ども2人!
ちゃんと育てられるかな
年をとってからも
長く働けば、
一生の稼ぎは増えるぞ

してから定年するまでに必要な「日常の生活費」の合計をざっくり計算すると……1億4952万円（172~173ページ参照）！

うわーっ、やっぱりかなりの金額になるねー。

次にライフイベントごとにかかる「特別な出費」を出していくわよ（176~177ページ参照）。**まず結婚！** 結婚費用の総額は平均371万3000円（※2）。結婚式や披露宴にかかる費用が大きいんだけど、婚約指輪や新婚旅行もあるわ。

結婚するのにもお金がかかるんだね。

でも、結婚費用は親が援助してくれることも多いし、イマドキは、写真を撮るだけのカジュアルな式もあるから、節約しようと思えば、わりと節約しやすい出費かもしれないわ。**次は、出産**。出産費用の平均は46万7000円（※3）。ただ、出産に関しては健康保険組合からお金がもらえたり、自治体の助成もあったりするから、実際にはそれほどの負担ではないことが多いわ。**大変なのは、なんといっても教育費**よ。

教育費は、このまえ教えてもらったよね。幼稚園から大学まで、オール公立で子ども1人あたり820万円くらい、オール私立だと2310万円くらいなんだよね。

お、よく覚えていたな。じゃあ、**次は住宅資金**だ。ヒロはマイホームを買うプランだったね。住宅金融支援機構の調査（※4）によると、建売住宅の所要資金の全国平均は3605万円、マンションが4528万円。首都圏だとやっぱり高くて、建売住宅が

４１３３万円、マンションが４９１３万円。４０００万～５０００万円くらいはかかるということになる。

それに老後資金！ 総務省のデータ（※１）によると、65歳以上で無職の夫婦世帯の生活費は平均して22万４０００円ほど。ざっくり22万と考えて「ヒロ夫婦」の老後の生活費を計算すると、65歳から85歳の20年間で合計５２８０万円ね。

うわっ、僕が85歳で死ぬ計算になっている！

あくまで「仮」だから。ちなみに日本人男性の平均寿命は、81・47歳だけど、これからもっと伸びるんじゃないかとママは思うの（※５）。

でも定年になったら、年金がもらえるんじゃないの？

それはそうなんだけど、現実には、年金だけで生活していくのはなかなか難しいみたいね。少子高齢化で年金が減る可能性も高いし、老後も旅行にいったり、おいしいものを食べたりしたいと思ったら、貯金がいるわ。そうね……老後の生活費の半分の２６００万円くらいは、自分で用意できるといいかしら。

年をとっても、なかなか働かなくていいってことにはならなそうだね。

そうよ。働き続けられるなら、それがベスト。体が弱って働けなくなってくると、**今度は介護**というライフイベントもあるわ。

亡くなったおばあちゃんは、老人ホームに入っていたよね。

世帯人数	1カ月の生活費※	生活費の合計
0人 ※親世帯の構成員	0円	
1人世帯	16万円	1152万円(6年間)
2人世帯	28万円	336万円(1年間)
3人世帯	31万円	1488万円(4年間)
4人世帯	33万円	7128万円(18年間)
3人世帯	31万円	1488万円(4年間)
2人世帯	28万円	3360万円(10年間)

合計 **1億4952万円**

子どもが生まれて家族が増えると、生活費は増えるのか……
逆に、子どもが成長して独立すると、生活費は減っていくよ

仮想ライフイベント表から「日常の生活費」を計算する

	ヒロ	妻	長女	長男	ライフイベント
2012年	0歳				誕生 ※生活費は親の負担
2034年	22歳				大学卒業・就職 ※就職まで生活費は親の負担
2040年	28歳	28歳			結婚
2041年	29歳	29歳	0歳		長女誕生
2045年	33歳	33歳	4歳	0歳	長男誕生
2046年	34歳	34歳	5歳	1歳	マイホームを購入
2047年	35歳	35歳	6歳	2歳	長女、小学校入学
2051年	39歳	39歳	10歳	6歳	長男、小学校入学
2053年	41歳	41歳	12歳	8歳	長女、中学校入学
2056年	44歳	44歳	15歳	11歳	長女、高校入学
2057年	45歳	45歳	16歳	12歳	長男、中学校入学
2059年	47歳	47歳	18歳	14歳	長女、大学入学 ※大学は実家から通うと仮定
2060年	48歳	48歳	19歳	15歳	長男、高校入学
2063年	51歳	51歳	22歳	18歳	長女、大学卒業・就職／長男、大学入学 ※大学は実家から通うと仮定
2067年	55歳	55歳	26歳	22歳	長男、大学卒業・就職
2077年	65歳	65歳	36歳	32歳	定年

＊「1カ月の生活費」は、総務省「家計調査」（2021年）における、該当する世帯人数の勤労世帯の平均値（消費支出）を使用。1000円以下は四捨五入。

そうだよ。老人ホームに入ったりすればやっぱり、お金がかかる。介護にかかるお金を計算してみようか。介護の必要な生活が何年続くかは人それぞれだけど、平均すると5年1カ月（※6）。その間の介護費用は1カ月8万3000円が平均。そのほかに介護用のベッドを買うといった一時的な費用が平均74万円かかる。そうすると介護費用の総額は平均で580万円くらいと考えられるね。

じゃあ、ヒロの結婚から介護までにかかるお金をライフイベント表に書き入れて合計してみようか。そうすると……全部で1億780万円（176〜177ページ）。

うわーっ、1億円を超えちゃうんだ！

これに、さっき計算した現役時代の生活費の合計を足すと、2億5732万円。ヒロの**一生に必要なお金はだいたい2億5000万〜2億6000万円ってことになる**。

2億5000万円！　すごい金額だね！

でも、人生は長いからね。長い一生のあいだにコツコツ働いて、それだけ稼げれば問題ない。このあいだ、生涯賃金の話をしたよね。

そうだったね。大学や大学院を出ている男の人の平均が2億6190万円だったね。ということは、頑張って勉強して、頑張って働いていけば、なんとかやりくりできるのかな……。はーっ、結局、コツコツ働いて、コツコツお金を貯めなさい、っていうことなんだね。一生遊んで暮らそうなんて、ムシがよすぎる話なのか……。

おいおい、ヒロはそんなに働くのがイヤなのか？

ＡＩにはできないような仕事をするんじゃなかったの？

もちろん、将来働こうとは思っているけど、イヤな仕事ならすぐやめて、好きなことだけをする生活をしたいなーって思って。お金の心配をしないでさ。

その気持ちはわかる気がするけどね。お金の心配をしないで、好きな仕事だけをしようと思ったら、がむしゃらに頑張るだけでは難しいかもしれない。**今は銀行に預金しても、あんまり利息がつかない**しな。**「投資」が必要**だね。

投資っていうのは……「将来のためにお金を使うこと」だったよね？

そうだよ。教育にお金を使うのも、広い意味では投資の1種だけど、一般には投資というと、株式投資や不動産投資をイメージする人が多いかもしれないね。

株式投資！　僕、すごく興味あるよ！　教えて！

よし！　でも、これはまた長い話になるから、また今度にしよう。

えーっ！　早く知りたいよー。

※1：総務省「家計調査」（2021年）
※2：リクルート「ゼクシィ結婚トレンド調査2022」
※3：厚生労働省「出産費用の実態把握に関する調査研究（令和3年度）の結果等について」
※4：住宅金融支援機構「2021年度 フラット35利用者調査」
※5：厚生労働省「令和3年簡易生命表」
※6：生命保険文化センター「2021（令和3）年度 生命保険に関する全国実態調査」

ライフイベントにかかる「特別な出費」
0円 ※親の負担
0円 ※親の負担
結婚資金：371万円
出産資金：47万円
出産資金：47万円
住宅資金：5000万円
学費：211万円 ※公立小学校、6年間の総額
学費：211万円 ※公立小学校、6年間の総額
学費：430万円 ※私立中学校、3年間の総額
学費：316万円 ※私立高校、3年間の総額
学費：162万円 ※公立中学、3年間の総額
学費：243万円 ※国立大学、4年間の総額
学費：154万円 ※公立高校、3年間の総額
学費：408万円 ※私立大学（文系、4年間の総額）
老後の生活費：2600万円
介護費用：580万円

合計 1億0780万円

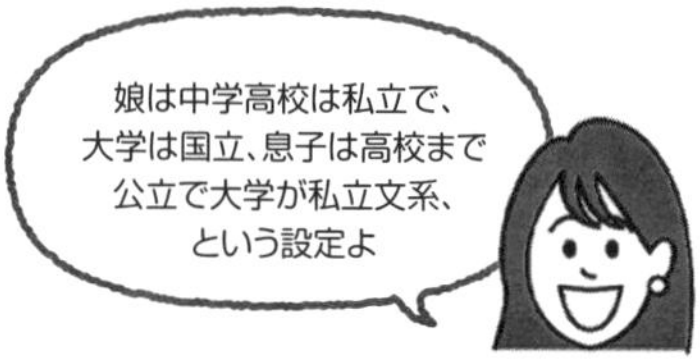
娘は中学高校は私立で、大学は国立、息子は高校まで公立で大学が私立文系、という設定よ

教育費もかかるけど、住宅資金と老後資金も結構、重いね……

だから、「人生の3大資金」っていうわけさ

仮想ライフイベント表から「特別な出費」を計算する

	ヒロ	妻	長女	長男	ライフイベント
2012年	0歳				誕生 ※生活費は親の負担
2034年	22歳				大学卒業・就職 ※就職まで生活費は親の負担
2040年	28歳	28歳			結婚
2041年	29歳	29歳	0歳		長女誕生
2045年	33歳	33歳	4歳	0歳	長男誕生
2046年	34歳	34歳	5歳	1歳	マイホームを購入
2047年	35歳	35歳	6歳	2歳	長女、小学校入学
2051年	39歳	39歳	10歳	6歳	長男、小学校入学
2053年	41歳	41歳	12歳	8歳	長女、中学校入学
2056年	44歳	44歳	15歳	11歳	長女、高校入学
2057年	45歳	45歳	16歳	12歳	長男、中学校入学
2059年	47歳	47歳	18歳	14歳	長女、大学入学
2060年	48歳	48歳	19歳	15歳	長男、高校入学
2063年	51歳	51歳	22歳	18歳	長女、大学卒業・就職／長男、大学入学
2067年	55歳	55歳	26歳	22歳	長男、大学卒業・就職
2077年	65歳	65歳	36歳	32歳	定年
2097年	85歳	85歳	56歳	52歳	臨終

＊総務省「家計調査」（2021年）をもとに作成

解説

子どもたちとお金について話していると、「どれくらいのお金を貯めれば、働かなくてもいいのか」といったことにも結構、関心があるようです。大人のあいだでもＦＩＲＥ（Financial Independence, Retire Early／経済的自立と早期退職）が話題になるくらいです。子どもたちが気にするのも、無理のないことかもしれません。

「どれくらいのお金を貯めれば、働かなくていいか」という問いは、「一生でどれだけお金を使うのか」といいかえてもいいでしょう。

実際にかかる金額はもちろん、どんな人生を送るのかによって人それぞれです。それでも、**一生にかかるお金の総額について一応の目安を知っておくことは、家計の長期計画を考えるうえで役立つ**ことです。私たちがＦＰとして家計のご相談に乗るときも、今回のＦＰ夫婦のように「ライフイベント表」をつくり、そこから一家に必要なお金の総額を試算します。

具体的には、大きく２つに分けて、考えます。

まず、「日常の生活費」です。ＦＰ夫婦の試算では、ヒロの家族の人数が変わっていくのに合わせて、生活費を変えました。もしも面倒なら、就職した22歳からリタイアする65歳までの43年間、３人家族の平均である「31万円」が毎月かかると計算してもいいでしょう。その場合の合計は、１億５９９６万円。実際にかかる金額が、さまざまな要因で変わることを考えれば、おおまかに**「現役時代の生活費がだいたい**

1億5000万円」と理解しておくのでもいいと思います。

次に、ライフイベントに合わせて生じる「特別な出費」です。

ＦＰ夫婦の試算には、結婚費用と出産費用も入れましたが、なんといっても大きいのは、いわゆる「人生の３大資金」、つまり、教育資金と住宅資金、老後資金です。

ヒロの仮想ライフイベント表では……

- **教育資金：2135万円（子ども2人、小学校から大学まで。養育費は除く）**
- **住宅資金：5000万円**
- **老後資金（介護資金を含む）：3180万円**

……となりました。合計１億３１５万円。いわゆる**「人生の3大資金」に必要な総額が1億円をちょっと超えるくらい**といった感じです。具体的な金額を入れてみると、その大きさが実感できますね。

以上のような計算から、**人生にかかるお金の総額は、だいたい2億5000万〜2億6000万円**としました。

この試算は、物価変動などを無視した、かなりざっくりしたものですが、それでも自分で計算してみれば、長い人生にかかるお金の全体像がつかめます。

おおまかな計算とはいえ、一生のあいだに２億５０００万円以上かかるとわかったら、子どもたちの意識も少し変わります。長い人生を生き抜いていくには、計画的にお金を貯める必要があり、そのためにはムダづかいを控えて、しっかりと働き、お金を稼ぎ続けていくことが必要である。そんなことが実感を持って理解できるようになると思います。

一生にかかるお金について、お子さんと話すことができたら、ぜひ**「わが家のライフイベント表」を、親子で一緒につくってみてください**。次のページに見本をご用意しました。西暦年と家族の年齢を入れた表に、「中学校入学」「高校入学」といった、家族のライフイベントを書きこむ表です。さらにかなえたい夢や目標なども記入して、それぞれの実現に必要なお金がどれくらいかを考えます。エクセルなどの表計算ソフトで作成すると便利ですが、ノートに手書きするといった方法でもいいでしょう。

ライフイベント表をつくると、これから「いつ、どれくらいのお金が必要になるのか」が見えてきます。そのことで未来に向けて、計画的に貯金できるようになります。夢の実現に向けた道筋も見えてくるはずです。ライフイベント表を子どもと共有すれば、子どもたちにも当事者意識が生まれます。お金の使い方を工夫したり、お金を貯めたりすることに、興味を持ちやすくなるでしょう。

それにしても、２億５０００万円というのは大きな額です。これから物価が上がっていけば、一生に必要なお金の額はさらに大きくなります。物価が上がれば、銀行の預金金利も上がるかもしれませんが、預金金利の上昇が、物価上昇のペースに追いつくのは難しいと思われます。賃金の上昇が物価に追いつかない可能性も、十分に考えられます。そうなると、**真面目にコツコツと働くだけで一生に必要なお金を確保できるものか、大人だって不安**に感じますよね。

そこで必要になるのが、**お金にお金を稼いでもらう「投資」の考え方**です。

本書では、第1章で、お金を「上手に稼ぐ」こと、第2章で「上手に使う」ことについて考えてきました。次の第3章では、お金を「上手に貯めて、上手に増やす」のに必要な知識や考え方を、ヒロと一緒に考えていきます。

まとめ　日本人1人の一生に必要なお金は2億5000万円くらい

▼日本人1人の一生に必要なお金の目安は、2億5000万円くらい

▼一生に必要となるお金の総額は、前提条件によって変わる。わが家の「ライフイベント表」をつくって、試算してみよう

▼一生に必要となるお金のすべてを、コツコツ働くだけでまかなうのは大変。お金にお金を稼いでもらう「投資」の考え方を身につけたい

	ライフイベント	必要なお金

	ライフイベント	必要なお金
	二郎、小学校入学	二郎の入学準備
		一郎の塾代（入試対策）

どれだけ
お金があったら、
働かなくていいの？

わが家のライフイベント表

西暦	ママ	パパ	こども	こども	こども
2023年	歳	歳	歳	歳	歳
2024年	歳	歳	歳	歳	歳
2025年	歳	歳	歳	歳	歳
2026年	歳	歳	歳	歳	歳
2027年	歳	歳	歳	歳	歳
2028年	歳	歳	歳	歳	歳
2029年	歳	歳	歳	歳	歳
2030年	歳	歳	歳	歳	歳
2031年	歳	歳	歳	歳	歳
2032年	歳	歳	歳	歳	歳
2033年	歳	歳	歳	歳	歳
2034年	歳	歳	歳	歳	歳
2035年	歳	歳	歳	歳	歳
2036年	歳	歳	歳	歳	歳
2037年	歳	歳	歳	歳	歳
2038年	歳	歳	歳	歳	歳
2039年	歳	歳	歳	歳	歳
2040年	歳	歳	歳	歳	歳
2041年	歳	歳	歳	歳	歳
2042年	歳	歳	歳	歳	歳
2043年	歳	歳	歳	歳	歳

［ 記入例 ］

西暦	ママ	パパ	こども 一郎	こども 二郎	こども
2022年	46 歳	45 歳	13 歳	6 歳	歳
2023年	47 歳	46 歳	14 歳	7 歳	歳

第3章

上手に貯めて、上手に増やす

10000 壱万円 1

株式投資はどうして儲かるの？

応援した会社が成功すると、ごほうびがある

ガンバレ ガンバレ
大きく なれ
おいしく なーれ
ヤッター
株

「株式投資で大儲けをした」といった話には子どもたちも興味津々。ヒロも気になって仕方ないようですが……。**株式投資の本質は、自分のお金を使って特定の会社を応援すること**です。**応援した会社が結果を出すと、さまざまなリターンが得られる**のです。

ねえねえ、今、テレビに出ているこの人、株式投資で1億円儲けたんだって！　僕も株式投資でおこづかいを増やしたいなー。このあいだ、株式投資のことを今度、教えてくれるって約束したよね！

教えてよ！

そうだな、ちょうどいい機会かもしれないね。なにから説明しようかなあ……。そもそも「投資」って、どういうことだったっけ？

僕、覚えているよ！「将来のためにお金を使う」のが、投資なんだよね。それから、投資だと「支払ったものの価値」より「手に入れたものの価値」が大きくなる！

そうだったね。ただ、実際には「絶対に価値が上がる」とはかぎらなくて、「価値が上がる可能性がある」ということなんだ。そして「絶対という保証がない」ことを「リスクがある」と表現することもある。投資するときにはまず、お金を払ってなにかを手に入れるものだ。そして手に入れたものの価値は、最初に払ったお金の価値より上がる可能性がある。だから、わざわざ手に入れるわけだけど、あてが外れることもある。つまり**投資というのは「将来、価値が上がる可能性があるものを買う」**ということなんだよね。

教育も投資の1種だったよね？

そうね、そう話したわね。もしも大学の教育費に1000万円かけたことで、生涯賃金が6000万円増えるなら、支払ったお金よりも、手に入れたものの価値のほうがずっと高いわよね。それなら投資としては大成功だわ。

でも、教育費だって上手に使わなかったら、ムダづかいになっちゃうぞ。

投資とは?

投資 ＝ **将来のためにお金を使うこと**

→ 将来、価値が上がる可能性があるものを買うこと

→「手に入れたものの価値 ＞ 支払ったお金の価値」という関係になる可能性がある

例

教育投資 教育費に1000万円使ったら、生涯賃金が6000万円増えた

不動産投資 3000万円で買った家が値上がりして、4000万円で売れた

値上がりすると思って買ったのに、値下がりしてしまったら、損をするわけか……
家なら売らなくてもいいけどね

ううっ。それって、僕がちゃんと勉強しなかったら、塾代がムダになるってことかな?

そうね。わが家の教育投資は失敗しました、ということになっちゃうかもね。

でもさ! 僕が今知りたいのは、株式投資のことなんだよ!

おお、そうだったね。ごめん、ごめん。勉強すれば、賃金が増えるというのはわかりやすいけど、株式投資でお金が増える仕組みは、ちょっとややこしいぞ。

うん、そこがよくわからないんだよね。そもそも「株式」って、なに?

「株式」っていうのは、会社がお金を集めるために発行する証券のことで、「株」と省略して呼ぶこともあるわね。証券というのは、書類みたいなものだ

と思っておけばいいわ。株でお金を集めている会社が「株式会社」よ。

ふーん……なんでお金を集めるの？

会社というのは、モノやサービスを売って、お金を稼ぐわよね。でも、モノやサービスを売るには、売る前にモノをつくったり、サービスする人を雇ったりしなくちゃいけないでしょ？　つまり、**モノやサービスが売れてお金が入ってくる前に、お金がいる**のよ。だから、株式会社の社長さんたちは、**会社をつくったり、新しい商売を始めたりする前に、株を売って、お金を集める**の。「私たちはこれから、こういう商品をつくって、お金を儲けようと考えています。いいアイデアだと思ったなら、ぜひ、うちの株を買ってください」っていう感じでね。それで株を買ってくれる人がいれば、無事に商品をつくれて、お金儲けできるっていうわけ。そして株を売った会社が成功すれば、株を買った人たちも、お金儲けできるの。

どうして？　どうしてお金儲けになるの？

株を買った人のことを「株主」というけど、**株主は、株式会社にとって、すごく大事**な存在だ。

そうだよね。お金を出してくれたわけだもんね。

だから、**株式会社は株主にお礼をする**んだ。例えば、**株式会社がお金儲けに成功して利益を出すと、株主はその一部をもらえることがある。これを「配当金」と呼ぶ**よ。

うわー、なんか、おこづかいみたいだね♪

そうね。配当金は半年に1回とか定期的に支払われるから、おこづかいに似ているかもね。ただし、必ずもらえるとはかぎらないの。会社が儲かっていないときはだいたい、配当金はゼロよ。逆にすごく儲かっているときは、配当金もたくさん出るわ。

そういう意味では「おこづかい」というより「ボーナス」に似ているかもな。

じゃあ、株を買って、配当金がもらえなかったら、損しちゃうね。

そうかもな。でも、**株式投資では買った株を売って「売却益」を稼ぐこともできる。**

売却益……？　それって買った値段より高く売れるっていうことかな？

その通り！　**株は、ほかの株主から買うこともできるし、ほかの人に売ることもできるの。**そして、**株の値段は上がったり、下がったりする**のよ。

どうして？

ヒロがもしも株を買うとして、全然、儲かっていない会社の株を欲しいと思うかな？

ううん、思わないよ。配当金も出なさそうだし。

そういう会社の株は値下がりしちゃうね。逆に、これからすごく儲かりそうで、みんなが欲しがる株は、値上がりするよ。これは株にかぎったことじゃなくて、**価格（値段）というのはだいたい、「需要と供給」の関係で決まる**んだ。

需要と供給……。今日は難しい言葉が多いね。

株式投資は
どうして
儲かるの？

株式会社の仕組み

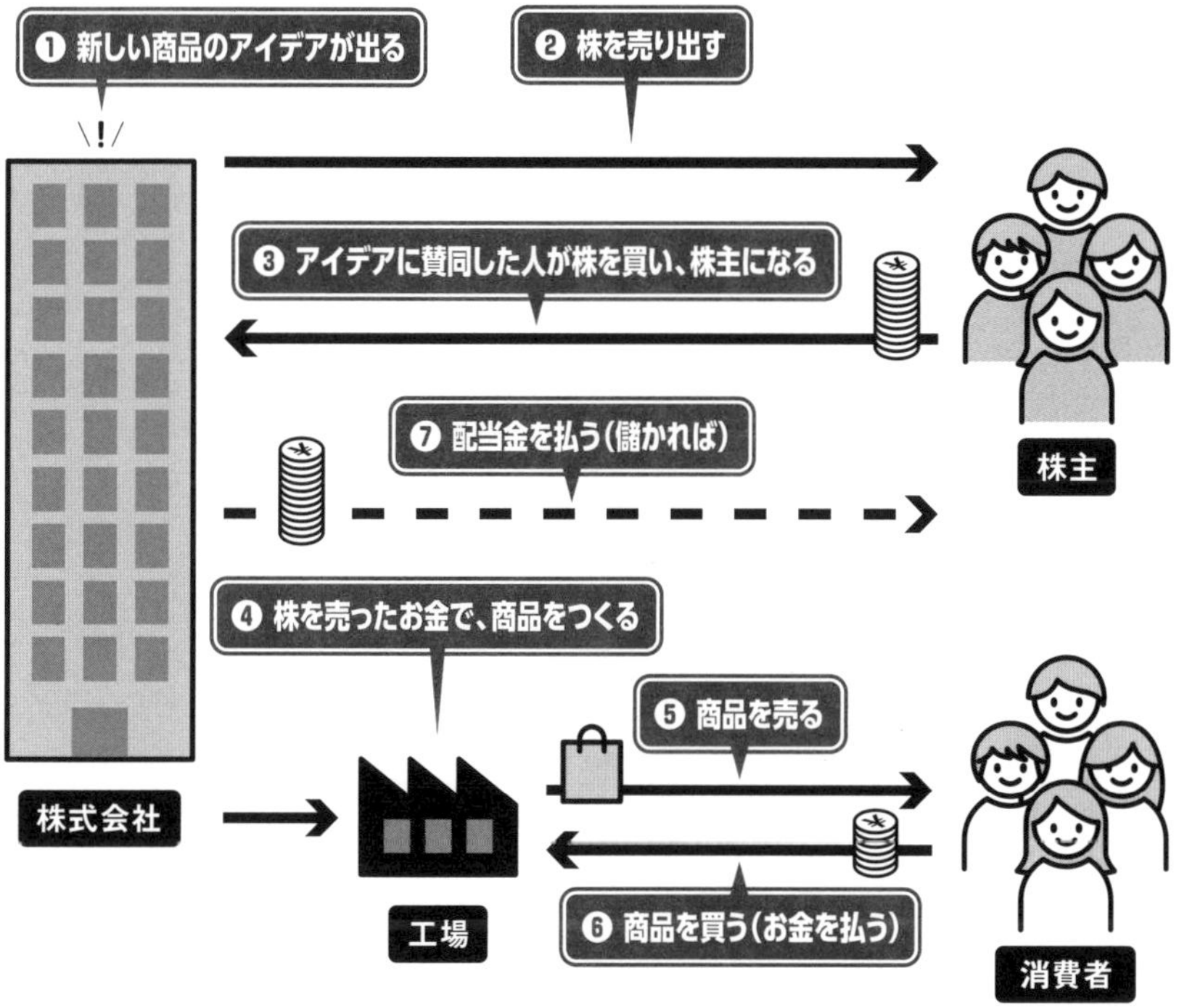

❶ 新しい商品のアイデアが出る
❷ 株を売り出す
❸ アイデアに賛同した人が株を買い、株主になる
❼ 配当金を払う（儲かれば）
❹ 株を売ったお金で、商品をつくる
❺ 商品を売る
❻ 商品を買う（お金を払う）
株主
株式会社
工場
消費者

株式会社が出したアイデアを「いいね！」と思った人が、お金を出して、株主になるんだ
株主が出してくれたお金を使って、株式会社は、アイデアを実現して、お金を儲けるのよ
株式会社がお金儲けできると、株主は配当金がもらえるんだね！

そうだな、株式投資の仕組みは、やっぱりややこしいね。でも、すごく大事なことだよ。

「需要」というのは、簡単にいうと「買いたい人たちが買いたいと思っている数量」で、**「供給」というのは「売りたい人たちが売ろうとしている数量」**なのよ。単純に「買いたい人の数」と「売りたい人の数」だと考えてもいいわ。そうだとして「買いたい人」のほうが「売りたい人」より多かったら、価格はどうなると思う?

うーん、上がるんじゃないかな。人気ゲームを転売したら高く売れる、みたいな話?

そう! 商品が足りなくなって、価格は上がるの。逆に、買いたい人より売りたい人のほうが多いと、商品があまって、価格は下がるっていうわけ。でも、あまりに高くなったら「さすがに高すぎるから、買うのはやめておこう」って考える人たちも増えるわ。そうなると今度は価格が下がって、**最終的には、買いたい人と売りたい人のどちらも納得できる価格に落ち着く**ってわけ。これを**「需要と供給のバランス」**っていうのよ。株式の値段を「株価」と呼ぶんだけど、株価も需要と供給で動いているのよ。

じゃあ、**株式投資で儲けるコツは、できるだけ株価が安いときに買うことで、それを高いときに売ることができれば儲かる**んだ!

そうね。たとえば株価1000円のときに買って、株価が2000円になったときに売れば、1000円儲かるでしょ。このときに儲けた1000円のことを「売却益」っていうの。2倍になるだけでもすごいけど、「テンバガー」といって、10倍に値上が

価格の決まり方 — 需要と共有のバランス

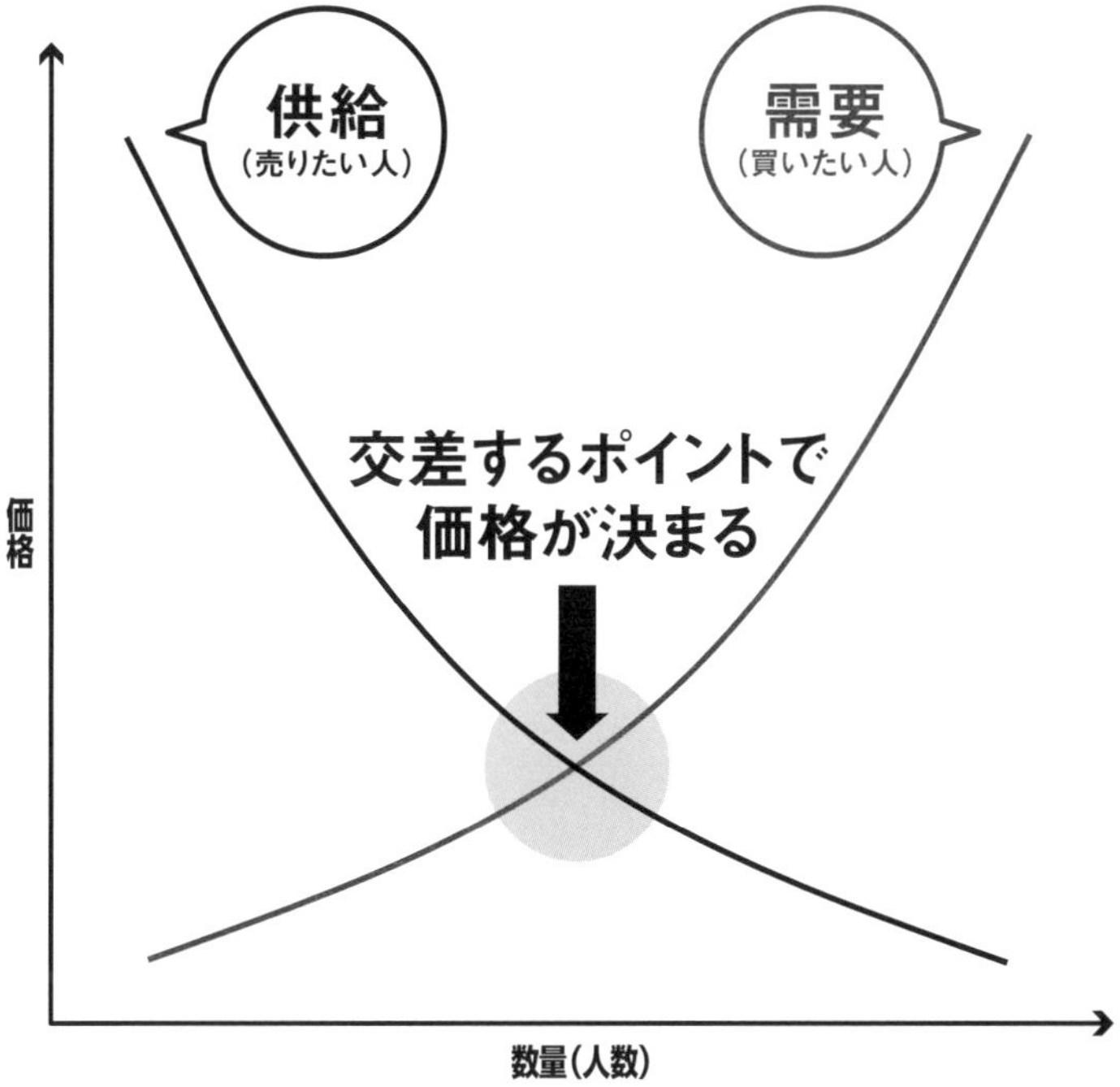
供給
（売りたい人）
需要
（買いたい人）
交差するポイントで
価格が決まる
価格
数量（人数）

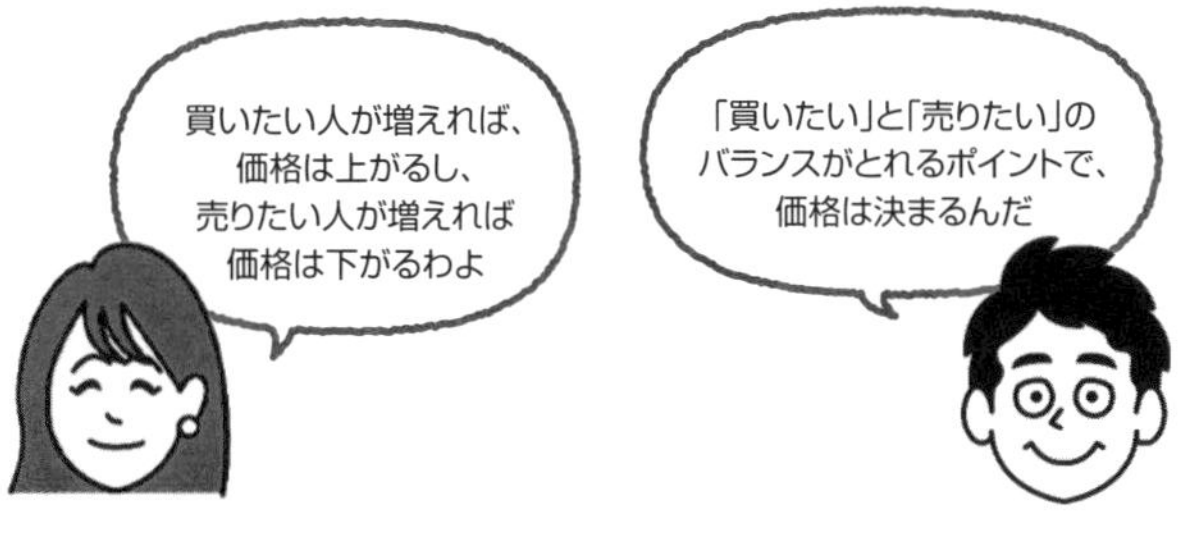
買いたい人が増えれば、
価格は上がるし、
売りたい人が増えれば
価格は下がるわよ
「買いたい」と「売りたい」の
バランスがとれるポイントで、
価格は決まるんだ

りする株もあるのが、株式投資の面白さね。でも、逆に10分の1になっちゃうことも珍しくないから、ちょっとドキドキするわ。

値下がりしても、売らなければいいんじゃない？

そういうわけにも、なかなかいかないのよ。お金が必要になったり、借金をしていたりして、損するとわかっていて株を売らなきゃいけなくなることもよくあるのよ。

株が値下がりしたくらいならまだいいけど、**会社が破産してなくなっちゃったら、株式の価値は基本的にゼロになる。**株主にはお金が返ってこないということだ。

うーん……、それはイヤだね。

だから、**いい経営をしている会社の株を買うことが大切**だし、**株主には経営者に「もっといい経営をしなさい！」と意見をいう権利もある**んだ。でも、いい経営をしているかどうかを見きわめたり、経営者にいい意見をいったりするには、勉強が必要だ。

そっか……、株式投資で儲けるのは、結構難しいんだね。

そう、株式投資は大きく儲かることもあるけど、大きく損することもある。そういうのを「ハイリスク・ハイリターン」って呼ぶよ。**株式投資にかぎらず、大きく儲かる可能性があるハイリターンな投資ほど、損するリスクも大きい**っていうことは、覚えておいたほうがいいね。リスクの高い投資に勉強しないで挑んだら、大ケガをするぞ。

でも、株式投資って、どうやって勉強するの？　学校で教わったことはないよ。

株式投資だったら、**最初は自分が好きな会社や興味のある事業をしている会社の株を買うのがいいんじゃないかな。**損することもあるけど、そうやって失敗を経験するのも、投資では大事な勉強だ。それに株を買うというのは、その会社を応援するっていうことだからね。好きな会社を応援して儲かれば最高だし、損をしても納得がいくだろ？　興味がある事業なら、勉強するのも楽しいしさ。

それなら、僕はゲーム会社の株がいいな。任天堂とか！

お、いいね。いい会社だと思うよ。任天堂の株、試しにパパと一緒に買ってみる？

えっ！　小学生でも株を買えるの？

親の同意書があればできるよ。よーし、任天堂の株価をチェックしてみるか……今なら、1株5400円くらいで買えそうだ（※）。

それなら僕、おこづかいを貯めたお金で買えるよ！

株式投資をすると、世界の見え方が変わるぞ。例えば、「新型コロナウイルスの感染が拡大している」というニュースを見たときに、「みんなが家にこもってゲームをするから、任天堂の株価が上がるかも」なんて考えたりね。そういうふうに、**株式投資を通じて、いろんな出来事の影響を考えることが、なにより勉強になる**んだ。

うわあ、楽しそう！

パパもヒロと一緒に株式投資ができると思うとワクワクするよ。

※2023年1月13日の株価をもとに計算

解説

生きていくにはさまざまなお金がかかり、しっかり稼いでムダづかいしないことも大切ですが、今の時代は、それだけでは足りません。**投資で「お金を増やす」という発想が必要**です。子どもたちも「株式投資で大儲け」といった話題には敏感。親としては、子どもから「株式投資ってなに？」と聞かれたとき、上手に説明できるようにしておきたいものです。

株式（株）とは、株式会社が事業に必要なお金を調達するために発行する証券のことをいいます。株式会社は、株で調達した資金を使って新しい商品やサービスを生みだします。

株を買った人は、買った会社の「株主」になります。

株主はさまざまな権利を持っていますが、それらは大きく2種類に分けられます。

1つは、**株主総会に議案を提案したり、議案の決議に参加したりするなど、経営に参加する権利。**もう1つは、**配当金など経済的な利益を受ける権利**です。これらの権利は、持っている株の数に比例して強くなり、株を多く持っている人ほど、発言権が強く、配当金も多くもらえます。

一方で、**会社の経営がうまくいかなかった場合、株主は損害を被ります。**例えば、株を買った会社が破産して消滅してしまった場合、株主にはお金は戻ってこないのが原則です。会社の経営に参加し、意見がいえるからこそ、経営がうまくいかなかったときには責任を負うということですね。

株は売ったり、買ったりすることができます。特に**証券取引所で取引できる、いわゆる「上場企業」の株は、誰でも簡単に売買できます。**子どもたちが名前を知っているような大企業の多くは上場企業です。

株を買うことを株式投資と呼びますが、「投資」と呼べるのは、将来、値上がりすることを期待できるからです。株価は需給と供給の関係で決まり、多くの人がその株を買いたいと思えば、株価は上がり、多くの人が売りたいと思えば、株価は下がります。**株価が低いときに買って、高いときに売れば、「売却益」を得ることができます。**

株式投資で大儲けできることがあるのは、株価の変動が大きいために、売却益が大きくなりやすいからです。その半面、株価が大きく下がることもよくあります。株式投資はハイリスク・ハイリターンです。**リターンが大きい投資ほど、リスクも大きくなる**という原則は、子どもたちにもしっかり伝えておきたいですね。

子どもが株式投資に興味を持ったとき、ママやパパにも投資経験があるなら、おこづかいなどを使って、実際に体験してみるのもいいと思います。

株を売買するには、証券会社に口座を持つ必要がありますが、小学生でも「未成年口座」を開設できる証券会社があります。開設にあたっては、親権者の同意書のほか、親権者が同じ証券会社に口座を持っていることなどが条件になります。

株の売買は１００株単位ですが、１００株も買うとなると、大きな資金が必要になることもあります。例えば、ヒロが興味を持った任天堂株は２０２２年のあいだ、１株５０００円台から６０００円台で推移しました。１００株を買うとなると50万円以上かかる計算で、子どものおこづかいで買うのは現実的ではありません。けれど、証券会社によっては1株から買えるところもあります。**未成年口座を開設できて、少額取引が可能な証券会社ならば、おこづかいを使った株式投資も可能**です。例えば、ＳＢＩ証券やマネックス証券は、この条件を満たします（２０２３年２月現在）。

子どものころから**株式投資を経験するメリットは、経済や社会への関心が広がること**です。実際に投資をしないとしても、「どんな会社に投資したいと思うか」を、親子でぜひ一緒に考えてみてください。

株式投資の目的は、お金を増やすことばかりではありません。**自分のお金を使って、特定の会社の成長を応援するところに、株式投資の意義があります。**自分たちが応援したい会社は、どんな会社なのでしょうか。さらに株式投資として成功させるために、応援したい会社の事業内容や経営戦略、経営者のビジョンなどを調べ、その将来性について親子で話しあってみるといいと思います。会社のホームページにあるＩＲ資料などが参考になるでしょう。

もしも親子で研究したうえで、「この会社を応援する！」と決めて**株を買ったなら、ちょっと値上がりしたからといってすぐに売ったりせず、ある程度の期間、腰を据えて保有するのがいい**と思います。デイトレーダーのように頻繁に売り買いする株式投資では、社会の勉強にはあまりなりません。株を買った会社のその後の業績や株価の変動から社会の動きを観察したり、自分たちの仮説は正しかったのかを検証したりしていくことが、なによりの勉強になります。親子で投資している会社があれば、日ごろの会話のなかにも、経済ニュースの話題が自然に出てくるようになるはずです。

まとめ　お金を出してでも応援したい会社を探そう

▼「株式（株）」とは、「株式会社」が商売に必要なお金を集めるために発行して売るもの

▼「株式投資」とは「株式会社が発行する株を買う」ことであり、自分のお金を使って、その「会社を応援する」ところに本質がある

▼応援している会社の事業が成功すると、配当金が出たり、株価が上がったりして、お金が儲かる。逆に株価が大きく下がったり、会社が倒産したりして損するリスクもある

10000 壱万円 2

株主優待でランチが食べられるのはなぜ？

株主優待はプレゼントであり、プレゼンでもある

今日はこの方がご飯をごちそうしてくれますっ
株主優待サマー!!
株主優待

株式投資をしていると「株主優待」をもらえることがあります。株主優待は、株式会社が、株主に感謝の気持ちを表現するもの。それと同時に、株主に自社の魅力をアピールする狙いも株主優待にはあります。FP家族も株主優待を使っていて……。

ママ、今日のランチはうどんにしない？ 久しぶりに「丸亀製麺」のうどんが食べたくなっちゃった。

オッケー。ちょうど、丸亀製麺で使える株主優待券が届いたところなのよ。じゃあ、今日はみんなで外食にしましょうか。

株主優待でランチが食べられるのはなぜ？

わーい！

株主優待だと、お得な気分になるよね。せっかくだから、今日はいつもと違うメニューを頼んでみようかな。

でもさ、株主優待ってどういうこと？

株主優待は、株主へのプレゼントのようなものよ。

うーん、配当金みたいなものか。

そうね……、配当金と似ているところもあるし、違うところもあるかしら。**株主優待でもらえるものには、その会社の商品やサービスを体験できるものが多い**わね。丸亀製麺を展開しているトリドールホールディングスだったら、自社のグループ店舗で使える優待券ね。メーカーだと自社の商品の詰め合わせなんかが多いかしら。

配当金はお金がもらえるけど、株主優待だと、うどんがもらえたりするわけだね。

株主優待に、その会社の商品やサービスを体験できるものが多いのはどうしてなのか、ヒロはわかるかな？

うーん……、なんで？

株主になるって、どういうことだったか、覚えているかな？

あ、覚えているよ！　自分のお金を使って、その会社を応援するっていうことなんだよね。僕が任天堂の株にしたのも、任天堂を応援したいからだよ！

その通りだ。会社にしてみたら、株主に今よりもっと応援してもらいたいわけさ。だから、株主に自分の会社のことをもっともっとよく知ってもらって、応援してほしい。そういう意味でいうと、**株主優待はプレゼントでもあり、プレゼンでもある**ね。株主優待を使った「プレゼン」がうまくいけば、株主がファンになって、友だちなんかに「この店のうどんはおいしいですよ」と、クチコミで宣伝してくれるかもしれないよね。

なるほどね。僕も任天堂のこと、もっと知りたいよ！

そういえば、ヒロが小さいときは、タカラトミーの株を買っていたわ。ヒロはトミカが好きだったから。タカラトミーは、株主優待でしかもらえない特別なトミカをつくっているのよ。ヒロの机の上に飾ってあるでしょ？

あのトミカ、株主優待だったんだね！　株主優待って楽しいね♪　任天堂も株主だけがもらえる特別なゲームとか、つくってないのかな？

任天堂は株主優待をしていない（２０２３年２月現在）。**株主優待はどこの会社でもしているわけじゃない**んだ。株式市場に上場している企業のうち、株主優待を導入しているのは、そのなかの36％ほど、約１５００社なんだ（※）。

そうなんだ、残念……。

それに株主優待の対象になるのは１００株以上を持っている株主にかぎられることが多いよ。ヒロは任天堂の株を１株しか持っていないから、株主優待があったとしても対象外になる可能性が高いね。逆に、株をたくさん持っていると、株主優待の内容のグレードが上がることもあるよ。

最近では、株主優待を廃止する企業も多いわ。

えーっ、なんで？

海外にいる株主だと、丸亀製麺で使える優待券をもらっても、近くにあまりお店がないでしょ？　株主には、うちみたいな「個人投資家」だけでなく、会社として投資している「機関投資家」もいて、そういう人たちにとっても、株主優待は使いにくいわ。だから**「株主優待の仕組みは不公平だ！」って考える株主もいる**の。それで最近では、株主優待をやめる代わりに配当金を増やす会社も増えているの。

そうなんだー。僕は株主優待、好きだけどなぁ。

それなら株を買う前に、株主優待があるかどうかをちゃんと調べておかないといけないね。**忘れないでほしいのは、株主優待にもお金がかかっているということ**だ。優待券を送るだけでも、かなりの送料がかかるしね。そのぶんだけ配当金は少なくなっているはずだ。それに株主優待がなくなってしまったり、内容が変わってしまったりすることもある。その理由は株主の反対だけじゃない。

ほかにどんな理由があるの？

例えば、業績が悪くなって経営が苦しくなってしまったとするよね。経営が苦しい状態のときに、株主にたくさんのプレゼントを贈るなんてできるかな?

それはできないよね。そっかー、必ずもらえるわけじゃないんだ。そこは配当金と似ているね。

それに業績が悪くなるってことは、その会社の株を売りたいって思う人が増える可能性が高いわよね。だから株価が大きく下がる可能性もあるわよ。

えーっ! そうなったら、優待がなくなるし、売却益も出ないし、損ばかりじゃん!

そうだね。**株式投資は基本的に「いい経営をしている会社かどうか」「将来にわたって成長する会社かどうか」で判断すべき**だと、パパは思うよ。株主優待だけで決めるのはよくないね。いい経営をしている会社に投資しているからこそ、配当金がもらえたり、株価が上がったり、株主優待がもらえたりするっていうことだから。うちがトリドールホールディングスの株を買ったのも、株主優待だけで決めたわけじゃない。うどんがおいしくて、これならお店が繁盛するだろうし、海外にも戦略的にお店を出していて、これからの成長が期待できると考えたからなんだ。

つまり、株主優待に期待する前に、経済や社会について学び、その会社の事業内容や業績、経営戦略などをしっかり分析することが大事ってわけ。

はーい! お腹が空いてきたよ。そろそろうどんを食べに出かけようよ!

※野村インベスター・リレーションズ「株主優待実施企業 実態調査」(2021年)

株主優待のメリットとデメリット

	株主にとって	会社にとって
メリット	株を持つ会社に対する理解が深まる	株主の自社に対する理解が深まり、ファンになってもらえるかもしれない
		株主が自社の商品やサービスをクチコミで宣伝してくれるかもしれない
	株を買い、持ち続けることの楽しみが増える ＊ 保有する株式の数や、期間の長さで内容がグレードアップされる場合は、特に	1人の株主に多くの株を長期保有してもらうことにつながり、株価や経営が安定しやすい
デメリット	株主優待にお金をかけるぶん、配当金は少なくなっている可能性が高い	株主優待より配当金を好む投資家からは敬遠されやすい
	100株以上の株を持っていないと、株主優待が受けられないことが多い	株主のあいだに不平等が生まれるという批判がある
	株式を保有している期間が短いなどの理由で、株主優待が受けられないことがある	
	株主の住んでいる場所などによって、株主優待のメリットを受けにくいことがある	
	会社の業績などで、株主優待が廃止されたり、内容がグレードダウンされたりすることがある	業績悪化で株主優待を廃止したり、グレードダウンしたりすれば、株主は不満に思う

株主優待って、いいことばかりじゃないんだ
株主優待と配当金、自分がどちらを優先したいのかは、決めておいたほうがいいね
どちらにしても、「いい経営をしている会社」を選ぶのが一番よ

解説

個人投資家から絶大な人気を誇る株主優待。株主優待に魅力を感じて、株式投資を始めたという投資家も少なくありません。

株主優待とは、企業が日ごろの感謝の気持ちをこめて株主に贈るプレゼントのようなものです。ただし、すべての企業が導入しているわけではなく、**導入しているのは上場企業の４割に満たない**と見られます。日本に特有の制度で、海外の企業で導入しているケースはほとんどないようです。

株主優待で人気がある株の銘柄には、レストランやテーマパークを運営する企業や、食品メーカーなどが目立ちます。これらの企業では、自社の商品やサービスを活用することで、一般消費者にとって魅力的な株主優待をつくりやすいからでしょう。法人向けのビジネスをしている企業でも、抽選で海外にある自社工場の視察ツアーに招待するといったかたちで、個人投資家にとって魅力的な株式優待を工夫していることがあります。なかには自社の商品やサービスにこだわらず、商品券やカタログギフトを株主優待としてプレゼントする企業もあります。

こうした株主優待には、子どもにとっても魅力的なものが少なくありません。子どもと一緒によく利用するお店や、子どもが大好きな商品をつくっているメーカーがあれば、株主優待制度がないか、調べてみるといいでしょう。それをきっかけに株式投資や企業経営に興味を持つ子どもも多くいると思います。

株主優待の具体例

業種	会社名	事業内容	株主優待の内容
外食	すかいらーくホールディングス	ファミリーレストラン「ガスト」などを展開	グループ店舗で利用できる優待食事券
	日本マクドナルドホールディングス	ハンバーガーレストラン「マクドナルド」を展開	国内の「マクドナルド」で利用できる優待食事券
	トリドールホールディングス	うどん専門店「丸亀製麺」などを展開	国内のグループ店舗で使える株主優待券
食品	日清食品ホールディングス	カップ麺「カップヌードル」や袋麺「チキンラーメン」をはじめとする食品製造	グループ会社製品の詰め合わせと、チキンラーメンのシンボルキャラクター「ひよこちゃん」のオリジナルグッズ。もしくは、国連WFP（世界食糧計画）への寄付
	味の素	「味の素」をはじめとする調味料・食品事業のほか、ヘルスケア事業など	味の素グループの食品詰め合わせセットなど
テーマパーク	オリエンタルランド	テーマパーク「東京ディズニーランド」「東京ディズニーシー」の運営など	「東京ディズニーランド」または「東京ディズニーシー」で利用可能な株主用パスポート
おもちゃ	タカラトミー	「トミカ」や「リカちゃん」をはじめとする玩具や雑貨、カードゲームなどの企画、製造、販売	オリジナルの「トミカ」やオリジナルの「リカちゃん」
子ども服	西松屋チェーン	ベビー・子ども用品の専門店「西松屋」などを展開	「西松屋」などで利用できる株主優待カード
金融	全国保証	住宅ローンの連帯保証を引き受ける「住宅ローン保証」など	QUOカード（コンビニなど全国6万店で利用できる全国共通の商品券）またはカタログギフト（カタログから好きな商品を選んでもらえる）
不動産	ヒューリック	オフィスビルを中核とする不動産賃貸事業など	グルメカタログギフト（食品のカタログから好きなものを選んでもらえる）
電子機器	シークス	さまざまなメーカーなどから電子機器製造のアウトソーシングを受託	カード会社発行のギフトカードのほか、抽選で海外工場の視察を含む旅行に招待

＊ 2023年2月現在

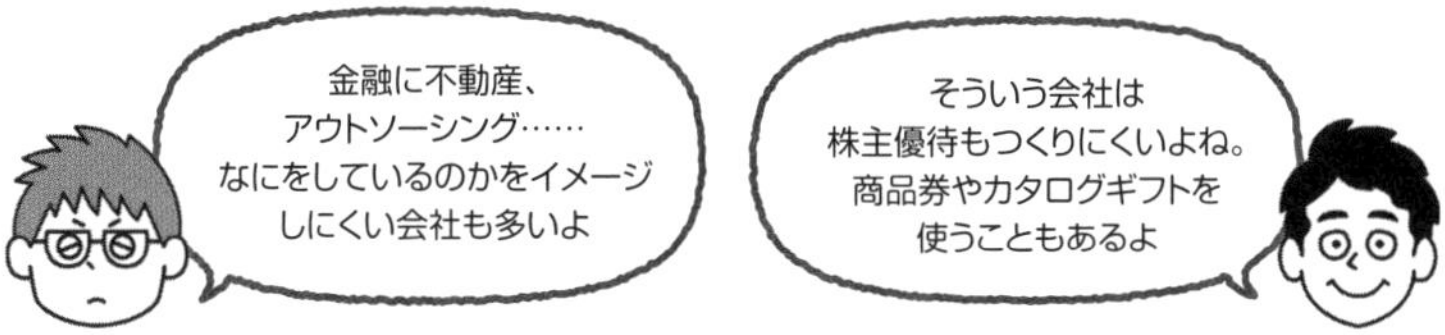
金融に不動産、
アウトソーシング……
なにをしているのかをイメージ
しにくい会社も多いよ
そういう会社は
株主優待もつくりにくいよね。
商品券やカタログギフトを
使うこともあるよ

株主優待は、企業にとっても多くのメリットがあります。

株主優待を通じて株主に事業内容を理解してもらえれば、株主のなかで応援したい気持ちが高まり、ファンが増えるかもしれません。株主自身がファンになるのはもちろん、周囲の人にクチコミで宣伝してもらえるかもしれませんよね。さらに株主が株を長期で保有してくれたり、株を買い増してくれたりする効果も期待できます。個人株主に株を長期保有してもらえれば、株価が下がりにくくなり、買収されるといったリスクも減って、経営が安定します。そのため、株を一定期間を超えて長期保有する株主に対し、優待の内容をグレードアップする企業も多くあります。

一方で、**株主優待にはデメリットもあります。**

株主優待と配当金の原資は、基本的には一緒です。なので、**株主優待を充実させれば、理屈のうえでは、配当金が減る**はずです。そのため、配当金を好む投資家にとって、株主優待はあまり魅力的ではありません。

また、**株主優待は、海外の投資家や機関投資家にとっては使いにくい**ものばかりです。そのため、株主優待は不公平だという声が上がります。株主優待が日本独特のもので、グローバルスタンダードでないことも、そうした声を後押しします。そのため近年、株主優待制度を見直し、利益は配当金で還元する方針に転換する企業も多くあります。

株主優待は永遠に続くものではありません。企業の業績が悪くなったときなどにも、株主優待が廃止されたり、内容がグレードダウンされたりすることがあります。

そう考えると**株主優待は、株式投資に興味を持つきっかけとしては優れていますが、株式投資の本質的な判断材料にはなりません。**株式投資の基本は「いい経営をしている会社」「将来にわたって成長を期待できる会社」の株を持つことです。株主優待は「いい経営」のおまけのようなもの。そんなふうに考えておくのがいいのではないでしょうか。

まとめ　株主優待とはプレゼントであり、プレゼンでもある

- ▼株主優待は、企業が日ごろの感謝の気持ちをこめて株主に贈るプレゼントであり、自社の事業内容を伝えるプレゼンでもある
- ▼外食企業などを中心に、子どもにとっても魅力的なものが多い株主優待は、株式投資や企業経営に関心を持つきっかけにしやすい
- ▼株主優待は、株式投資の本質的な判断材料にはならない。「いい経営」のおまけのようなもの

＊株主優待の内容などの情報は2023年2月時点

10000 壱万円 3

どうして銀行にお金を預けるの？

利息は少なくても、安心安全なのが魅力

うちに預けなって
うーん
うちで使いなって
銀行
証券会社

パパと株式投資を始めたヒロ。お年玉をいつものように銀行口座に預けようとして、ふと疑問がわいてきました。そういえばパパはこのあいだ「**銀行に預金しても利息は少ない**」とぼやいていたはず。それでも銀行にお金を預けるのはどうして？　それは**銀行預金が安心・安全**だからです。

わーい！　今年もたくさんお年玉がもらえた！　うれしいな♪

お年玉の使い道は決めた？

任天堂のゲームは買いたいと思っているけど、貯金もするよ。

どうして
銀行に
お金を預けるの？

あら、いい心がけね！　じゃあ貯金するぶんは、いつものようにヒロ名義の銀行口座に預けましょうか。

うーん……。ふと思ったんだけど、銀行に預けるので本当にいいのかな？

どういうこと？

パパが前に**「今は銀行に預金しても、あんまり利息がつかない」**って、いっていたじゃん？　それもあって、僕たちは株式投資を始めたわけでしょ？　それならお年玉も投資に回したほうがいいんじゃないかと思って。

確かにそうだったね。でも、**銀行にお金を預けるのには、投資とは違うよさがある**んだよ。例えばさ、貯金箱にお金を貯めておくのと、銀行にお金を預けるのだったら、どっちがいいとヒロは思う？

銀行かな。

なんでかな？

利息がつくよね？

そうだね。銀行にお金を預けることを「銀行預金」というんだけど、銀行預金だと利息がついて、お金が増える。なんで利息がつくのか、わかるかな？

うーん……。なんでかな？

銀行は、預かったお金を増やしているんだよ。「運用」と呼んだりするんだけどね。

僕たちが銀行に預けたお金は、金庫にしまってあるわけじゃないんだ。お金が必要な人や会社に貸したりしているんだ。銀行はいろんな人たちからお金を預かっているから、たくさんのお金を持っている。だから、**会社が新しい事業を始めたいとか、誰かがマイホームを買いたいといったときに、銀行はまとまったお金を貸す**ことができる。そして、**お金を借りた会社や個人は、貸した銀行に、借りた以上のお金を返す**ということになっている。

あっ！　それも利息だったね。借金をしたら利息を払わないといけないって、リボ払いのときに教わったよ。それって、逆に考えると、お金を貸して返してもらえば、お金は増えるっていうことなんだね。

その通り。銀行は、僕たちが預けたお金を使って、お金を儲け、お金を増やしている。だから、そのお礼として、増やしたお金の一部を、僕らにくれるんだ。それが、預金の利息っていうわけだ。

それって、なんか……株式投資とちょっと似ているね。株を買ってくれた人へのお礼が配当金だったよね。

そうだね。でも、株式投資と銀行に預金するのは、ちょっと違うよ。なにが違うか、わかるかな？

うーん……、難しいな。わからないや。

どうして
銀行に
お金を預けるの？

銀行の仕組み

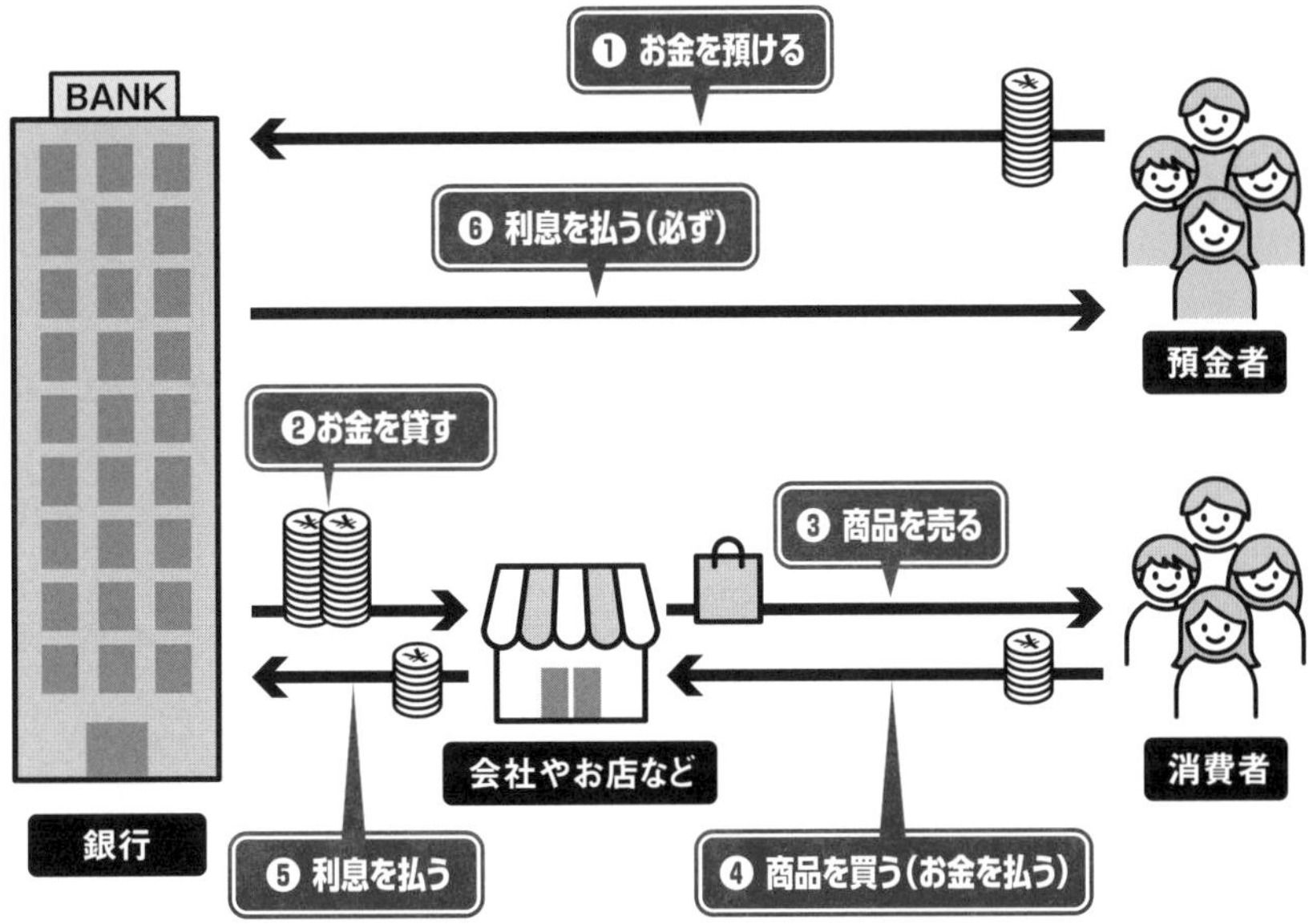

❶ お金を預ける
BANK
❻ 利息を払う（必ず）
預金者
❷お金を貸す
❸ 商品を売る
会社やお店など
消費者
銀行
❺ 利息を払う
❹ 商品を買う（お金を払う）

預金者が銀行に預けたお金を、銀行は会社などに貸す。そうすると、利息が儲かるんだ
銀行は儲けた利息から、僕ら（預金者）に、利息を払ってくれるんだね
銀行は、預金者に必ず利息を払わないといけないの。株式会社の配当金と、大きく違うところよ

例えば、**株式の配当金は必ずもらえるわけじゃないよね。でも、銀行に預金するときの利息は、あらかじめ約束した額が、必ずもらえる**というのが原則だ。

でも、利息は少ないんだよね。

そうだね。銀行によっても違うけど、0.001%なんてこともある。この利息だと、100万円を1年預けても、増えるのは10円だけだ。株式の配当金は、東京証券取引所だったら今、平均して株価の2%くらいあるから（※）、それと比べると銀行預金の利息はかなり少ないよね。

銀行の利息は必ずもらえるけど、少ないっていうことか……。

でも、必ずもらえるっていうのは安心よね。

確かに。そういえば銀行って、安心っていうイメージがあるよね。銀行に預けておけば、貯金箱にお金を入れておくより、盗まれる可能性も低そうだし。

そうね。投資だと損をすることも結構あるけど、銀行にお金を預けておけば、お金が減るっていうことは、原則としてないわ。もしも万一、銀行が倒産しちゃったりしても、預金保険制度という国の仕組みでかなりの部分が守られるのよ。このあいだ、**株式投資は「ハイリスク・ハイリターン」**だって、いったでしょ？　**銀行預金はその逆で「ローリスク・ローリターン」**なのよ。

そうなんだ……。損をしないのは、確かにいいんだけど……。

でも大きく儲からないからね。ヒロが迷うのもよくわかるよ。でもさ、例えば、お年玉やおこづかいで貯めたお金を全部、株式投資に回しちゃったら、どうなるかな。最悪の場合、0円になっちゃうリスクもある。

そっかー。0円になっちゃうのは怖いね。お金を貯めてゲームを買う計画もパーになっちゃうよ。

そうだね。そういう**具体的に使うあてのあるお金は、株式投資に回すのでなく、銀行預金にしておいたほうが安心**だね。だって、お金が必要になったときに株価が下がっていたら、どうする？　今、株を売ると損するとわかっていても、お金が必要だったら、売らないといけないよね。そんなのイヤだよね。だから、**株式投資は最悪0円になってもいいようなお金を使ってするもの**なんだよ。**「余裕資金」といったりする**んだけどね。このあたりのさじ加減も、投資の勉強として大事だね。

ホントにそうだわ。銀行預金と投資はそれぞれに役割があって、上手に使い分けるのが、お金を貯めて増やすコツなのよね。

なるほどー。じゃあ、今年のお年玉の残りは、とりあえず全部、銀行に預けるね。預金が増えてきたら、株式投資に回すよ。

了解！

※東京証券取引所「株式平均利回り（2022年12月）」参照

解説

銀行といえば「社会の心臓」「社会の血管」にたとえられる存在。それは、銀行が「お金」を動かしているからです。お金とは、経済を動かすうえで欠かせない、いわば「血液」のようなもの。このようなお金を社会に送りだし、循環させているから、「心臓」であり、「血管」であるというわけです。子どもたちがこれから、社会や経済について学んでいくにあたって、銀行の役割を理解することは欠かせません。

銀行にはさまざまな役割や機能がありますが、**「社会の心臓」や「社会の血管」としての役割の中核を担う業務が「預金」と「融資（貸出）」**です。

私たちが銀行に預けた（預金した）お金は、企業や個人に融資されます。新しい事業を立ち上げたい企業にとって、銀行融資は、株式発行と並ぶ重要な資金調達の手段です。既存事業を回していくための運転資金の調達も、多くの企業が銀行融資に頼っています。個人であれば、住宅ローンを銀行から借りているケースなどがあります。

企業にも個人にも、まとまったお金が欲しい場面があり、銀行からお金が借りられれば便利で、経済や社会の活性化にもつながります。そんな役割を果たすために、銀行は多くの預金を集める必要があります。そこで銀行にお金を預けてくれた人などにお礼として利息を払います。

このように説明すると、「そんなことをして、銀行は潰れてしまわないのか？」という疑問を抱く子どももいます。**銀行はお金を預けた人には利息を払います**が、**お金**

を貸したときには利息をもらいます。そして、**お金を貸した（借りた）金利は、お金を預かった（預けた）ときの金利よりも高い**ものです。その差額が銀行の儲けになり、銀行は潰れません。

今回は、株式投資に興味津々のヒロに、株式投資との比較で、銀行預金の特徴を説明してみました。銀行預金には利息がつくので、お金を増やすことができます。そして「株式に投資する」場合も、配当がもらえたり、売却益が得られたりして、やはりお金を増やすことができます。大きな違いは、リスクの大きさです。

銀行預金の利息はあらかじめ約束された金利で支払われ、預けたお金が減ることは原則としてありません。万一、預金していた銀行が破綻しても、預金保険制度によって元本１０００万円とその利息などが保護されます。

それに対し、**株式投資の配当金や売却益は約束されたものではなく、投資したお金がマイナスになって損をすることは、よくあります**。ただし、株式投資では、銀行預金よりも大きな利益を出せる可能性があります。つまり、**銀行預金はローリスク・ローリターンであるのに対して、株式投資はハイリスク・ハイリターン**です。

１９９０年代半ば以降、デフレが長く続いた日本では、銀行の預金金利は特に低い水準に抑えられてきました。リスクが低いのが銀行預金のメリットといっても、銀行に預金するだけでは一生涯に必要なお金を貯めるのは難しい時代です。子どもたちには、リスクの低い銀行預金の必要性を説くと同時に、ある程度、リスクをとって投資することの必要性も伝えておくべきだと思います。

ここで「利息」という言葉について、補足しておきたいと思います。第2章でも触れましたが、「利息」に似た言葉として「利子」や「金利」という言葉があります。**「利子」は「利息」とほぼ同じ意味で、「お金の貸し借りに対して支払われる（支払う）対価」**のことを指し、**金額**で示します。それに対して**「金利」は、「元金に対する利息（利子）の割合」**で、**パーセンテージ**で示します。「利子」の金額を計算するのに使う数字が「金利」です。子どもと話すときは、特に正しい言葉づかいを心がけたいですね。

まとめ　**銀行は、預金で集めたお金を貸して利息を稼いでいる**

▼ 銀行にお金を預けると利息がつくのは、銀行が会社などにお金を貸して、利息をもらっているから

▼ 銀行預金の金利は低いが、株式投資の配当金と違って、基本的には確実にもらえる

▼ ローリスク・ローリターンの銀行預金と、ハイリスク・ハイリターンの投資をうまく使い分けるのが、お金を上手に貯めて増やすコツ

どうして
銀行に
お金を預けるの？

株式投資と銀行預金の違い

	株式投資	銀行預金
お金を増やす方法	「配当金」のほかに「売却益」がある	「利息」だけ
お金を大きく増やす可能性	ある ※ 株価は大きく下がることもあるが、大きく上がることもある ※ 配当金の利回りは、銀行の金利より高いことが多い	ない ※ 利息は一般に、株の配当利回りより少ないことが多い
お金が減る可能性	ある ※ 株価が下がった状態で売ると、売却損になる ※ 配当金は必ずもらえるわけではない	ない ※ 預けたお金が減ることは原則としてない ※ 利息は約束した額が必ずもらえるのが原則
一言でいえば……	ハイリスク・ハイリターン	ローリスク・ローリターン

株式投資は、大きく儲かる可能性があるけれど、損するリスクもあるわよ
銀行預金のメリットは、安心・安全なんだね
使う予定があるお金は銀行に預けておいたほうがいいよ

10000 壱万円 4

銀行預金でお金は増やせないのかな？

定期預金ならば「複利」の効果が使えるよ

1年ガマンしたら増えるかなァ〜
定期預金

銀行預金の長所は安心・安全と学んだヒロ。それでも、あまりの金利の低さに納得がいかないようで……。銀行預金でも定期預金ならば、普通預金よりは金利が高いですよね。定期預金は複利の効果を学ぶ入り口としても好適です。

ねえねえ、僕のお年玉、銀行に預金してくれた？

ええ、このあいだ預けてきたわよ。

僕の預金の利息って、どれくらいなの？

そこが気になるの？　ヒロも大人になったわね。金利は0・001％よ。

えー！　それって、このあいだ、「100万円を1年預けても、増えるのは10円だけ」て、パパがいっていたやつじゃん！　もうちょっと金利を高くする方法って、ないの？

銀行預金は、安心・安全がモットーだからね。

それは、わかっているけどさ、もうちょっといい条件にできないのかなあって。

それなら定期預金かしら。

定期預金ってなに？

ヒロのお年玉を今、預けているのは、普通預金。**普通預金だと、預けているお金を、いつでも自由に引きだせる**のよ。それに対して、**定期預金は、銀行に約束した期間は引きだせない。その代わりに金利が上がる**の。ちょっと今、調べてみるわね。ヒロが預けている銀行だと、1年の定期預金で……0・2％ですって。

おっ、かなり違うんだね。

でもね、「1年は引きだささない」と、約束しているわけよ。このときの「1年」を「満期」というんだけど、お金が必要になったりして、**満期の1年がたたないうちにお金を引き出しちゃうと「解約」という扱いになって、金利が低くなってしまう**の。

そっかー。じゃあ、**いくらかを普通預金に残して、残りを定期預金にすればいい**のかな。

そうね、実際、そうしている人が多いわよ。

定期預金をつくるなら、ヒロにはぜひ「単利」と「複利」について知っておいてほしいな。この違いを知っているかどうかで、お金が増えるスピードが大きく変わるぞ。

えっ、そうなの！　教えて、教えて！

よし！　たとえば、仮に「満期1年」で「金利3％」という定期預金があったとするよ。100万円預けた場合、1年後の利息はいくらになる？

100万円×3％だから……3万円！

そうだね。最初の100万円を「元本」と呼ぶよ。増えた3万円は「利息」だったよね。問題は、この次の年だ。2年目には「元本100万円」と「利息3万円」を持っているわけだけど、この合計103万円をどうするかというところで、単利と複利が出てくる。銀行では、だいたい次の3つの選択肢を用意している。

（1）払い戻し：元本も利息も、普通預金口座に移す

（2）元金継続：利息は普通預金口座に移して、元本は再び定期預金にする

（3）元利継続：利息も元本も、再び定期預金にする

どのパターンを選ぶと、2年目に一番、お金が増えると思う？

うーん……、（1）だと、普通預金の金利は低いから、あんまり増えないよね。

その通りだ！　じゃあ、（2）と（3）は、どうだろう。

銀行預金で
お金は
増やせないのかな？

定期預金の「元金継続」と「元利継続」

もしも「年利3%」だとしたら……

	払い戻し	元金継続	元利継続
元本 （最初に預けたお金）	100万円	100万円	100万円
1年目の利息	3万円	3万円 ※ 100万円×3%	3万円 ※ 100万円×3%
2年目に預けるお金	0円	100万円	103万円 ※ 100万円+3万円
2年目の利息	0円	3万円 ※ 100万円×3%	3万900円 ※ 103万円×3%
3年目に預けるお金	0円	100万円	106万900円 ※ 103万+3万900円
3年目の利息	0円	3万円 ※ 100万円×3%	3万1827円 ※ 106万900円×3%
		単利	複利

（2）だと、2年目に定期預金で増えるのは「100万円×3%」だから「3万円」だよね。

そう、増える金額は1年目と同じだね。つまり（2）の**「元金継続」だと、元本は一定で、利息として毎年、同じ金額だけお金が増えていく。これを「単利」と呼ぶ**んだよ。

ふーん……。じゃあ、（3）が「複利」？

そうだ。

じゃあ、（3）の複利の場合を計算してみるね……2年目の利息は「103万円×3%」だから、「3万900円」か。増える金額が、1年目より900円多いんだね。

そう、複利のほうが単利よりお金が増える。**複利は、利息を元本に組み入れるやり方。そうすると増える利息の金額が毎年増えて、お金が増えるスピードが上がる**んだよ。

「増える金額」が増えるのか……。それは、すごいね。僕がこれから預けようと思っている、金利0・2%の定期預金だと、どれくらい差が出るの？

そうだな、元本100万円だとして……10年後に、単利だと102万円、複利だと102万181円だね。

うーん、10年で181円の違いかあ。それだとあんまり差がないような……。

まあ、確かに金利が1%にも満たない定期預金だと、複利のメリットを感じにくいかもな。今は「金利3%の定期預金」なんて、まずないし。でも、株式投資などでは年に3%くらいのペースでお金を増やせることもある。仮に元本100万円を毎年3%

銀行預金で
お金は
増やせないのかな？

単利と複利

もしも「年利3%」だとしたら……

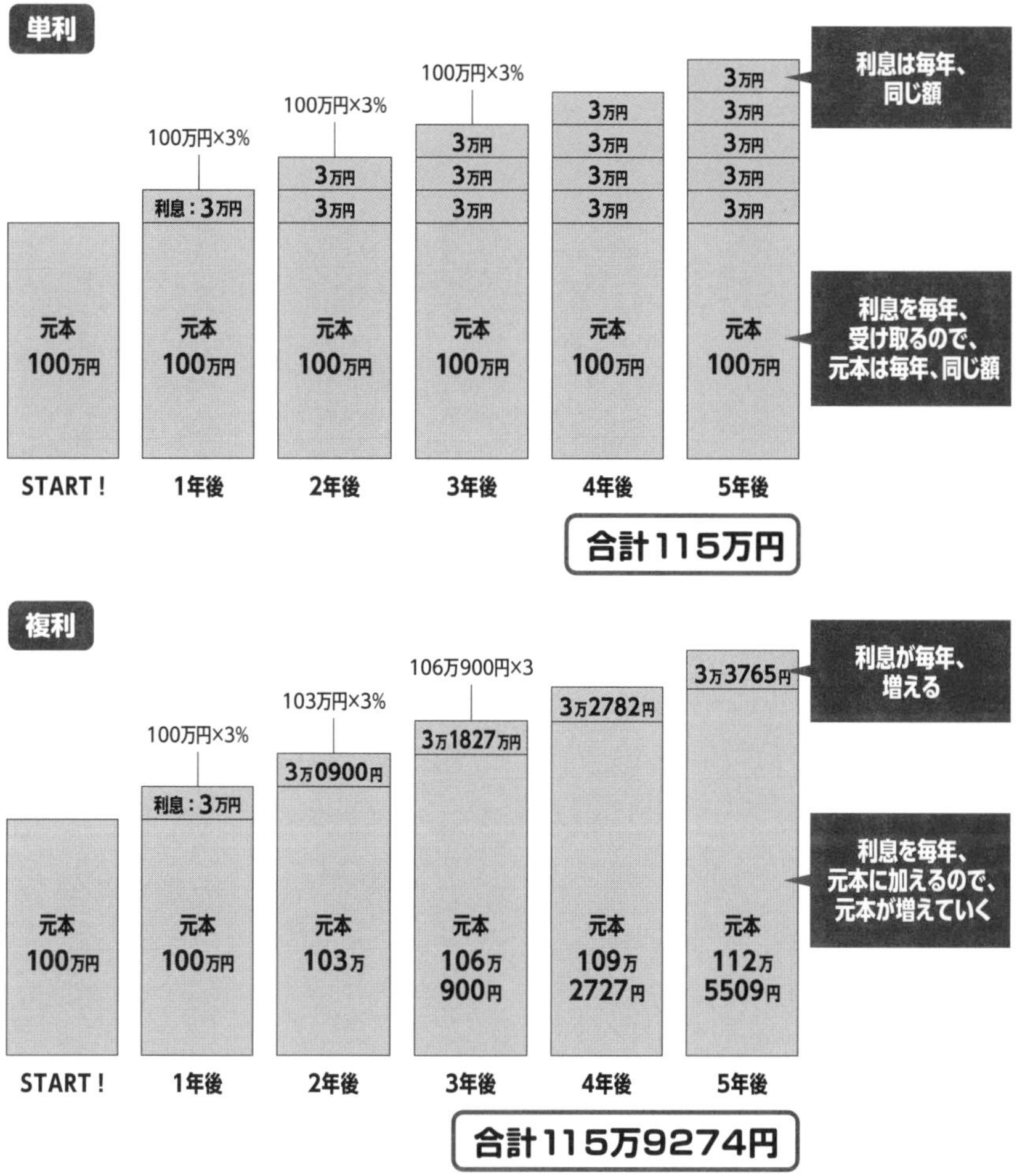

ずつ増やせたらどうだろう。前ページの図のように、単利と複利でかなりの差が出るよ。

単利だと5年後に115万円、複利だと115万9274円だから9000円以上の差がつくね。

10年後だと、単利は130万円、複利は134万3916円で、差は4万円以上に広がる。じゃあ、年利7%だったらどうかというと、単利だと10年後に170万、複利では196万7151円。単利と複利で20万円以上の差がつくよ。

うわあ！　**金利が高いほど、単利と複利の差は大きくなる**んだね。

複利というのは、要するに「増えたお金をすぐ使わないで、次の投資に回す」ということなんだよね。次の投資に回し続ける「複利」のパワーは奥が深くて、物理学者のアインシュタインが「人類最大の発明」と絶賛したといわれているほどなんだ。

そんなにすごいんだ……。

「72の法則」を使って考えてもいいかもしれないわね。

72の法則？

72の法則は、複利で運用したとき、お金が2倍になるまでの期間を簡単に計算することができる式だよ。具体的には**「お金が2倍になるまでの期間（年）＝72÷金利（年利：%）」**という式で計算できるんだ。

お金が2倍になるって、すごいね。えっと……年利3%だと「72÷3＝24」だから、

72の法則

複利で2倍になるまでの年数 ＝ 72 ÷ 金利(%)

▶ 金利3%の定期預金で、預金を2倍にするまでにかかる年数

72 ÷ 3(%) ＝ 24年

▶ 金利0.001%の普通預金で、預金を2倍にするまでにかかる年数

72 ÷ 0.001(%) ＝ 7万2000年

▶ 株式投資で平均して年7%の運用成績を上げたときに、お金を2倍にするためにかかる年数

72 ÷ 7(%) ＝ 10.3年

24年。年利7%だと……10年くらいで2倍になるよ！ これはすごいね！

でも、ヒロの銀行預金の金利は、今、0・001%なのよね。

ということは「72÷0・001＝7万2000」ということで……、お金を2倍にするのに7万2000年もかかるのかー。さすがに僕も死んじゃうよー。

だから、貯金だけじゃなくて投資が必要っていうわけ。でも、投資でお金を増やすには勉強する必要があるんだったわよね。72の法則も覚えておくといいと思うわ。なにかと役に立つから。

うん、勉強しないといけないって、あらためてよくわかったよ。

よかったわ♪

解説

銀行預金の金利は低いですが、それでも定期預金にすれば、普通預金よりは多少、金利が高くなります。子どもにとってはもっとも身近な「資産運用」の選択肢かもしれません。大人でも1年後、2年後に必要となる資金を預ける場合などには、定期預金も選択肢のひとつになるでしょう。

子どもとの会話に「定期預金」の話題が出てきたら、ぜひ「単利」と「複利」について話してみるといいと思います。

単利は、最初の元本にだけ利息をつける計算方法です。定期預金であれば、満期がきたときに利息を受け取るのは、単利です。受け取った利息がどうなるかというと、買いものなどに使ってしまえば残りませんし、普通預金に移せば、金利は低くなってしまいます。残った元本を再度、定期預金に預ければ、同じ金額の利息がまたつきます。

これに対して、**複利は、元本に利息を組み入れて、それにまた利息をつける計算方法**です。定期預金であれば、満期がきたときに「元本+利息」を、同じ定期預金に預けなおすのは、複利です。**複利には利息が利息を生む効果があるので、単利よりも速いスピードで、お金を増やすことができます。**

ちなみに、**定期預金をつくるとき、満期の取り扱いが「元金自動継続」となっていたら「単利」、「元利自動継続」となっていたら「複利」**です。

利息は借金にもつきますね。お金を複利で借りると、利息が雪だるま式に膨らんでしまうので注意が必要です。現実には複利の融資というのはほとんどありませんが、悪質な業者に引っ掛かっていないか、契約書を交わすときに確認しておくと安心です。

複利のパワーを簡単に実感できるのが「72の法則」です。**「72÷複利の利回り（%）＝お金が2倍になるまでの期間（年）」**という計算式です。FPパパが説明に使った「年利３％の定期預金」は、今の低金利時代にあっては、現実にはほぼ存在しません。けれど、**投資信託などの「運用商品」であれば、リスクはあるものの、平均して「年利3％（以上）」で運用できている商品も多くあります。**そのような商品に投資できた場合、「元本１００万円が24年で2倍の２００万円になる（72÷３＝24）」ということが、72の法則から簡単にわかります。ここから得られる教訓は、「投資で得た利益は、再投資に回すのが賢い」。複利のパワーは、幅広く資産運用に影響します。

まとめ　複利のパワーを知ろう

▼定期預金には「単利」と「複利」の選択肢がある

▼複利は「元本＋利息」にまた利息がついて、お金が増えるスピードが速い

▼「複利」のパワーを実感できるのが「72の法則」。定期預金以外にもいろんな場面に当てはめて計算してみよう

「FXで大儲け」って、どういうこと?

通貨を「安く買って高く売れる」なら、利益が出る

FXってもうかるんだぜ!!
FX?
仮面ライダーFX!

お金について家族で勉強してきて、このごろ、いろんなお金の話になにかと敏感なヒロ。今日は「FX」の話を友だちから聞いてきて……。**FXはリスクが非常に高い投資手法です**。けれど、子どもが興味を持ったなら、**FXを円高や円安について学ぶきっかけにすること**もできます。

ねえ、ママー、FXってなに?

あら! そんな言葉、知っているんだ。

「FXは大儲けできるんだぞ!」って、友だちが話していたんだ。でも、どうして儲かるんだか、わからなくってさ。

確かにＦＸは難しいわね。**ＦＸというのは「外国為替証拠金取引（がいこくかわせしょうこきんとりひき）」**のことなんだけど……。「円高」と「円安」って、わかる?

聞いたことはある気がするけど……。

そっかー。じゃあ、円高と円安から説明するわね。**円高と円安がわからないとＦＸがなにか、わからない**から。

難しそうだね。

そうよ、難しいわよ。覚悟してね♪

円高と円安か……。最近は円安で、外国人観光客が増えているよね。新型コロナの影響も落ち着いてきたし。

あっ！　このあいだママと銀座にいったとき、外国の人がいっぱいいたよね。

円安は外国人観光客の人たちにとっては、お買いもののチャンスだからね。

そうなんだー。ニュースでも「爆買い」っていっていたけど……。

どうしてなのか、わかる?

うーん……?

そもそも国によって、使われているお金って違うじゃない?

それって「日本は円で、アメリカはドル」っていうこと?

そうよ。

厳密にいえば「ドル」にもいろいろあって、アメリカで使われているドルとオーストラリアで使われているドル、カナダや香港で使われているドルはそれぞれ違うんだ。だから、アメリカのドルは「米ドル」と呼ぶことが多いね。円のことを「日本円」と呼ぶこともあるぞ（以下、特記のない「ドル」は「米ドル」を指す）。

ふーん。

例えば、アメリカから日本に観光旅行にきた人がいるとするじゃない？　その人がもともと持っているお金は「米ドル」でしょ。でも、日本でお買いものをするには「円」を使うから、米ドルを円に換えなくてはいけないわ。問題はこのときに**「いくらの米ドルをいくらの円に交換するか」**。**これを「為替（かわせ）レート」という**んだけど、為替レートは「外国為替市場（がいこくかわせしじょう）」で決まるの。要するに「市場（いちば）」で決まるっていうことなんだけど、ヒロは市場といったら、どういうところだと思う？

モノを売ったり、買ったりするところかな。魚市場とか野菜市場とか。

そうね。魚市場は魚を売り買いするところよね。外国為替市場は、それと同じで、円や米ドルを売り買いする「場」のことを呼ぶの。**例えば、米ドルを使って円を買えば「米ドルを円に交換した」っていうことになる**でしょ？「10ドルというお金を、マグロと交換した」のと同じだから。

あっ、確かにそうだね。なるほどー。

そういう意味では、株と似ているわね。株も売ったり買ったりできたわよね。そして、株を売り買いするところは「株式市場（かぶしきしじょう）」と呼ぶわ。株の価格は、どうやって決まるんだったっけ？

覚えているよ！「需要と供給のバランス」だったね。買いたい人が増えれば価格は上がるし、売りたい人が増えれば価格は下がるんだったよね。

その通り！**為替レートも需要と供給のバランスで決まる**のよ。じゃあ、円と米ドルを交換するとして、米ドルを円に換えたい人が多いっていうことは、なにを売りたい人が多くて、なにを買いたい人が多いのかな？

えっとー……、円が欲しい人が多いっていうことだよね。つまり……米ドルを売って、円を買いたい人が多いんだ！

正解！じゃあ、この場合、円とドルでは、どっちが高くなる？

えっと……、円が高くなるんじゃない？

それも正解。米ドルなどほかの国の通貨と比べて、円が高くて価値がある状態を「円高」というのね。「円安」というのは、その逆で、円を売りたい人が多いっていうこと。円をほかの国の通貨に換えたいって人が多いっていうことね。

うん、わかった気がする！

為替レートはどう決まる?

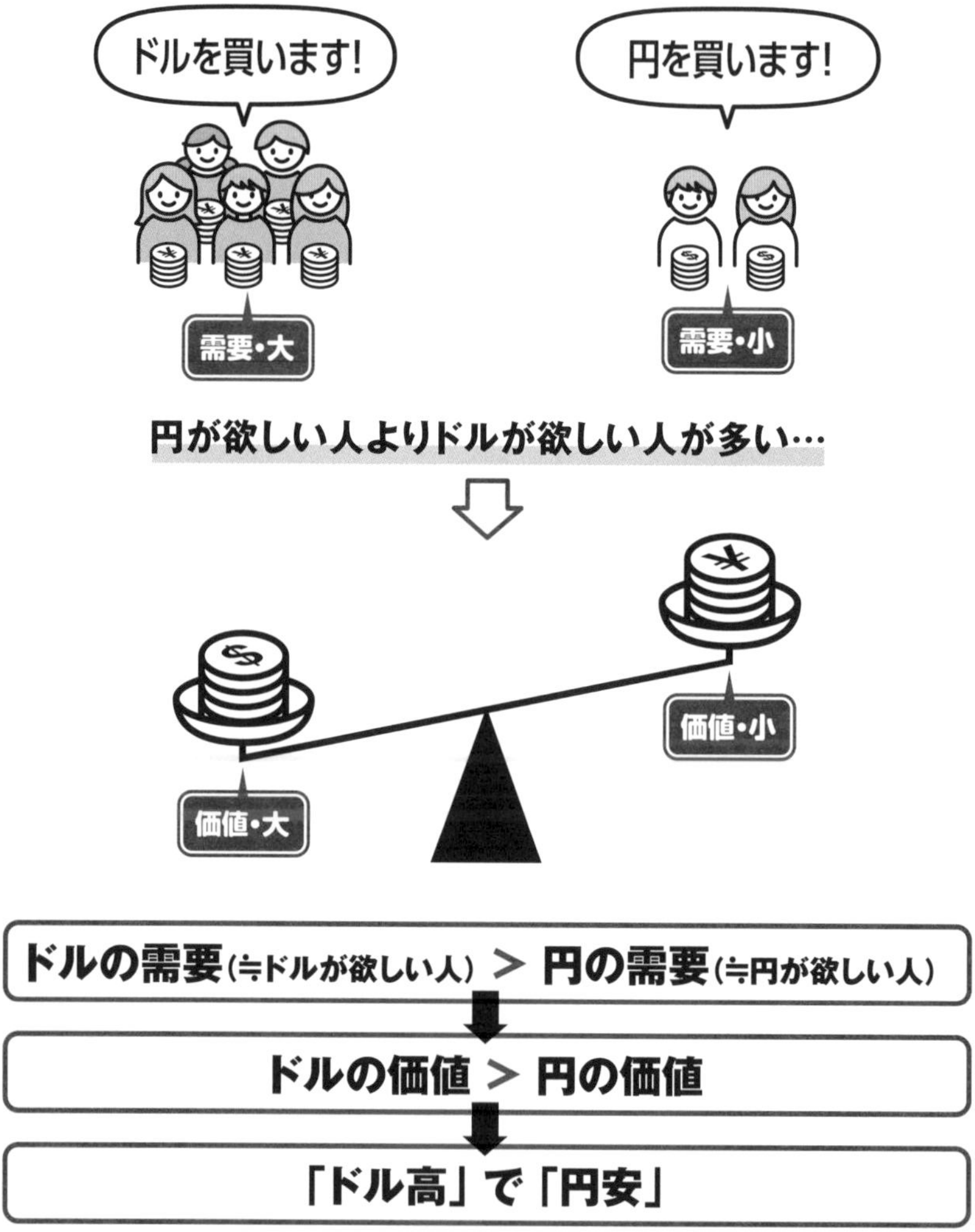

よーし、じゃあ、ここで問題だ！　**「1ドル＝100円」だった為替レートが「1ドル＝120円」になりました。これは円高？　それとも円安？**

円高！

うーん、残念。それは不正解。円安なんだよ。

えーー！　100円から120円になったのに「円安」だなんて。不思議……。

「1ドル＝●●円」というのは、「1ドルを買うのに何円がかかるか」っていうことなんだよ。1ドルをなにかの商品に置きかえるとわかりやすいかな。例えば、「アメリカで1ドルする缶ジュースを買う」と考えてみようか。「1ドル＝100円」だったら、その缶ジュースは100円で買えるわけだよね。でも「1ドル＝120円」だったらどうかな？

120円出さないと買えないね。

そうだね。つまり、ジュースの値段は、上がった？　下がった？

値上がりしているね。

そうだろ？　じゃあ「ジュースの値段」を「1ドルの値段」に置きかえたら、どうかな？　1ドルの値段が上がったっていうことじゃない？

あっ、そうだね。

そう。そういう状態を「ドル高」と呼ぶよ。

「円高・ドル安」と「円安・ドル高」

問題 「1ドル＝100円」だった為替レートが「1ドル＝120円」になりました。
これは円高？　それとも円安？

▶「1ドル＝100円」とは？

「1ドル＝缶ジュース1本」
と考えると……

100円で買える

「1ドル＝缶ジュース1本」が
100円

▶「1ドル＝120円」とは？

「1ドル＝缶ジュース1本」
と考えると……

120円で買える

「1ドル＝缶ジュース1本」が
120円

「1ドル＝缶ジュース1本」が120円のときのほうが、「1ドル」が高い

↓

ドル高

＝

円安

「1ドル＝100円」が「1ドル＝120円」になったら、「円安」

そっかー。それって、逆にいえば「円が値下がりした」ってことで、だから「円安」なんだ!

その通り! 逆に「1ドル=100円」から「1ドル=80円」に変化したらどうかな? 今まで100円出さないと買えなかった「缶ジュース=1ドル」を、80円で買えるようになったわけだから……「ドル安」だよね。つまり「円高」なんだ!

正解!

そこまでわかれば、さっきの疑問も解決するんじゃないかしら。ヒロは「円安は、なぜ外国人観光客の人たちにとってお買いもののチャンスなのか」がわからなかったのよね?

うん! 円安ってことは、ドル高ってことで、アメリカからきた人からすれば、日本ではいろんなものが安く買えるんだね。

そうなのよ。そのうえアメリカは今、物価高だから、ニューヨークやロサンゼルスだと、ラーメン1杯を食べるだけで15ドルとか20ドルとかするの。今は「1ドル=130円」くらいだから、ラーメン1杯が2000円とか2500円という感じね。

えーっ、それって東京の2倍くらいだよね。

そう。だからニューヨークやロサンゼルスに住んでいる人が東京にきたら、ラーメンが半額になっているように見えるっていうわけ。

だからたくさんお買いものするんだね。

逆にいえば、日本からアメリカにいったら、いろんなものが高いってことだよ。

そうだよね。ラーメン1杯2000円だもんね……。今は海外旅行はやめといたほうがいいのかな。

そういう考え方もアリね。円安だと輸入品も値上がりするわ。日本は石油やガスといった燃料や、小麦などの食料を輸入に頼っているから。うちも光熱費や食費が上がって、頭が痛いわ。**円高と円安には、それぞれいろんなメリットとデメリットがあって、私たちの生活のいろんな場面に影響**するのよ。

ふーん……。でもさ、僕が知りたいのは、FXが儲かる理由なんだけどな。

ごめん、ごめん。それが本題だったわね。円とドルを交換するのは、円でドルを買ったり、ドルで円を買ったりするのと同じだって話したわよね。

うん！　1ドルを100円で買えたのが、120円出さないと買えなくなったら、ドルが値上がりしたってことで、逆にいうと円安なんだよね。

そうそう。じゃあ、100円で買った1ドルを、120円のときに売ったら、どうなるかしら？

あっ！　20円儲かるね。

そうなのよ。そうやって、**ドルだとか、ほかの国のお金を買ったり売ったりして儲け**

円高と円安の影響

	円高		円安	
海外旅行にいく	○	海外でホテルに泊まったり、電車に乗ったり、モノを買ったりするときに必要な日本円が少なくて済む ＊「1ドルの缶ジュース」が値下がりしたのと同じことになる	×	海外でホテルに泊まったり、電車に乗ったり、モノを買ったりするときに必要な日本円が多くなる ＊「1ドルの缶ジュース」が値上がりしたのと同じことになる
海外の人に観光旅行にきてもらう	×	日本でホテルに泊まったり、電車に乗ったり、モノを買ったりするときに必要なお金（自国通貨）が多くなるから、お客さんが減りやすい	○	日本でホテルに泊まったり、電車に乗ったり、モノを買ったりするときに必要なお金（自国通貨）が少なくなるから、お客さんが増えやすい
海外からモノを買う（輸入する）	○	海外からモノを買うのに必要な日本円が少なくて済む ＊日本円で計算すると値下がり	×	海外からモノを買うのに必要な日本円が多くなる ＊日本円で計算すると値上がり
海外へモノを売る（輸出する）	×	日本からモノを買うのに必要なお金（自国通貨）が多くなるから、たくさん買ってもらいにくくなる 売上を相手国の通貨で受け取った場合、売上を日本円に換えたときの金額が減る	○	日本からモノを買うのに必要なお金（自国通貨）が少なくなるから、たくさん買ってもらいやすくなる 売上を相手国の通貨で受け取った場合、売上を日本円に換えたときの金額が増える
外貨預金を始める（日本円をほかの国の通貨に交換して預金する）	○	同じ金額の日本円を外貨に交換したときの金額が、増えている ＊外貨が安く買える	×	同じ金額の日本円を外貨に交換したときの金額が、減っている ＊外貨を高く買うことになる
外貨預金を崩す（ほかの国の通貨で預金していたものを日本円に交換する）	×	同じ金額の外貨を日本円に交換したときの金額が、減っている ＊日本円を高く買うことになる	○	同じ金額の外貨を日本円に交換したときの金額が、増えている ＊日本円が安く買える

るのが、ＦＸの基本的な仕組みよ。実際には、通貨を売買するときに手数料をとられたり、儲けた利益に税金がかかったりして、そのぶん儲けが減るんだけど。

ふーん、株式投資みたいだね。

確かにそうね。株は「安く買って、高く売る」ことができれば、売却益が出るのよね。**ドルも株と同じで、安いときに買って、高くなったときに売れば儲かる**っていうわけよ。売買に手数料がかかったり、利益に税金がかかったりするのも似ているわ。

じゃあ、安くなったら損するんだね。

そうよ。よくわかっているじゃない！　ＦＸにもリスクがあるのよ。

特にＦＸは「レバレッジ取引」といって、自分が実際に持っているお金よりも大きなお金を投資に使うことが多いんだ。１００円しか持っていない人でも、１０００円分のドルを買える、みたいな感じだね。それができると大儲けもできるんだけど、大損もしやすくて、大きな借金を抱えちゃう人も結構いるんだよ。すごくリスクが高いんだ。

ふーん……。じゃあ、レバレッジ取引をしなければいいんじゃない？

うーん……。そう考える人も結構いるわね。それでこのごろ、外貨預金が人気みたい。

外貨預金？　それってなに？　僕、興味あるよ！

「外貨」というのは、外国のお金のこと。円を外国のお金に交換して、預金するのが外貨預金よ。日本に住んでいる私たちでも、米ドルだとかオーストラリアのドル、Ｅ

「FXで大儲け」って、どういうこと？

通貨を売り買いするときのイメージ

為替レート	100万円からスタート	1万ドルからスタート
1ドル=100円	**ドルを買う** 100万円 → 1万ドル	**円を買う** 1万ドル → 100万円
1ドル=110円	**円を買う** 1万ドル → 110万円 **スタートから10万円増えた!**	**ドルを買う** 100万円 → 9090ドル **スタートから910ドル減った!**
1ドル=120円	**ドルを買う** 110万円 → 9166ドル	**円を買う** 9090ドル → 109万0800円
1ドル=80円	**円を買う** 9166ドル → 73万3280円 **スタートから26万6720円減った!**	**ドルを買う** 109万0800円 → 1万3635ドル **スタートから3635ドル増えた!**

手数料や税金のことを省いて、シンプルにイメージすると、こんな感じだ
「通貨を売り買いする」と、お金が大きく増えたり、減ったりするのよ
FXで大儲けしたり、大損したりするのは、為替レートが変化するからなんだね

U（ヨーロッパ連合）のユーロに、ブラジルのレアル、南アフリカのランドとか、いろんな国の通貨で預金ができるの。日本は低金利だから、銀行に預けてもお金が増えないって話したでしょ？　それと比べると外貨預金は一般に金利が高いのよ。

えっ、いいじゃん！

そのうえ、今みたいに円安の傾向があると「これからもっと円安になって、外貨の価値が上がるかもしれない」と思って、外貨預金をする人が増えるのよね。

金利が高くて値上がりするなら一石二鳥じゃん！　外貨預金、僕もしてみたいな。

でも、外貨預金で儲けるのは結構、難しいわ。

え、なんで？

為替レートは変化が激しいの。**「預金」というと安心・安全なイメージだけど、外貨預金はリスクがある「投資」**なのよ。日本円に戻したときに、預けたお金が減っちゃうこともしょっちゅうあるの。

そうなんだ……、それはちょっと怖いね。

だって、「1ドル＝100円」のときに100万円で1万ドルを買って「1ドル＝120円」で売れれば、20万円儲かるけど、逆に「1ドル＝80円」になっちゃったら、20万円損するわ。手数料や税金のことを考えるともっと複雑で、難しくなるわよ。

でも、それなら株式投資と同じじゃないの？　株価も大きく動くよね。

そうかもね。でも、これからの動きを予測するのは、株価より為替レートのほうが難しいとママは感じるわ。株だったら「いい経営をしている会社」の株を長く持つという方針でいいと思うの。でも、外貨預金の場合、どんな国に投資するのがいいのかを判断するのも、なかなか難しいしね。

うーん……、そういわれれば僕もそんな気がするよ。会社よりも、国のほうがずっと複雑でややこしい感じがするもん。

でも、予想するだけなら勉強になるよ。「アメリカは金利が上がっているから、外貨預金で人気が出て、ドル高になるんじゃないか」とか、「いやいや、輸入が増えているから、ドル安になるかもしれないぞ」とかね。アメリカの会社が輸入するときには、ドルを相手国の通貨に換えることが多いから、どちらかというとドル安に傾きやすいんだ。ほかにも戦争やテロによっても動くし、各国の首相や大統領といった要人の発言も大きな影響があるよ。

そうね。為替の動きを予想するのはいい勉強になるとママも思うわ。

じゃあ、ヒロ。これからパパと一緒にニュースを見ながら、為替がどうなるか予想してみようか。

うん！　僕、興味あるよ！

よし。世界のニュースが身近になりそうだな。

子どもから質問を受けて困ったというママやパパの声を聞く言葉のひとつがＦＸです。**「ＦＸ＝外国為替証拠金取引」とは、為替レートの変動を利用して、利益を得ることを狙った取引**です。為替レートの変動とは、例えば、円高になったり、円安になったりすること。私たちの生活にさまざまなかたちで大きく影響しています。子どもがもしもＦＸに興味を持ったなら、**ＦＸをきっかけに為替レートや円高、円安について説明してみる**のはいかがでしょうか。

「外国為替市場は魚市場のようなもの」とヒロには説明しましたが、外国為替市場は抽象的な概念で、魚市場のように物理的な市場が存在するわけではありません。ただ**「円やドルなどの通貨が売り買いされている」というイメージが持てると、通貨の価値（値段）が相対的に変化することを理解しやすくなる**と思います。

株価と同じように、通貨の値段も需要と供給で決まるものです。円の需要が強ければ円高に、円の需要が弱ければ円安になります。

ヒロもそうでしたが、**「1ドル＝100円」が「1ドル＝120円」になったら「円安」というところで、理解につまずく子どもは多い**です。「１００円」が「１２０円」に増えているのに、なぜ「安くなる」のだろうか、ということですね。

混乱する原因は「1ドル＝●●円」が示すものが「円の値段」ではなく「ドルの値段」であることです。「円高か円安か」を考えるより先に「ドル高かドル安か」を考え、

「FXで大儲け」って、どういうこと？

「ドル高ならば円安」「ドル安ならば円高」と答えを出せば、間違えません。

為替レートの変化は、私たちの生活にどのように影響しているでしょうか。

円安が続けば、輸入に頼る食品や日用品、光熱費などの値段が上がり、日本の消費者にとっては「逆風」になります。その一方で、多くの外国人観光客が日本を訪れ、割安な買いものを楽しみます。自動車産業をはじめとする、日本の輸出企業にとって、円安は「追い風」です。輸出した日本製品が、海外で割安になるので、価格競争力が高まります。また、輸出した製品の代金をドルで受け取るなら、円安のときは日本円にしたときの売上も増えます。

円高のときは逆に、輸入企業がメリットを享受します。私たちが海外に旅行にいくのも、円高のときがお得で、反対に海外の人が日本を旅行するのは割高ということになります。

では、ＦＸの場合は、どうでしょうか。

ＦＸは、外貨を買ったり売ったりする投資で、例えば**「外貨を安いときに買って、高いときに売る」ことができれば、利益が出せます。**また「空売り」という手法を使えば、「外貨を高く売ってから、安く買う」ことでも利益を出せます。

つまり、ＦＸで利益を出すうえで重要なのは、ある通貨が「これから安くなるのか、高くなるのか」を正しく予測することです。しかし、為替レートの動向を継続的に正しく予測するのはプロでも至難の業です。ＦＰとしては、あまりお勧めしません。

ただし、**社会勉強として考えれば、為替レートの動きを読むことには意義がある**と思います。FPパパがヒロに説明したように、為替レートの動向にはさまざまな要因が関係しています。金利や輸出入の増減に、要人の発言、戦争やテロなど。為替レートを正確に予測するのは難しいとしても、それぞれの要因が為替レートにどう影響するかは、知っておきたいところです。子どもと一緒にテレビを見たりしながら、これから円安に向かうか、円高に向かうかを、予想してみてはいかがでしょうか。さまざまなニュースや身近な出来事などから、経済や社会の変化について考える習慣がつくと思います。

まとめ **FXはリスクが高すぎるが、為替レートの勉強は大事**

- ▼円やドルなどの通貨には、ほかの通貨と交換するときの「価格」があり、為替レートと呼ぶ。為替レートは、需要と供給によって変動する
- ▼FXは、円高と円安といった為替レートの変動を利用してお金を儲ける投資手法で、リスクがとても高い
- ▼為替レートの変動は、私たちの生活に大きな影響を及ぼす。例えば、円安になれば、輸入品が値上がりして消費者は困るが、輸出企業には追い風になる

為替レートが動かすさまざまな要因

要員	影響
金利	▶ **金利が上がると、円高になりやすい** 日本の金利が上がると、日本の銀行にお金を預けたときの利息が増える。だから、日本の円を買う人が増えて、円高になりやすい ▶ **金利が下がると、円安になりやすい** 日本の金利が下がると、日本の銀行にお金を預けたときの利息が減る。だから、日本の円を売る人が増えて、円安になりやすい
貿易	▶ **日本の輸出が増えると、円高になりやすい** 「輸出が増える」とは、海外にたくさん売るということ。日本の会社が、売上を外国の通貨を受け取って、それを円に換える（円を買う）ことが増えるので、円高になりやすい。輸出が減ると、逆に円安になりやすい ▶ **日本の輸入が増えると、円安になりやすい** 「輸入が増える」とは、海外からたくさん買うということ。海外の会社が、売上を日本の通貨（円）で受け取って、それを自国の通貨に換える（円を売る）ことが増えるので、円安になりやすい。輸入が減ると、逆に円高になりやすい
物価	▶ **日本の物価が下がる（デフレになる）と、円高になりやすい** 日本の物価が下がると、同じ額の円（例えば1000円）で買えるものが増える。つまり、円の価値が上がるので、円高になりやすい ▶ **日本の物価が上がる（インフレになる）と、円安になりやすい** 日本の物価が上がると、同じ額の円（例えば1000円）で買えるものが減る。つまり、円の価値が下がるので、円安になりやすい
為替介入	中央銀行（日本銀行）が「円高になりすぎている」と判断して、円安にするために、円を売ることがある。逆に「円安になりすぎている」と判断して、円高にするために、円を買うこともある。このような円高や円安に誘導するための動きを「為替介入」と呼ぶ
海外でのテロや戦争	テロや戦争が起きた国の通貨は売られやすく、相対的に円の需要が増えて、円高の要因になることがある
要人の発言	政府や中央銀行（日本銀行）などの要人の発言によって、円高になったり、円安になったり、為替レートが動くことがある。為替レートを動かすことを目的に発言することを「口先介入」と呼ぶ

「ビットコイン」って、なにがすごいの？

国家に頼らない「通貨」を目指す「未来のお金」

ビットコインは未来のお金かァ…
ウィ〜〜ン
ください

なにかと話題の暗号資産。ヒロも「ビットコイン」の名前くらいは聞いたことがあるようです。投資対象として注目されがちですが、**ビットコインはもともと「国家に頼らない通貨」になるべくつくられたもの。**お金の歴史を大きく変えるかもしれない「未来のお金」です。FP夫婦も目下、ビットコインに注目していて……。

ねえねえ、ヒロ。ちょっと質問があるんだけど。

えっ、ママから僕に質問？　なに？

「ビットコイン」って、知っている？

「ビットコイン」って、なにがすごいの？

聞いたことはあるよ。なんか、ものすごく儲かるらしいよね。

そうね、そういうときもあるけど……。なるほど、小学生でもそれくらいのことは知っているわけね。

なんでそんなことを聞くの？

パパと今、ビットコインを買うべきかどうか、話していたの。それでふと、ヒロくらいの子どもでも知っているのかしらと思ったのよ。

ふーん。でも、ニュースなんかで聞いたことはあるけど、詳しいことはよくわかっていないんだよね。教えてよ！

ビットコインは「暗号資産」の1種だね。暗号資産には、ビットコインのほかにも「イーサリアム」とか「ドージコイン」とか、いろんな種類がある。でも、暗号資産という呼び方だと、ヒロにはわかりにくいかもしれないね。昔は「仮想通貨」とも呼ばれていたんだけど……。もしかすると「暗号通貨」とでも呼んだほうが、子どもにはわかりやすいのかもしれないな。

ということは……ビットコインは「通貨」なの？

そういってもいいと思うよ。

通貨というと「円」とか「ドル」みたいな……？

そうだね。**円やドルは、国が法律で管理していて、そういう通貨を「法定通貨」と呼ぶ**よ。

法定通貨と暗号資産には、共通点がいろいろあるんだ。たとえば暗号資産も、円やドルみたいに、お店で買いものをするのに使えることがある。ただし、**暗号資産を使えるお店はまだ少ない**けどね。それから暗号資産は「暗号資産取引所」というところで買うことができる。そのときに**「1ビットコイン＝●●円」といったかたちで交換レートが決まる**ところも、ドルみたいな通貨と似ているね。でも、円やドルと暗号資産では違いもいろいろある。円やドルだったら、お札や小銭みたいな「現金」があって、手でさわることもできるよね。でも、**暗号資産には、お札や小銭は存在しない。**インターネット上にバーチャルに存在するだけなんだけど、現金と同じように使える。

ということは……Ｓｕｉｃａみたいなもの？

確かに、Ｓｕｉｃａみたいな「電子マネー」と似ているわね。暗号資産も電子マネーも手でさわれないものね。そういう**手でさわることができないバーチャルなお金を「デジタル通貨」と呼ぶ**の。**電子マネーも暗号資産も「デジタル通貨」**の1種よ。でも、電子マネーと暗号資産は、根本的なところで全然違うの。Ｓｕｉｃａだとか、日本で使われている電子マネーの単位は「円」でしょ？　アメリカの電子マネーだったら、単位は基本的に「ドル」よ。そして円とドルには共通点があって、どちらも、日本やアメリカといった「国」が、お金の価値を保証しているの。

お金の価値を保証する……って、どういうこと？

「ビットコイン」って、
なにが
すごいの？

法定通貨と暗号資産、電子マネーの比較

	円（法定通貨）	ビットコイン（暗号資産）	Suica（電子マネー）
手でさわれるか？	さわれる ※「現金」が存在する	さわれない ※ どちらも、「現金」という形式が存在しない「デジタル通貨」	
発行・管理する組織	国と中央銀行 ※ 発行するのは、貨幣が日本政府、紙幣が中央銀行（日本銀行）	存在しない ※ 利用者の相互監視で管理	民間企業（JR東日本）
国内で使えるお店	どんなお店でも使える	原則として使えるが、使えるお店はまだ少ない	かなりの数のお店で使える
海外で使えるお店	原則として使えない。現地通貨に交換する必要がある	原則として使えるが、使えるお店はまだ少ない	原則として使えない
価値を裏づけるもの	国の法律 ※ 日本銀行法など	利用者の相互監視	法定通貨である「円」の価値 ※ 電子マネーは法定通貨をデジタル化したもの
ほかの通貨と交換できるか？	できる ※「1ドル=●●円」「1ビットコイン=●●円」といった交換レートが、需要と供給で決まる		できない

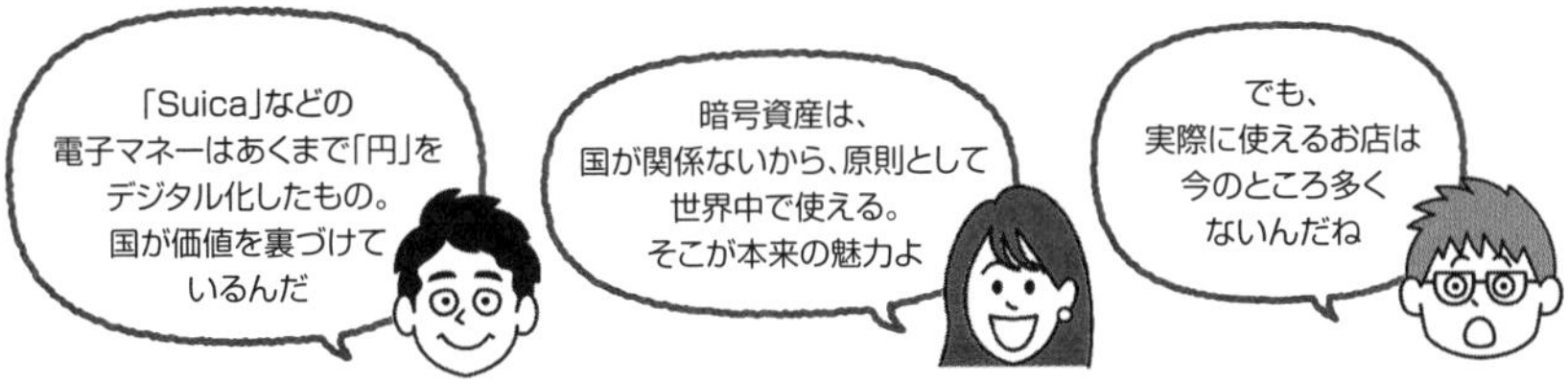

「Suica」などの電子マネーはあくまで「円」をデジタル化したもの。国が価値を裏づけているんだ
暗号資産は、国が関係ないから、原則として世界中で使える。そこが本来の魅力よ
でも、実際に使えるお店は今のところ多くないんだね

1万円札とか1000円札って、よく考えたら、紙切れじゃない。ただの紙切れなのに、農家の人が一生懸命育てたお米や、職人さんが一生懸命つくった家具なんかと交換できるなんて、本当はおかしいわよね？

確かに！

でも、お札がなかったら、お米が欲しいときにどうしたらいいかしら？　農家の人が欲しがりそうな家具でも持っていって、お米と交換してもらうのかしら？　でも、もしも農家の人が「そんな家具はいらない」といったら？　いろいろと面倒でしょ？　だから、国が「この紙には価値があります」と保証しているっていうわけ。そのおかげで、みんながお金の価値を信用していて、私たちは気軽にお買いものできるのよね。

そっかー。お金がないと、世の中、かなり不便なんだね。

そうなんだ。**通貨は人類の偉大なる発明**だぞ！

Ｓｕｉｃａも、単位は「円」だから、その価値を裏づけているのは国の存在なのよ。そのうえでＳｕｉｃａだったら、「ＪＲ東日本」という会社が、取引に使えるカードやアプリを配って、管理している。でも、**暗号資産という「通貨」の場合、国が管理して、その価値を裏づけているわけじゃない**し、どこかの会社が運営しているわけでもない。それでも暗号資産の価値を信用して、通貨のようなものとして認めている人たちがかなりいるのよね。

うーん……なんで？

暗号資産は、円やドルとは違う方法を使って、みんなから信用を獲得しているんだ。例えば、ビットコインの場合、ビットコインを使うと、その取引の記録がすべてコンピューターのネットワークに残る。その取引記録をネットワークにつながっているすべてのコンピューターから見ることができるから、不正な取引や怪しい取引がされていないか、お互いに監視できるんだ。このときに使われているのが**「ブロックチェーン」**という技術だ。

あっ、ブロックチェーン！　なんか、聞いたことがあるよ！

ブロックチェーンは、取引の内容を記録して、みんなで共有して、みんなで監視するためのデータベースのようなものだ。そして、取引の記録を誰かが自分の都合のいいように変えてしまう「改ざん」をするのが、すごく難しい。だから、ビットコインは信用されているってわけさ。ビットコインだけでなく、ほかの暗号資産もだいたい、ブロックチェーンを使っている。そんなブロックチェーンを支えている技術が「暗号技術」と呼ばれる技術で、だから「暗号資産」と呼ばれるんだね。

国の代わりに、みんながお互いに監視することで成り立っている「お金」が、暗号資産ということよ。

ふーん、なんとなく、仕組みはわかった気がするけれど……。でも、なんで「暗号資

産」って呼ぶの？　通貨といってもいいんでしょ？

そうだよね、そう思うよね。日本では最初のうち「仮想通貨」と呼んでいたんだけどね。でも、英語では「クリプト・アセット（crypto-asset）」と呼んでいて、そのまま日本語にすると「暗号資産」になるんだよ。英語に合わせるようにしたんだね。確かに、暗号資産のキモは暗号技術にあるから、「暗号」を使うのは納得できる。じゃあ、「通貨」でなくて「資産」にしたのはなぜかというと、どうやら「国が管理している法定通貨とは違いますよ」「勘違いしないでくださいね」っていうことみたいだね。

「国としては、これを通貨とは認めないぞ！」っていうことかな？

まあ、そういう気持ちもちょっとあるのかもしれないわね。考えてみれば、暗号資産の登場は、人類の歴史においても画期的なことなんだわ……。だって「国家に頼らない通貨をつくる」っていうことだもんね。これって、ものすごく新しい発想なのよ。**今まではずっと国家がやっていたことを、一般の人たちの相互監視でやるっていうことだから、すごく民主的で、革命的**といってもいいかもしれない。

うーん……。だけど、僕にはいまいち暗号資産のよさがわからないんだよね。円やドルがあれば、それで十分じゃないの？

なるほど、暗号資産の現実的なメリットがわからないっていうことね。

うん。思想みたいなのがあるのはわかったけど、なんの役に立つのかなって思って。

「ビットコイン」って、
なにが
すごいの?

海外に仕送りを送るには?

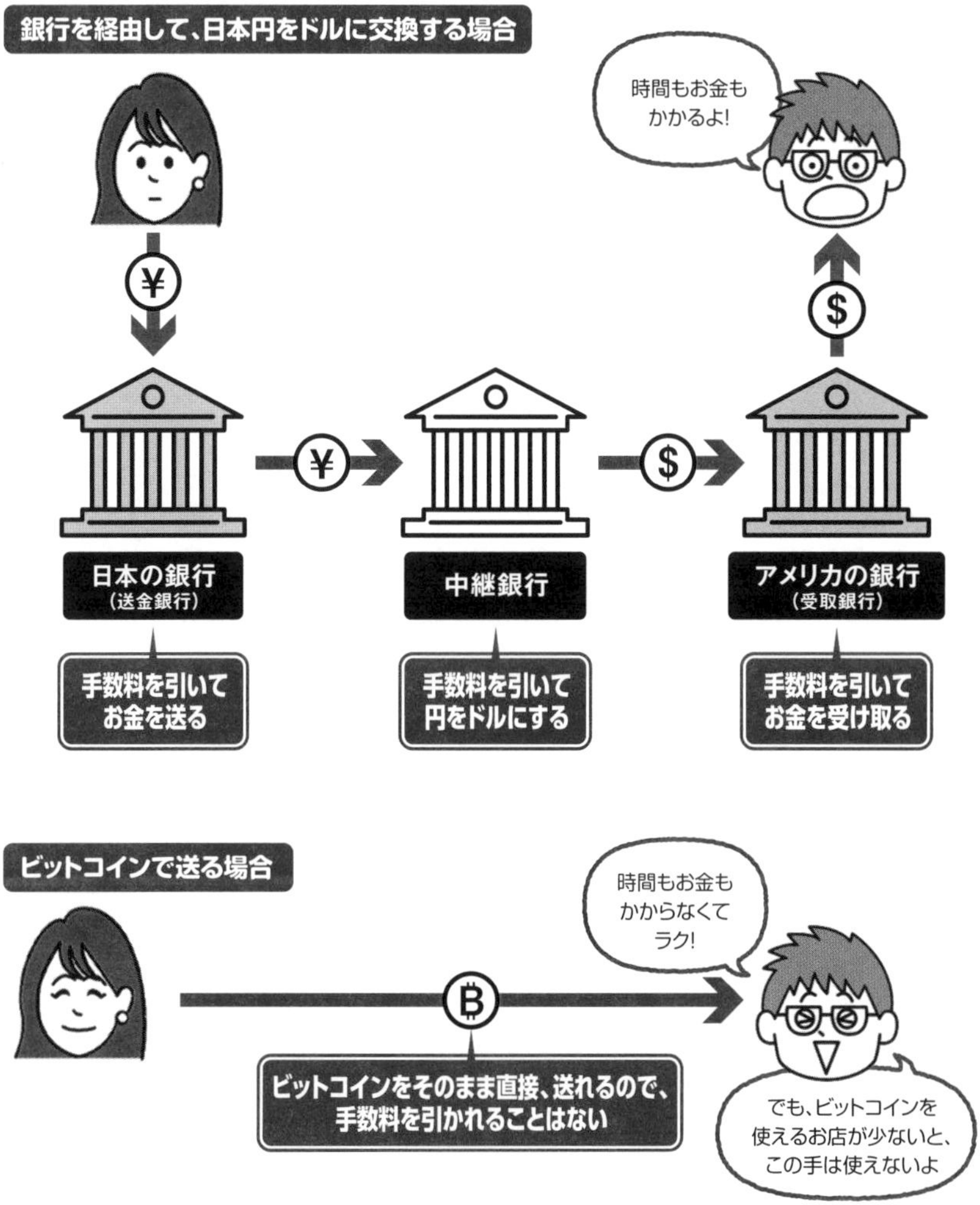
銀行を経由して、日本円をドルに交換する場合
時間もお金も かかるよ!
¥
$
日本の銀行 (送金銀行)
中継銀行
アメリカの銀行 (受取銀行)
手数料を引いて お金を送る
手数料を引いて 円をドルにする
手数料を引いて お金を受け取る
ビットコインで送る場合
時間もお金も かからなくて ラク!
B
ビットコインをそのまま直接、送れるので、 手数料を引かれることはない
でも、ビットコインを 使えるお店が少ないと、 この手は使えないよ

暗号資産は、国家に頼らないわけでしょ? そういう**「国家に頼らないお金」**が特に**便利なのは、海外とやりとりをするとき**ね。例えば、ヒロが将来、アメリカに留学したとして、ママが日本から仕送りするとしましょうか。そのときは基本的に、日本円を米ドルに交換して送ることになって、いろんな手数料をとられるのね。しかも、為替レートは変動するから、10万円の仕送りが、あるときは1000ドル(1ドル=100円)になるかと思えば、800ドル(1ドル=125円)にしかならないときもあって、ちょっと不安だわ。アメリカならまだいいけど、地域によっては銀行を経由して送ると届くまでに何日もかかることもあるし。

そうなんだ。**海外にお金を送るのって、大変**なんだね。

そうなのよ。すごく面倒で、お金もかかるの。でも、ビットコインはアメリカでも日本でも同じように使えるようにできているから、円をドルに交換するときに必要な手数料がいらない。しかも銀行を経由したりしないで、ママからヒロに直接、送ることができる。だから、送金するときの手数料もいらないのね。海外にお金を送るときにかかるコストがほぼゼロになるし、時間だって数秒とか数分で大丈夫なはずよ。

そっか、それは便利そうだね。でも、ビットコインっていうと、僕にはやっぱり「お金儲け」のイメージがあるんだよねー。

確かに、**今のところ、暗号資産を買う人は投資目的の人が多い**ね。ビットコインやイーサリアムを買いものに使えるお店なんかは、まだまだ少ないから。

でも、どうしてビットコインが、お金儲けになるの?

外貨投資と同じ理屈さ。ビットコインは「通貨」だって、話したよね?

外貨投資ということは……、FXと同じなのかな。**ビットコインも「安いときに買って、高いときに売る」ことができれば儲かる**っていうこと?

その通り! 暗号資産は「1ビットコイン=●●円」とか「1ビットコイン=●●ドル」といったかたちで値段がつくんだけど、外貨や株式と同じで、需要と供給によって値段が変わる。ビットコインを買いたい人が多ければ値段は上がるし、売りたい人が多ければ値段は下がる。1ビットコインの値段は、ここ5年くらいでも、35万円台から770万円台まで、激しく動いているんだ(※1/次ページ)。

うわー、35万円と770万円だったら20倍以上も違うじゃん! だから大儲けできるんだね。

そうだね。ドルと円なら、さすがに「1ドル=100円」が、5年以内に20倍の「1ドル=2000円」になるとは考えにくいからなあ。

逆にいえば、大損もしやすいっていうことよ!

そっかー、そうだね……。

暗号資産への投資は、非常にリスクが高いんだ。まだ新しい技術だしね。みんなで見

1ビットコインの価格の推移(2018〜2023年)

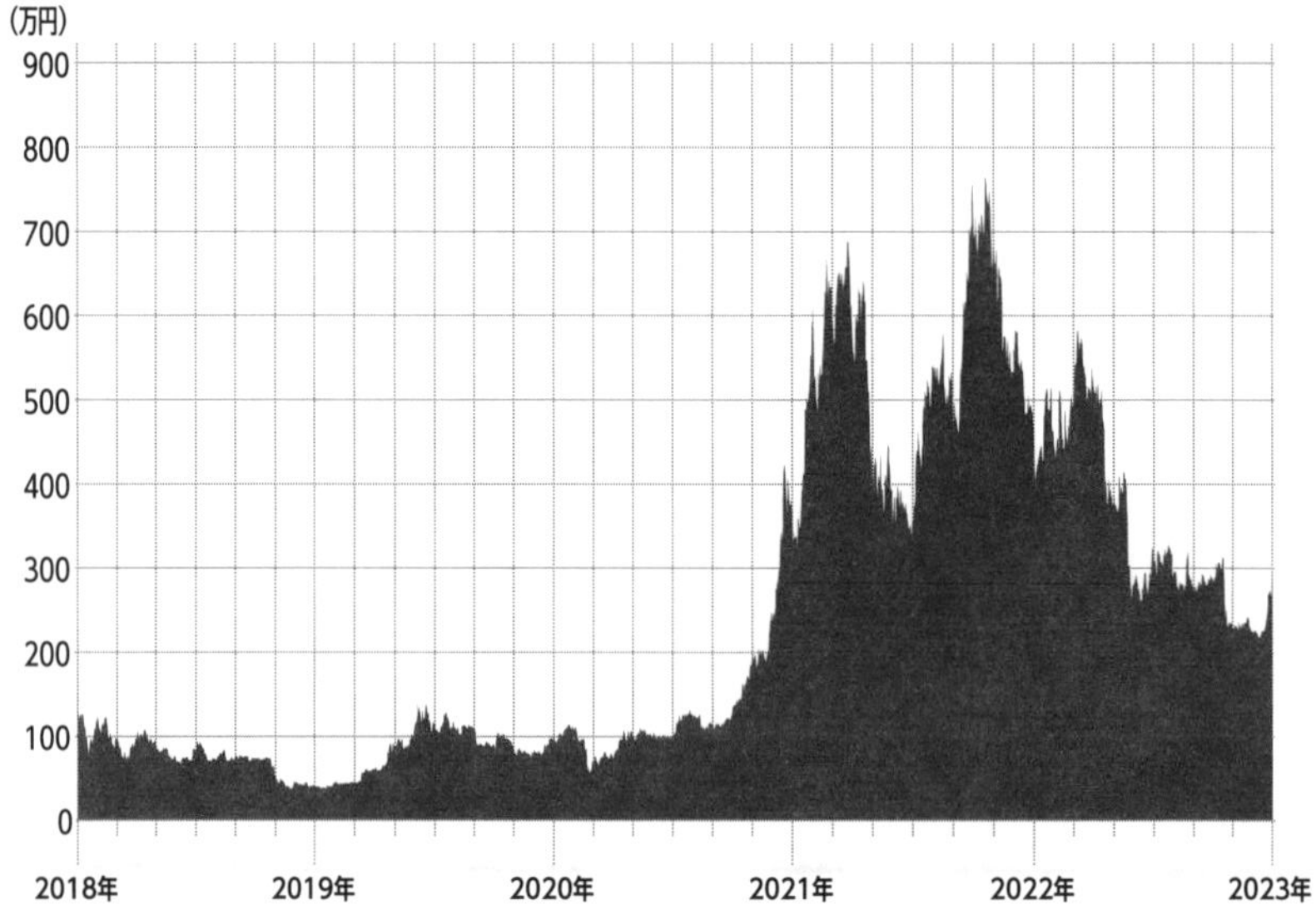

＊「Investing.com」掲載のデータをもとに作成

張っていると説明したけれど、それで万全とはいえない。実際、取引所がハッキングにあって一度に何百億円分もの暗号資産が盗まれたこともあるんだよ（※2）。

ふーん……。ところで、パパとママは、これからビットコインを買うの？

実はパパもママも、すでにいくらか持っているんだ。さっきは「さらに買い足すかどうか」について、話していたんだよ。暗号資産が通貨として普及するかというと、まだまだ未知数だし、投資目的で買うにはリスクが高すぎるとパパは思う。けれど、暗号資産には、今までの通貨にはない魅力があるから、これからもっと広がるかもしれない。そんな「未来のお金」としての可能性は、自分で実際に持ってみないと理解できないからね。だから、損をしても痛手にならないくらいの金額で買っているんだ。

「百聞は一見にしかず」ってことだね。

あらっ、そんな言葉を知っているのね。そうよ、ママとパパは暗号資産で大儲けを狙っているわけじゃないの。「未来のお金」って、どういうものなのかしらと思って、暗号資産を買っているわけ。社会勉強ね。

そっか、大人も勉強するんだね。

そうよ♪

※1：2018年1月20日～2023年1月20日の5年間

※2：2018年に起きたコインチェック事件。暗号資産の取引所「コインチェック」から、仮想通貨ネムが流出して問題になった。コインチェックはその後、マネックスグループに入った

解説

ビットコインをはじめとする「暗号資産」。なにかと話題になることが多く、ＦＸと同じように「大儲けできるらしい」といったイメージを持つ子どもも多いようです。しかし、**2009年に「最初の暗号資産」といわれるビットコインが生まれた**当初、注目を集めたのは「有望な投資対象」だったからではありません。円やドルと違って「国家に頼らない通貨」を目指したからでしょう。「未来のお金」と呼ばれる理由です。

以前は「仮想通貨」と呼ばれていましたが、**現在は法令で「暗号資産」と呼ぶ**ことになっています。英語の「クリプト・アセット（crypto-asset）」を、日本語に訳したかたちです。「資産」と呼ぶことにした背景には、**国がその価値を保証する「法定通貨」ではない**ことを強調する狙いもあるようです。

お子さんと暗号資産について話す機会があったら、**「そもそも通貨とはなにか？」**というところから考えるのがいいと思います。

通貨とは「流通貨幣」の略称で、貨幣には次の3つの機能があるといわれます。

1 交換機能

物々交換をしなくても、相手が持っているモノを、自分が持つ通貨と交換することで入手できる。

2 価値の尺度機能

通貨があれば、モノに値段をつけて、価値を比較できる。
生産したり、入手したモノを通貨に交換すれば、腐ったりして価値が減ったり、なくなることはない。

3 価値の保存機能

ヒロに説明したように、私たちは、ただの紙切れでしかない1万円札や1000円札を、いろんな商品と交換します（交換機能）。しかも、商品によって値段が違い、値段によって商品の価値を比較します（価値の尺度機能）。そして、お金は腐ることがなく、「1円」はずっと「1円」のまま保存できます（価値の保存機能）。

このように通貨には、不思議な働きがあります。**円やドルが通貨としての機能を果たせるのはなぜかといえば、国がその価値を保証しているから**です。その結果として、私たちが円やドルの価値を信じているからです。日本円であれば、硬貨は政府が発行し、紙幣は中央銀行である日本銀行が発行しています。そして、日本銀行法などの法律で、支払い手段としての通用力が認められています。

しかし、ビットコインという「未来のお金」は、国に頼りません。**ビットコインでは、国の代わりに、ネットワークでつながった利用者同士が相互監視することで、通貨としての信用を生みだします。**そんな**相互監視を可能にする技術が、ブロックチェーン**

技術であり、暗号技術です。新しい技術を使うことで、これまでの通貨と違って国家の権威に頼らない仕組みをつくるという意味において、暗号資産は通貨の歴史を大きく変えようとする試みです。

暗号資産という「未来のお金」は、国を超えたグローバルな取引では、特に便利な存在になります。国が関与しないので、円とドルなど、国ごとに異なる通貨を交換する手間がかかりません。取引の時間やコストを大幅に減らせます。**お金を離れたところに届ける「為替」は、銀行にとって「預金」「貸出」と並ぶ「3大業務」**といわれますが、暗号資産が普及すれば、為替業務のライバルになるかもしれません。

暗号資産には、紙幣やコインのような「手でさわることのできる実体」がないという特徴もあります。その意味では、Ｓｕｉｃａのような電子マネーに似ていて、暗号資産や電子マネーをまとめて「デジタル通貨」と呼びます（近年は、国家が発行するデジタル通貨も登場しています）。しかし、Ｓｕｉｃａも、通貨単位は円ですから、その価値を根底で保証しているのは日本の国家です。その意味でビットコインとＳｕｉｃａは、根本的に違います。

暗号資産で大儲けする人がいる理由も「通貨」であることから説明がつきます。ＦＸと同様です。円とビットコインを交換したり、ドルとビットコインを交換したりするときのレートは、円とドルの為替レートのように変動します。ということは、外貨と同じように**暗号資産を「安いときに買って、高いときに売る」ことができれば利益が出る**ということです。空売りの手法を使って「高く売ってから、安く買う」ことが可能なのも、FXと同じです。こうした取引を仲介するのが「暗号資産取引所」です。日本であれば、コインチェックやビットフライヤー、GMOコインなど、さまざまな民間企業が取引所を運営しています。

現状では、ビットコインなどの暗号資産を、買いものなどで使える場は限られています。そのため「交換レートの変動を利用してお金を儲ける」という側面に注目が集まりやすくなっています。新しい技術を使っていて安全性にまだ不安が残ることも影響しているのか、暗号資産にはなにかとネガティブなイメージがつきまといます。

しかし、「国家に頼らない新しい通貨」という側面に目を向けると、また違った景色が見えてきます。子どもたちが生きる未来に、通貨はどう変化しているでしょうか。

まとめ

暗号資産は「お金の歴史を変える」かもしれない「未来のお金」

▼暗号資産には投資対象としてのイメージが強いが、それは本質ではない

▼暗号資産が画期的なのは「国家に頼らない通貨」になる可能性があるから

▼国家を超える、海外とのグローバルな取引では、暗号資産は特に便利

投資で損をしない方法はないの?

キーワードは「長期・積立・分散投資」

投資でお金が増えればうれしいですが、お金が減るのはイヤなもの。損をしない方法はないのでしょうか? **投資で絶対に損をしない方法はありませんが、損をする可能性を減らす方法はあり、それは「長期・積立・分散投資」です。**ヒロにわかるように説明すると長い話になりますが、子どもたちも興味を持つ大事なテーマです。

ねえ、ママ。今日はあらためて聞きたいことがあるんだけど……。

なあに?

投資で損をしない方法ってないの?

投資で損をしない方法はないの？

そうねえ、そんな方法があるならママも知りたいわ。

残念ながら**投資をする以上、損をしないという保証はない**ね。**どんな投資にもリスクは必ずある**よ。

やっぱりそうか……。

あら、そんなにがっかりしちゃって。

僕さあ、このところパパとママと、お金についていろいろ話してきて、投資にすごく興味を持ったんだ。でも、投資の話をするとママたちは必ず「リスクがある」っていうじゃない？　ＦＸや暗号資産は大儲けする人もいるけど、大損することもあるとかさ。僕も投資をしたいけど、やっぱり自分のお金が減っちゃうのはイヤなんだよね。

そっかー、そうだよね。でも、**リスクを低くして、損をする可能性を小さくする方法ならある**わよ。

えっ！　そんな方法あるの？

あるんだよ。リスクが必ずあることは忘れちゃいけないけど、リスクを減らす方法もあるってことは、ヒロにもぜひ知ってほしいな。

教えてよ！　どうしたら、損する可能性を小さくできるの？

それはズバリ、**「長期」「積立」「分散」で、投資する**ことだよ。

ちょーき、つみたて、ぶんさん？

そうよ。まずは「長期」から説明しようか。例えば、ある会社に投資することにして株を買ったなら、**株をすぐに売らないで、長く保有することを「長期投資」という**のね。

僕、そうしているよ！　パパと一緒に任天堂の株を買ったけど、パパが「値上がりしたからって、すぐに売ったらダメだよ」っていうから。

そう、そういう投資のやり方を長期投資っていうんだ。**長期投資の反対が「短期売買」**。短期売買をする人たちは、株価をこまめにチェックして、安くなったと思ったら買うし、高くなったと思ったら売るといったことを繰り返している。そういえばヒロも、任天堂の株を買ったばかりのころは、毎日のように株価を見て、今日は上がったとか、下がったとか、気にしていたよね。

だって、気になるよね？

そうだよね。でも、短期売買で利益を出すのはなかなか難しいんだよ。だから、株価を頻繁にチェックすることには、あんまり意味がないとパパは思う。

なんで？

図を描いて説明してみようか。例えば、ある会社の10日間の株価をグラフにすると、こんな感じで動いたりするよね（左ページ）。

あっ！　僕、わかるよ。任天堂の株価をずっと見ていたから！　株価って、細かく動くんだよね。

‖ 株価の短期的な変動のイメージ

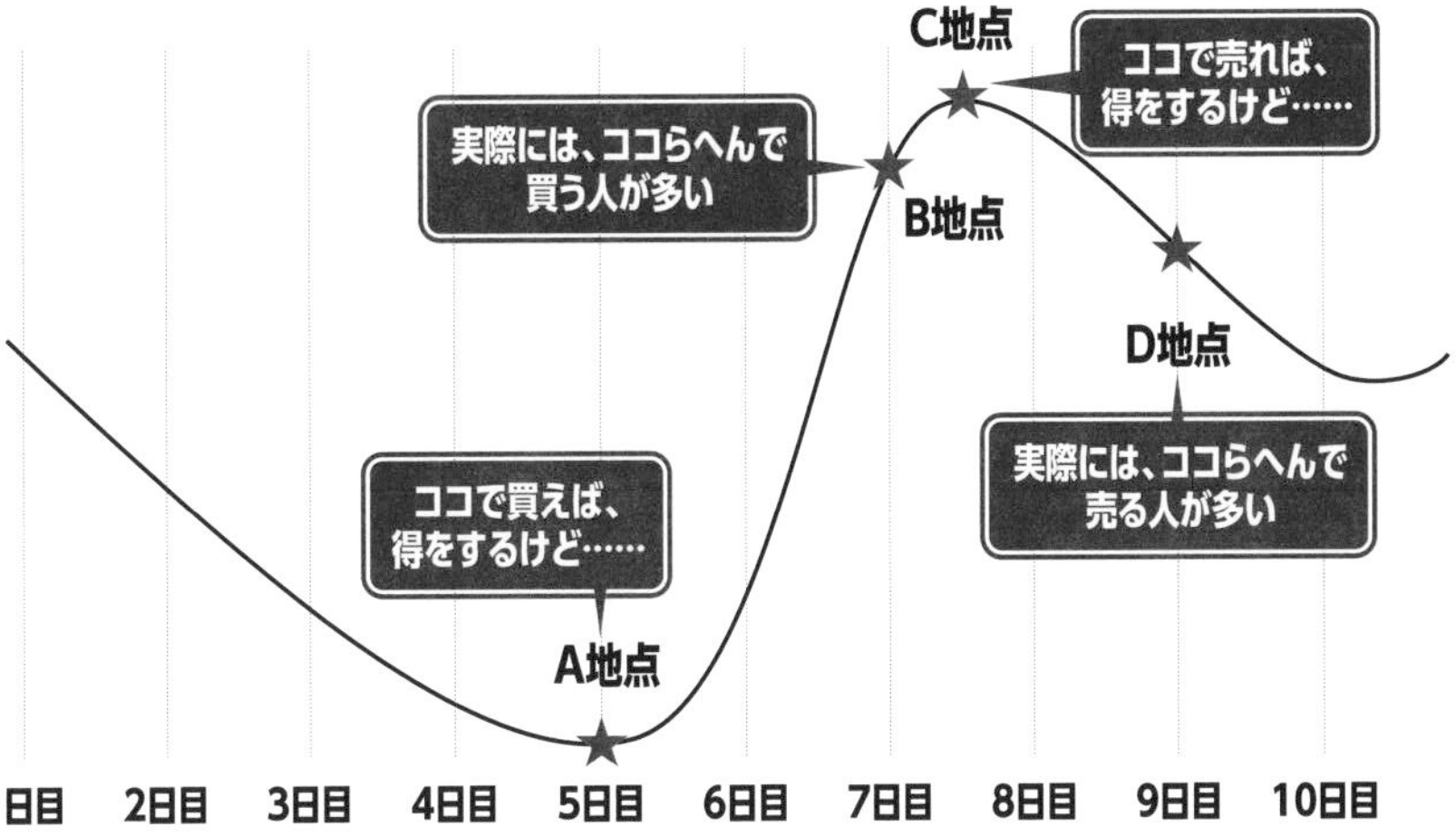

そうだよね。だから、グラフにすると、こういう波みたいなかたちになる。さて、この10日間の間で、この会社の株を買って売るなら、5日目のA地点で買って、7日目のC地点で売るのが、一番、儲かる。わかるよね？

そうだね。安く買えて、高く売れればいいわけだもんね。

A地点の株価を、この期間の「底値（そこね）」、C地点の株価を「天井値（てんじょうね）」と呼ぶよ。**株式投資では「底値」で買って「天井値」で売るのが一番儲かる。でも、現実には底値で買うのも、天井値で売るのも、とても難しいん**だ。

うーん……。なんで？

実際にA地点にいるときには**「今が底**

値」だなんて、誰にもわからないからだよ。たいていの人は、それまでずっと株価が下がっていたから「まだ下がるんじゃないの？」なんて思って、A地点では買わない。実際に買うのは、値上がりを始めてしばらくたったB地点のあたりだったりする。ずっと株価が上がり続けているのを見て「この株には勢いがある。まだまだ上がりそうだ！」なんて思って、買うわけだね。

うわー。B地点だと、もうすぐ値下がりしちゃうよ……。

そうなんだ。B地点で買うと、直後のC地点から、株価が下がりはじめる。そうなると慌てるよね。慌てたあまり「あんまり値下がりしないうちに売ろう」なんて思って、D地点で売ってしまったりする。D地点では実際にはかなり値下がりしているけどね。

あれー、待っていれば、また値上がりしそうな気配だけど……。

そうだよね。でも、D地点にいるときには、すぐにまた値上がりするなんて、わからないからね。こんな具合に、**株を「安く買って、高く売る」のは、なかなか難しい。投資のプロでもみんな「難しい」っていう**よ。特に、短期売買ではすごく難しいんだ。

じゃあさ、自分が株を買った値段をしっかり覚えておいて、それよりちょっとでも高くなっていたら必ず売るっていうことにしたらどうかな？　それをこまめに繰り返せば、大儲けはできないけど、確実に利益が出るんじゃない？

それも悪くないのかもしれないけど、株価の動きは複雑でそんなに都合よくいかない

んだよね。それに、それよりもっとずっといい方法があるんだよ。それが長期投資であり、積立投資であり、分散投資なんだ。

株をこまめに売ったり買ったりすると、そのたびに手数料がかかることも忘れてはいけないわ。**短期売買だと出費が増えるし、手間も増えて面倒**なのよ。

ふーん。じゃあ、長期投資だとどうなるの。

それならまず、株価が長期的にどう動くかを見てみましょう。こういう感じなのよ（次ページ）。

うわー、どんどん株価が上がっている。右肩上がりだ！

これは、ニューヨークダウ平均株価（ダウ平均）といって、アメリカのいろんな会社の株価を平均した数字なの。１９７３年1月から２０２３年1月までの約50年の動きをグラフにしたわよ。

50年！　それは長いね。

そう、50年というと長いから、細かく見れば右肩上がりではなくて、下がっている時期もあるのよ。でも、**アメリカのいろんな会社の株価を50年観察したら、「いろいろありましたが、結果としては、株価はおおむね上がっていました」**っていうことなのよ。会社の株価が上がるのは基本的に、その会社の売上や利益が増えているときが多いわよね。つまり「ダウ平均が上がっていた」ということは「いろんな会社の売上や利益

ニューヨークダウ平均株価の推移

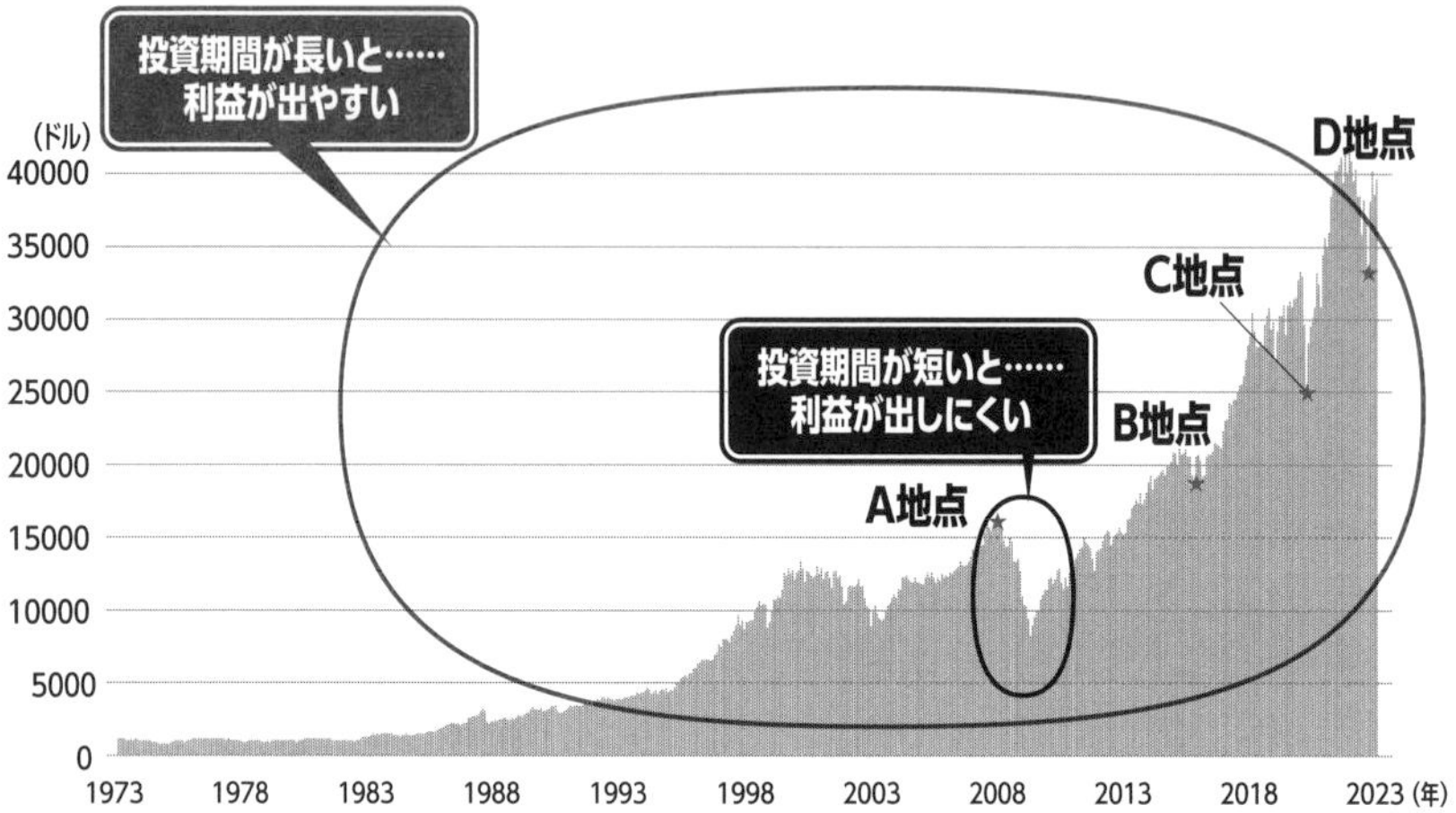

※「Investing.com」掲載のデータをもとに作成

が増えていた」はずで、ざっくりと考えるなら「経済が成長していた」ととらえることもできるわ。

じゃあ、アメリカは……ずっと経済が成長していたんだね。

その通り！

でもね、細かく見れば、50年のあいだには経済が成長していない時期もあったのよ。**短期的に見れば、株価が下がっていた時期もたくさんあった**わけ。つまり、さっきパパが描いたグラフみたいに、波があったということね。株価が下がっている時期には、株を売って利益を出すのは、難しいわよね。だって、例えば、A地点で株を買ったとしたら、ちょっと利益が出しにくいと思わない？

うん、そうだね。A地点からはしばらく、株価があまり上がっていないもんね。

そうでしょ？　でも、うーんと長く株を持ち続けたら、どうかしら。B地点やC地点、D地点で株を売ったら、どう？

あっ！　ちゃんと利益が出るね。B地点もC地点もD地点も、短期的に見れば株価が下がっているタイミングだけど、A地点よりは高いもんね。すごいや！

そう、それが、長期投資は損をしにくいってこと。もちろん、絶対に損しないってわけじゃないのよ。

そうだよね。アメリカの株ならいいけど、同じ時期に日本の株に投資していた場合は、結果が違うからね。ダウ平均みたいに、日本のいろんな会社の株価を平均した、日経平均株価（日経平均）という数字がある。そのグラフを見てみようか（次ページ）。

うーん……。ダウ平均と違って、日経平均は右肩上がりじゃないんだね。

その通り。日本の場合、今から30年くらい前の１９９０年代から、経済があまり成長しない時期が続いた。だから、１９８０年代のすごく株価が高かった時期に買った株で利益を出すのは、今でも難しいんだ。

ホントだ！　X地点で株を買った人たちは大変だね……。

そういう苦い経験が日本人にはある。そのせいか、アメリカの人たちと比べると投資に慎重なんだよね。それでも、ここ20年くらいで見れば、長期投資のほうが利益を出

日経平均株価の推移

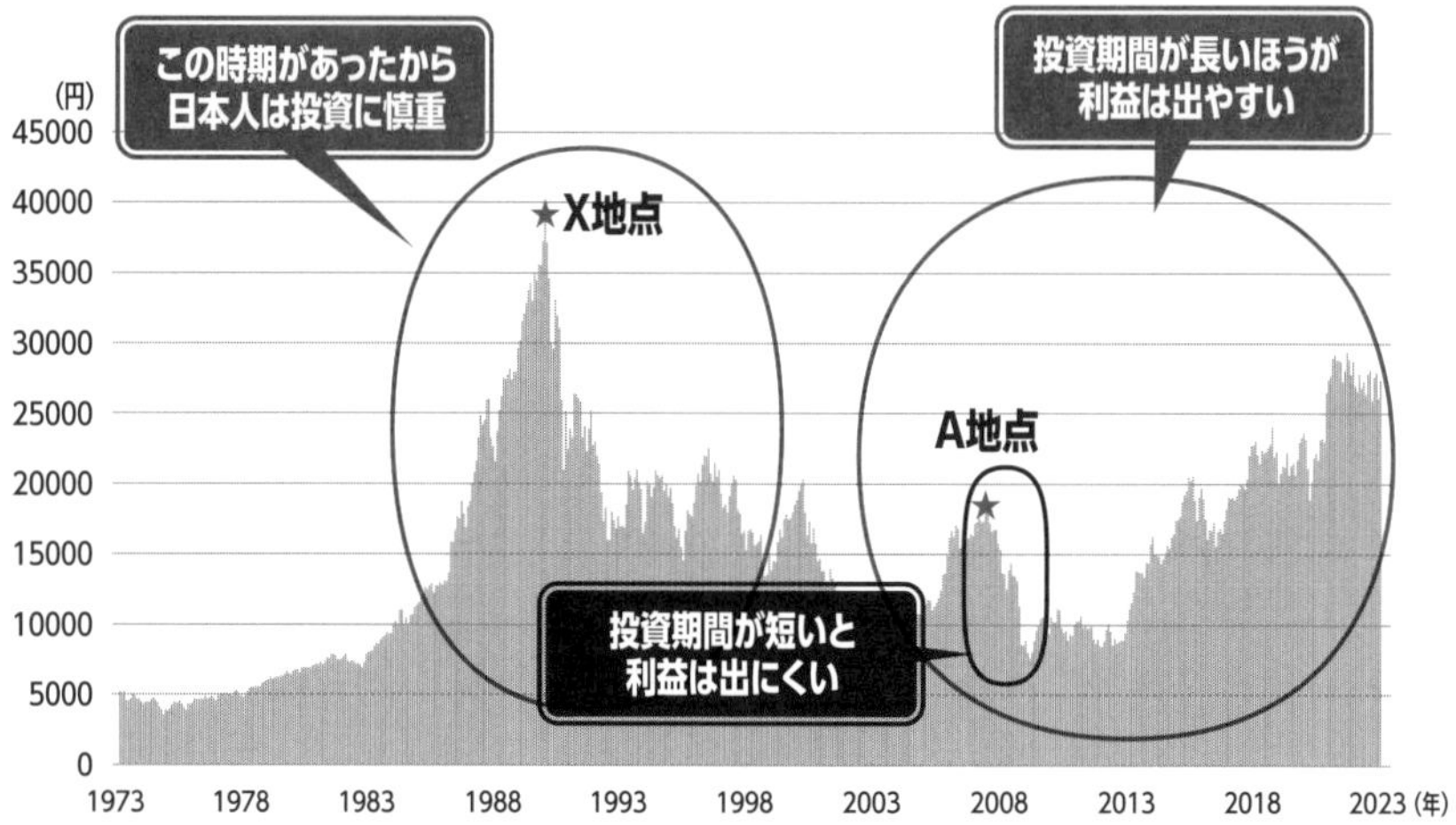

＊「日経平均プロフィル」掲載のデータをもとに作成

しやすいのは、日本もアメリカと同じだよ。

なるほど……。このグラフでもA地点で株を買ったら、数年で利益を出すのは難しいけれど、10年以上待てば、利益が出るタイミングも結構あるよね。かなり待たないといけないけど……。

それが長期投資っていうことだよ。僕らの投資は、老後の生活まで見据えてやるものだから、気長にやればいいんじゃないかな。

長期投資には「複利」も効いてくるわよ。

えーっと、複利って……定期預金の話をしたときに出てきたよね。

そうそう！

えっとー……100万円を定期預金にして、もしも利息が3万円ついたら、利息ごと103万円をまた定期預金にするといいっていうのが、複利だったよね。

そう。そうすると、利息が利息を生むからお金が増えるスピードが早いのよね。同じことが、株式投資にも起きるのよ。

えっ、どういうことだろう？

例えば、100万円で買った株が、最初の1年で3%値上がりしたとして、次の年にも3%値上がりしたとするじゃない？　それって、100万を定期預金にして、1年後に3万円の利息がついたとき、利息ごと103万円をまた定期預金にするのと、同じことにならない？

えっとー……、どちらも2年目は103万円からスタートして3%増えるわけだから、確かに同じだね。

そうでしょ？　株をすぐに売らないで持ち続けるのは、利息ごと定期預金に預けなおすのと同じで、複利効果があるのよ。それも長期投資の大きなメリットよ。

うわー、長期投資って奥深いねえ。

次は、2つめの「積立投資」だ。こっちも奥深いぞ。さっき、株を「安く買って、高く売る」のは難しいっていう話をしたよね。

うん。ちょうどいいタイミングを逃しちゃうんだなあって、思ったよ。

そうなんだよ。ヒロが今、指摘した**「売り買いのちょうどいいタイミング」の問題を**

解決するのが、積立投資なんだ。

どうやって解決するの？

定期的に同じ金額だけ買い続けるんだ。

毎月1万円ずつとか、そんな感じ？

そう！　コツコツと投資を続けて、お金を積み立てていくから、積立投資というんだね。

でも、どうして毎月コツコツだといいの？　ちょっとよくわからないな。

じゃあ、最初に描いた図でまた説明しようか。株価が10日間で大きく動くイメージを図にしたよね？

うん！　一番安いときに買って、一番高いときに売るのは難しいっていう話だよね。

そうだ。だからまず、**一番安いときに買うのも、一番高いときに売るのもあきらめる**よ。代わりに毎日、1万円を使って、その日の株価で買えるだけの株を買うことにする。1日のなかでも値動きがあるから、毎日11時に買うと決めるよ。そうすると、最初の7日間は次の表みたいになる。

5日目まではずーっと値下がりだね。

そう。だから株を買っても、買っても、持っている株の価値がどんどん下がってしまう。もしも株を売った場合には赤字だ。

そうだよね！　しかも赤字の額がどんどん膨らんでいくよ！　怖い……。

積立投資のイメージ

この会社の株を毎日、1万円ずつ買うと……

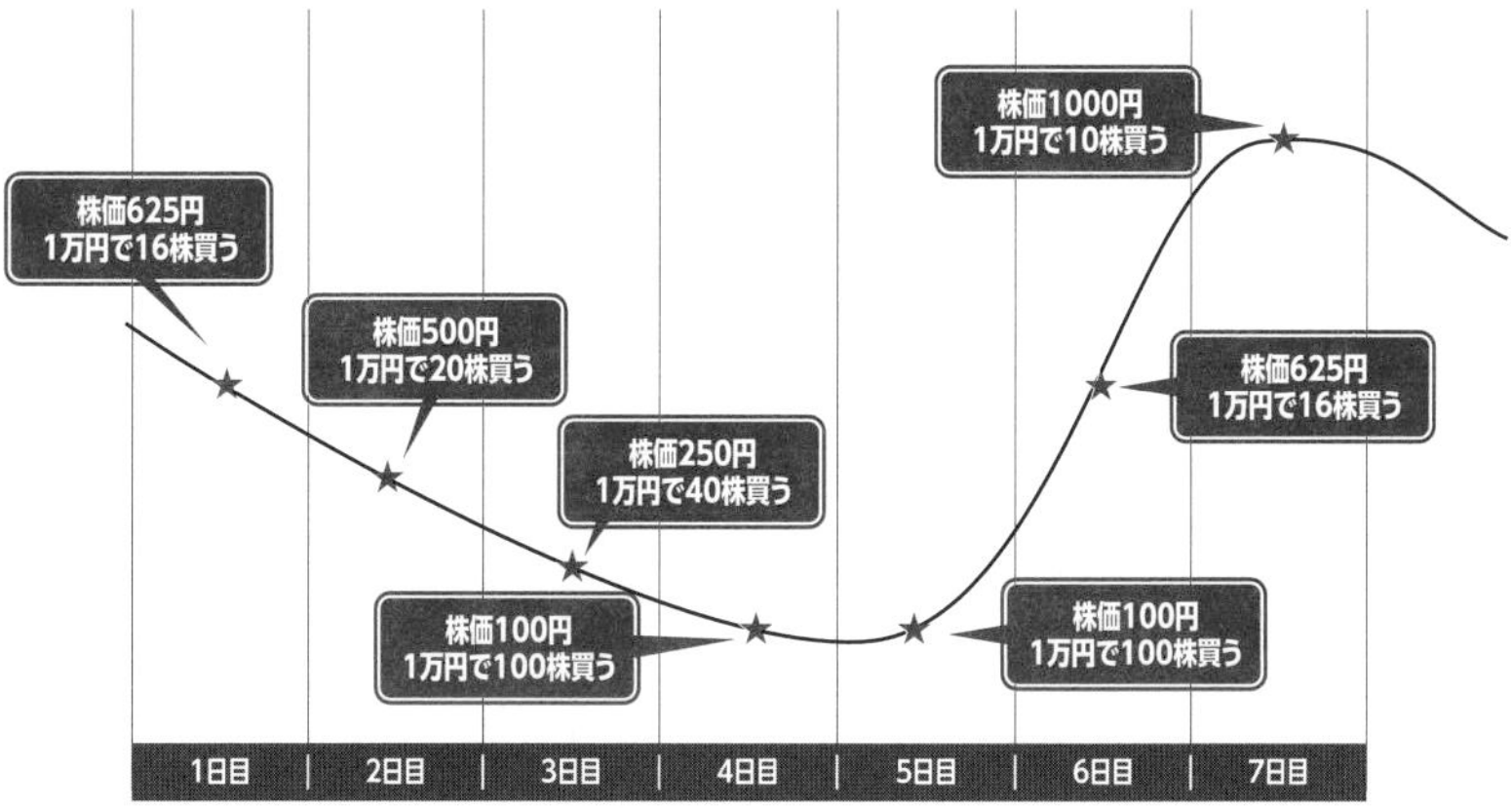

	1日目	2日目	3日目	4日目	5日目	6日目	7日目
投資したお金	1万円	1万円	1万円	1万円	1万円	1万円	1万円
株価の変化	—	株価は下落↘				株価は上昇↗	
買える株の数の変化		買える株の数は増加↗				買える株の数は減少↘	
持っている株の数（買った株の合計）	16株	36株	76株	176株	276株	292株	302株
持っている株の価値（売ったときの価格）	1万円	1万8000円	1万9000円	1万7600円	2万7600円	18万2500円	30万2000円
投資したお金の合計	1万円	2万円	3万円	4万円	5万円	6万円	7万円
黒字か赤字か	—	赤字 2000円	赤字 1万1000円	赤字 2万2400円	赤字 2万2400円	黒字 12万2500円	黒字 23万2000円
		赤字				黒字	

でもね、**株価が値下がりしているあいだは、1万円で買える株の数は増えている**。なぜなら**株価が値下がりすると、1株を買うのに必要なお金は減る**。ここが大事なんだ。

どうして?

6日目を見てごらん。株価が上がって、黒字がものすごく増えているだろ?

あー、ホントだ。２万２４００円の赤字が、1日で12万２５００円の黒字に! 大逆転だね!

そうなんだ。なんで大逆転できたと思う?

株価が上がったからでしょ?

それもあるけど、それだけじゃない。**株価が上がったときに、たくさん株を持っていたから、大きな利益が出る**んだ。そうでないと、ここまで黒字は大きくならない。

あれ? なんで、たくさん株を持っているのかな?

それは、株価が下がっていたときに、たくさん買っていたからだよ。

え? あーっ! 株価が下がっているあいだに、持っている株の数が16株から２７６株まで増えている!

ほら、さっき「株価が値下がりしているあいだは、1万円で買える株の数は増える」といっただろ? 株価が値下がりしているあいだに株をたくさん買えるから、株価が値上がりしたときの利益が大きくなるっていうわけさ。さっき、「株を一番安いときに買うのも、一番高いときに売るのもあきらめる」ともいったよね。その代わりに「安いときにたくさん買って、高いときに少なく買う」のが、積立投資なんだ。

ふーん……。それって、なんかいい気がするね。積立投資って、いい気がするよ。

あら、どうしてかしら？

だってさ、積立投資なら、値下がりしているときもうれしいし、値上がりしているときもうれしいじゃん？　値下がりしているときは「今は、安くたくさん買えているぞ！」と思って、わくわくするし、値上がりしたら、持っている株の価値が上がってテンションが上がるよね。

そうなのよ！　**株価の値上がりも値下がりも、どっちも味方につけられるのが積立投資のよさ**なのよ。

株価が上がってもいいし、下がってもいいから、値動きを気にしなくてもいいんだね。

そう、値動きを気にしないでコツコツと定額を買い続ければいいんだ。さっきは、話を単純にするために「毎日11時に1万円ずつ買う」ということにしたけど、実際の積立投資はだいたい1カ月に1回、自分で決めた額を自動的に買う仕組みになっている。でも、どうして利益が出やすいかという理由は同じだよ。

じゃあ、最後は「分散投資」ね。分散って、どういうことか、わかる？

分けるっていうことだよね？

そう、正解。**分散投資というのは、いろんなものに分けて投資すること**をいうの。株だったら、いくつかの会社の株を少しずつ買うとか、株だけでなく不動産にも投資をするとかね。なぜだと思う？

うーん、1つの会社の株ばかりを買っていて、その会社が潰れちゃったりしたら、怖いからかな。

そうなのよ。投資の格言に**「卵を1つのかごに盛るな」**っていうのがあるのね。1つのカゴに全部の卵を盛ってしまうと、もしもカゴを落としてしまったときに、すべての卵が割れてしまうかもしれないわよね。でも、いくつかのカゴに卵を分けておけば、1つのカゴを落としてしまっても、残りのカゴの卵は無事。投資もそれと同じで、どれかで失敗してもいいように、いろんなものに投資しなさいっていう意味なの。

わかりやすいね！

投資の対象は、実にたくさんある。日本の株だけでもいろんな株があるし、今はアメリカやヨーロッパ、アジアなど世界中の株に簡単に投資できるからね。ママがいったみたいに株だけじゃなくて、不動産にも投資できるし、「債券」というものを買って、国や会社にお金を貸すという投資もある。

だって、僕の教育費だって投資になるんでしょ？　将来、価値が上がる可能性があるものを買えば、なんだって投資になるんだもんね。

格言「卵を1つのかごに盛るな」

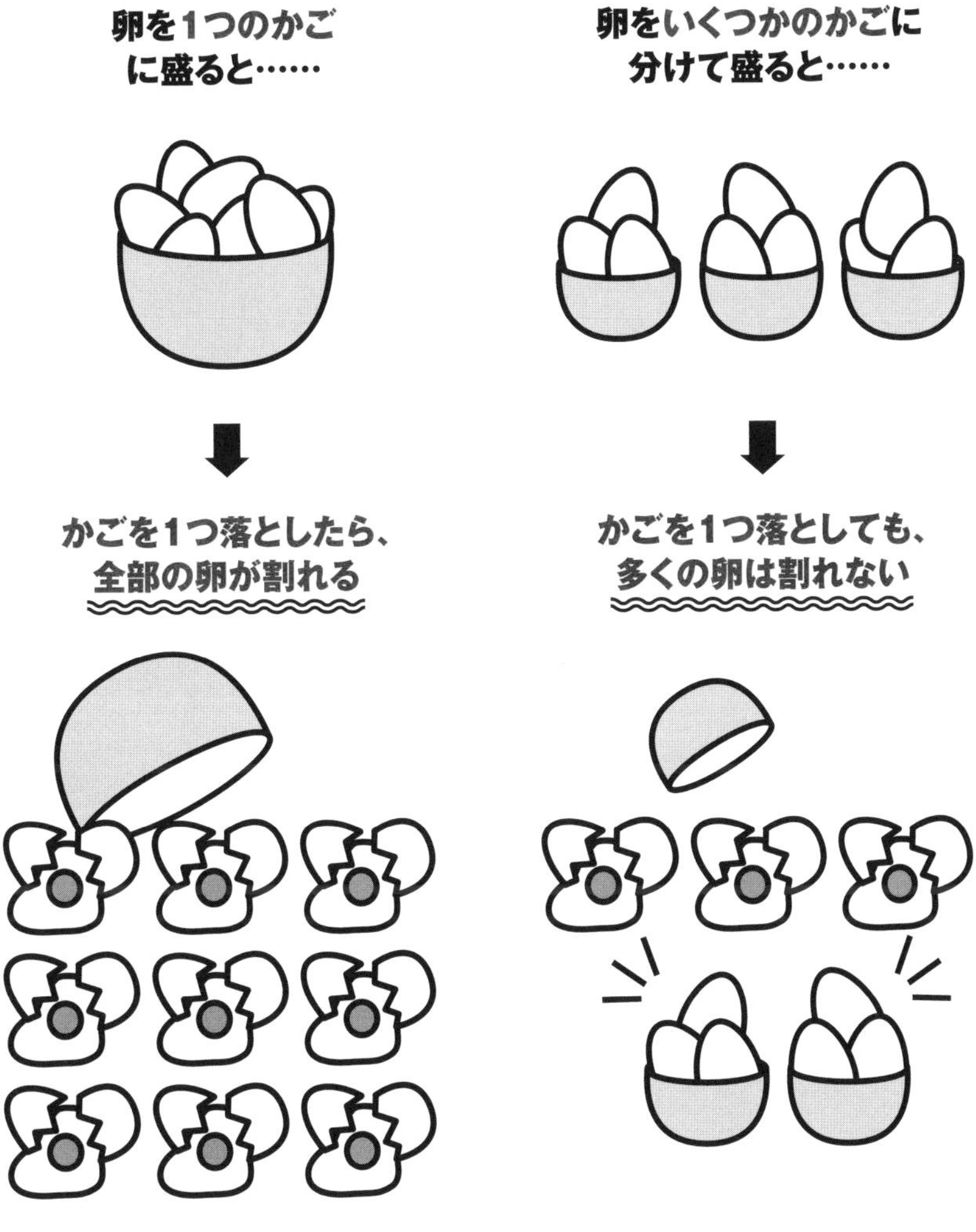
卵を1つのかご
に盛ると……
卵をいくつかのかごに
分けて盛ると……
かごを1つ落としたら、
全部の卵が割れる
かごを1つ落としても、
多くの卵は割れない

そう、よく覚えていたね。変わったところでは、高級ワインに投資する人もいるね。高級ワインを熟成させると、値段が上がることがあるから。あとは趣味と投資を兼ねて、美術品を買う人もいる。

そっかー。僕が将来、すごく有名な画家になったりしたら、僕の落書きだって値上がりしちゃうかもしれないもんね。

そうね。ヒロの絵が値上がりすることが前もってわかっていれば、ママは大儲けできるかもしれないわ。でも、「前もってわかる」かっていうと、やっぱり難しくて、ヒロの落書きは捨てちゃうわけよ。それはさておき、とにかく**投資をするときには、いろんなものに分けて投資をすることが大事**なの。

分散すれば、どれかが値下がりするかもしれないけれど、どれかが値上がりするかもしれないっていうことだよね。でも、全部が値下がりしちゃうことってないのかな？

全部が値下がりしちゃったら、怖いよね。

そうなのよ。だから、**値動きが違うものを組み合わせる**っていうのが、分散投資のコツになるわ。

値動きが違うもの？

例えば、ソフトクリームは暑い夏に売れるでしょ？　同じように猛暑で売れる食べものには、冷やし中華があるわ。逆に、夏のわりに涼しい冷夏に売れる食べものという

値動きの違うものを組み合わせる

		値動きが同じ会社に投資する		値動きが違う会社に投資する	
		「冷やし中華」の会社	「ソフトクリーム」の会社	「ソフトクリーム」の会社	「おでん」の会社
猛暑	業績	好調 ○	好調 ○	好調 ○	イマイチ ×
猛暑	投資の成績	両方ともいい ◎		片方はダメだけど、片方は好調 ○	
冷夏	業績	イマイチ ×	イマイチ ×	イマイチ ×	好調 ○
冷夏	投資の成績	両方ともダメ ××		片方はダメだけど、片方は好調 ○	

値動きが同じ会社に投資すると、投資の成績がいいときと悪いときの差が大きいね
逆に、値動きが違う会社に投資すると、大きく儲かることもないし、大きく損もしない
つまり、値動きが違う会社に投資したほうが、リスクは少ないっていうことなの

と、例えば、おでんよね。ということは、ソフトクリームを売っている会社と、冷やし中華を売っている会社の両方に投資すると、冷夏にはどっちも業績が悪くなってしまう可能性がある。そうなると、冷夏には投資の成績が悲惨になっちゃうかもしれない。でも、ソフトクリームの会社とおでんの会社にセットで投資すれば、冷夏でソフトクリームの会社の調子が悪くても、おでんの会社が頑張ってくれるから、それほどひどいことにならない。つまり、リスクが小さくなるっていうことね。

投資の世界では、株式と債券で値動きが逆になる傾向があることが知られていて、リスクを下げる分散投資によく利用されるわ。

ふーん。投資をする人って、いろんなことを考えるんだね。

いろいろ考えないと、リスクが大きくなっちゃうからね。でも、いろいろ考えるのはちょっと面倒だよね。そこで生まれたのが、投資信託だ。

投資信託？

投資信託は、いろんな株式や債券などをセットにした商品なんだ。お菓子のバラエティパックみたいな詰め合わせだね。トヨタ自動車やソフトバンクといった日本企業の株式ばかりが入った詰め合わせもあれば、グーグルやアマゾンなど、アメリカのＩＴ企業の株式がたくさん入った投資信託もあるし、もっと幅広くいろんな会社の株式をバランスよく詰め合わせた投資信託もある。値動きが逆になりやすい株式と債券をセッ

投資で
損をしない方法は
ないの？

トにすることもあるし、不動産が入っている投資信託もあるよ。つまり、**投資信託を1本買うだけで分散投資ができるんだ。**

うわー、便利！

積立投資ができる投資信託もあって、「投信積立」と呼んだりするわ。毎月100円とか1000円くらいから買える投資信託もあるの。

それなら僕のおこづかいでも買えるね！ 投資積立にすれば安心だし！

そうね。**できるだけリスクを低くしたい投資の初心者にとっては、投信積立が正解だとママは思う**わ。投資信託にももちろん、損をするリスクはあるけど、特定の1社の株を買うのと比べると、ずっとリスクが低いのは確かだと思うの。

えっと、投資信託でも損することってあるの……？

あるわよ。それはだいたい、世界全体の経済が成長しなかったり、日本経済が成長しなかったりするときね。

そっかー、日本経済は成長しなかった時期が長かったんだよね？

そうね。でも、それは昔の話で、問題は「これからどうなるか」よ。**世界の経済全体が成長しなかったら、どんなに「長期」「積立」「分散」で投資しても、お金は増えにくいし、減っちゃうことだってあるかも**しれない。

ということは……。やっぱりアメリカに投資したほうがいいのかな？

それはママにもわからないわ。未来のことなんて正直、誰にもわからないもの……。
ただ、少なくとも世界の経済がこれまで、長期的には成長してきていることは確かよ。
GDPって、わかる？

聞いたことは……あるかな？

GDPは、日本語にすると「国内総生産」で、ある国のなかでどれくらいの儲けが出たかを示す数字なのよ。GDPが増えていれば、経済が成長しているといっていいわね。そして、世界全体のGDPの推移を示したグラフがこれよ（左ページ）。

うわー、右肩上がりだ！　波はあるけど、世界の経済はちゃんと成長しているんだ！
これなら安心だね。安心して投資信託を買えそう♪

でもね、ヒロ。ママとしては、**ヒロも未来をつくる1人だってことを、忘れないでほしい**かな。投資信託を使えば、世界中の会社に投資することができるけど、それは世界中の会社を応援するっていうことだし、そこで利益を出すには、世界全体の経済が成長しないといけないわけでしょ？　そしてヒロも未来の世界経済を担う1人なのよ。
だからヒロにもこれから、世界がいい方向に向かうように頑張ってほしいって、ママは思うのよ。

うーん……。それは、ちょっと責任重大すぎるかも？

そんなことないわよ。頑張って♪

投資で
損をしない方法は
ないの？

世界GDPの推移

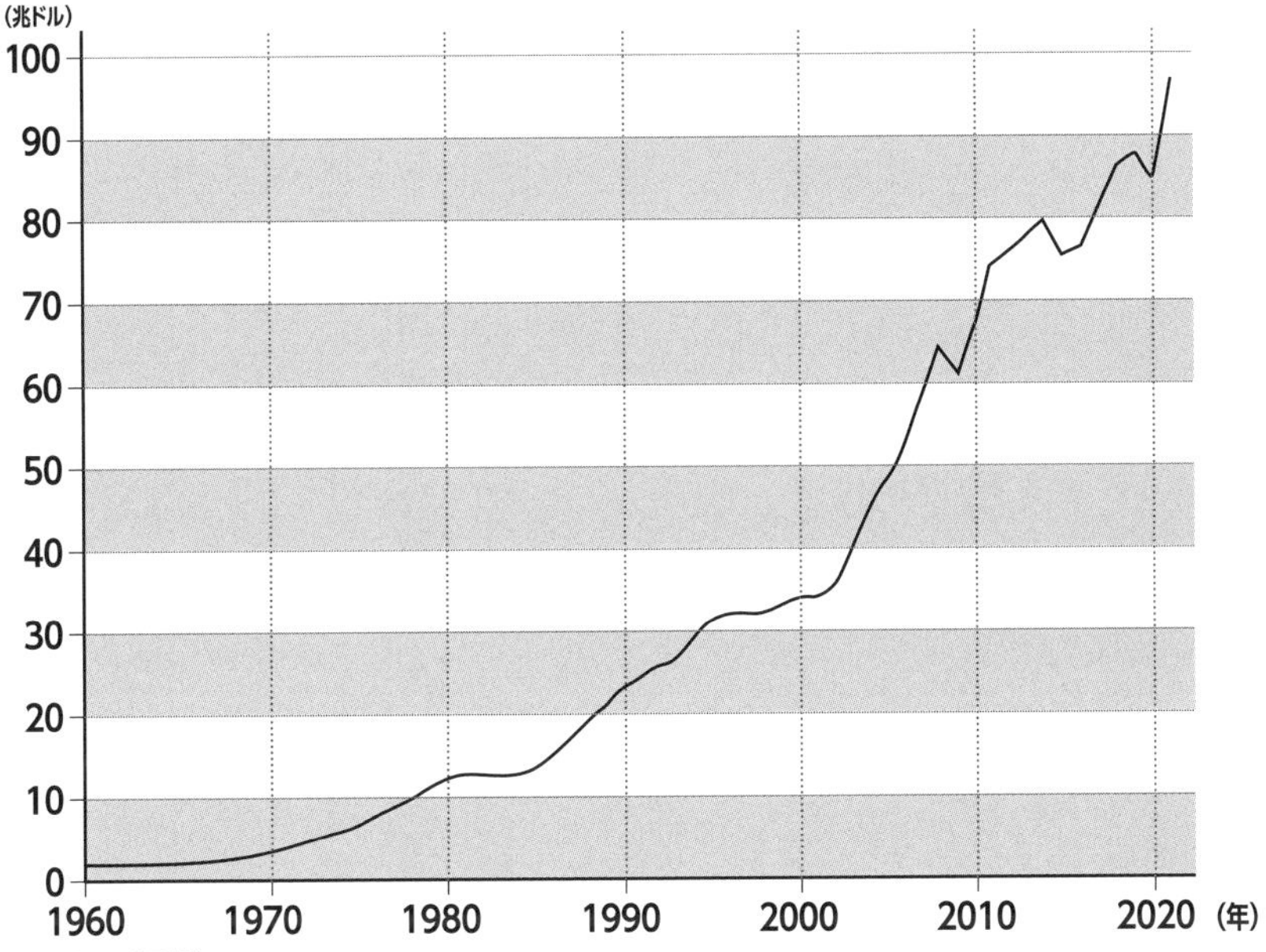

＊出所：世界銀行

解説

投資をして儲かればうれしいけれど、損するのはイヤというのは、大人も子どもも同じ。お金について学び、投資に興味を持てば、子どもたちも「投資で損をしない方法はないのだろうか？」と考えます。

投資をする以上、絶対に損をしない方法はありません。けれど、リスクを低くして、損する可能性を低くする工夫はできます。それが**「長期」「積立」「分散」投資**です。

結論からいってしまえば、**投資対象が分散されている「投資信託」を、積立方式でコツコツと長く買い続けるのがお勧め**です。いわゆる**「投信積立」**ですね。応援したい会社があって個別に株を買ったり、社会勉強のために暗号資産を買ったりするといった、特別な理由があるケースは別ですが、初心者がシンプルに資産を増やしたいだけなら、投信積立が「投資の正解」ではないかと思います。

それでは、なぜ「長期」「積立」「分散」なのでしょうか。「正解」を知ること以上に、理由に納得することが大事です。理由を理解できていれば、これから新しく登場する商品も含めて、さまざまな投資商品のよしあしを、自分の頭で的確に判断できるようになるでしょう。

長期、積立、分散は、中長期にわたって安定的に資産を増やすためには欠かせない大事なポイントです。順番に解説します。

【1】長期投資

投資の基本は「安いときに買って、高いときに売る」ことです。ですから、投資が成功するかどうかは、**「買いどき（例えば株価が安いタイミング）」と「売りどき（例えば株価が高いタイミング）」の判断が重要**になります。

買ってから売るまでの「投資期間」を短くとらえていると、この判断が特に難しく、急に値下がりしたときに焦って売るなど、損をしやすくなります。一方、投資期間を長く見ていれば、**買ったものの価格が一時的に下がっても、その先で回復する**見こみがあるので、損をしにくくなります。過去の相場の動きを見ても明らかですが、上がり続ける相場も下がり続ける相場もありません。

長期投資には「複利効果」というメリットもあります。定期預金の利息と同じで、投資して1年目に得られた利益を、翌年の投資に回せば、1年目の利益から、2年目の利益が生まれるかたちになり、お金が増えるスピードが上がります。運用期間が長くなればなるほど、複利効果は大きくなります。

短期売買の典型例が「デイトレーダー」です。いくつも並べたモニター画面を1日中にらみつけてパソコンを操作する姿をテレビなどで見ると、印象に残るようで、言葉としては知っていて、興味を持っている子どもも結構います。デイトレードは、買った株をその日のうちに売り、取引を完結させる投資スタイルのこと。デイトレードをしている人が、デイトレーダーです。細かな価格変動から目を離せないという制約もあり、本業がほかにある一般の投資家には向きません。

【2】 積立投資

特定の投資商品に**一定額を定期的に投資していくのが「積立投資」**です。反対に、あるタイミングで、**まとまった額を一度に投資するのが「一括投資」**です。

一定額を定期的に投資することのメリットは、株などを「安いときに多く買える」ことです。**安いときにたくさん買った株が値上がりすれば、多くの利益が得られる**というわけです。反対に、高いときに株を多く買ってしまうと損をしますが、投資する金額が一定の積立投資ならば「高いときには少なく買う」ことになります。安いときに多く買って、高いときに少なく買うことで、平均購入単価は下がり、株価が上昇してきたときに、利益が得やすくなるということです。このような投資手法を「ドルコスト平均法」とも呼びます。

積立投資のメリットとしてはもうひとつ、感情に左右されにくいことがあります。繰り返しになりますが、投資の基本は「安いときに買い、高いときに売る」ことです。このタイミングの判断が難しいのですが、なぜ難しいかというと、感情の問題も大きいです。知識や経験が豊富な人でも、相場が大きく変化する局面では、余計な欲が出たり、いたずらに不安になったりするものです。その結果、判断を誤り、手痛い損失を被ります。投資のプロでも、感情に引っ張られて、客観的に見れば信じられないようなミスをすることはよくあります。

その点、**積立投資は、決まった日に一定額を自動的に淡々と買っていく仕組み**です。**感情に左右される要素がほとんどありません。**今までに投資した商品が値下がりして、含み損が出ると、誰でも不安になるものです。けれど、積立投資ならば、値下がりしても「今は安く買えている」「だから値上がりしたときに得をする」と思えるので、不安にならずに済みます。

【3】 分散投資

分散投資は、投資先を分散して、さまざまな種類の金融商品を買うことです。そうすれば、**ある投資先で損失が出ても、ほかの投資先で利益を出し、カバーできる**可能性が高くなります。

特に**値動きが異なる投資商品を組み合わせる**と効果的です。例えば、国や企業に資金を貸し付ける「債券」という投資商品は、株式と比べると一般にリスクが低く、株式と値動きが逆になる傾向があります。そのため、株式と債券の両方に投資すれば、リスク分散の効果が期待できます。ほかにも、投資する会社の業種を分けたり、国内と海外、先進国と新興国といった地域で分けたり、分散投資にはさまざまな切り口が考えられます。

自分１人で分散投資をするのは大変ですが**「投資信託」を利用すれば分散投資も簡単**です。投資信託は、国内外の株や債券、不動産など、さまざまな投資商品をセットにした商品です。投資信託にはそれぞれに投資方針があり、その方針に従って、プロのファンドマネージャーが投資家から集めたお金を運用します。

投資信託のメリットは、分散投資だけではありません。積立投資ができる商品も多く、毎月１００円や１０００円といった小さな金額から投資することも可能です。少額の積立投資を長く続ければ、長期投資にもなります。１つの商品で長期、積立、分散という３つのポイントをすべて押さえられるというわけです。投資信託を積立投資する「投信積立」が、初心者にとっての投資の正解であると私たちが考えるのは、このような理由からです。

長期・積立・分散投資について、ご説明してきました。その効果は、データからも明らかです。

２００１年から２０２０年までの20年間、毎月１万円をさまざまな株式に分散投資した場合の運用成績を、金融庁が試算しています（※１）。投資総額は２４０万円

（1万円×12カ月×20年）ですね。これを、世界中の株に分散投資（※２）した場合、６２４万円に増加。日本株に分散投資した場合（※３）は、５０３万円に増加したというのが、試算の結果です。あくまでも過去の運用成績ですが、コツコツと投資を続けることの重要性を痛感させられます。

まとめ ＝ 投資のリスクはゼロにはできないが、減らす方法はある

▼投資で「絶対に損をしない方法」はない。ただし、リスクを低くして「損をする可能性を低くする方法」はある

▼リスクを低くして安定的にお金を増やすコツは「長期・積立・分散投資」。投資信託の積立投資をコツコツと続けるのが、初心者にとっての「投資の正解」

▼長期投資ならば、短期投資と比べて「買いどき」や「売りどき」の判断がしやすい。複利効果もあるので、お金が増えやすい

▼積立投資ならば、「買いどき」や「売りどき」についてあまり悩まなくていい

▼分散投資ならば、なにかの投資で損を出しても、別のなにかでリカバーできる

※1：金融庁「つみたてNISA早わかりガイドブック」
※2：上場インデックス世界株式（MSCI　ACWI）をもとに試算
※3：日経平均をもとに試算

「ＮＩＳＡ（ニーサ）」って、なに？

「資産所得倍増」を目指して、お得に投資できる制度

この暗号は一体…!?
新NISA
黒幕は資産所得倍増計画よ!

ニュースやＳＮＳで話題の「ＮＩＳＡ（ニーサ）」。**投資で得た利益にかかるはずの税金がゼロになる**という、とてもお得な制度です。人生１００年時代を生き抜くには、働いて稼ぐ**「労働所得」**だけでは不安。投資から生まれる**「資産所得」を倍増**しようという国の政策から生まれました。

ママ、ＮＩＳＡってなに？

あら、今日の質問はＮＩＳＡ？　ヒロも、どんどん大人になっていくわね。

小学生新聞を読んでいたら、ＮＩＳＡの話が出てきたんだ。最近、テレビとかで

もよく聞くけど、なにかの暗号?

暗号かー。NISAは「少額投資非課税制度(しょうがくとうしひかぜいせいど)」のことよ。

それじゃあわからないよー。

そうだよね。要するに、**NISAは「もっと投資をしましょう」という国の政策でできた制度**なのよ。

投資! 僕、興味あるよ。どんな仕組みなの?

投資をしていると、利益が出ることがあるじゃない? 例えば、ヒロはこのあいだ任天堂の株を買ったから、次の3月には配当金がもらえるかもしれないわよね。

えっ、そうなの! パパー! 僕らの配当金は、どうなるの?

どうだろうね。配当金が出るかどうかは、任天堂の業績や方針次第で、必ず出るわけじゃないからさ。でも、去年の春(2022年度期末)は1株あたり1410円の配当金が出ているよ。

1株あたり1410円! うわー、楽しみー♪

でも、もしも**配当金が1410円出たとしても、ヒロが1410円を全部もらえるわけじゃない**のよ。

えっ、そうなの?

税金がかかるのよ。株式投資だけでなく、**投資で出た利益には税金がかかって、税率は20・315%**。配当金が1410円だとしたら、税金が290円近くとられる計算で、残るのは1120円っていうところね。

うーん、すごく減っちゃうんだね。

税金がないと、社会は回らないからね。仕方ないわよ。でも、**NISAを使うと、投資で出た利益に税金がかからない**の。だから**配当金にも税金がかからない**。

えーっ！　じゃあ、1株当たり290円も得するじゃん！

配当金だけじゃないわ。ヒロが今持っている株を将来、売ったとするわよね。買った値段より高く売れれば、売却益が得られるわけだけど、その売却益にも20・315%の税金がかかるの。でも、**NISAが使えれば、売却益の税金もゼロ円**よ。

うわー、NISAってすごい制度なんだね。

でも、ヒロ。なんで税金がゼロになるんだと思う？

……なんで？

政府が最近「資産所得倍増計画」っていうのを打ちだしているんだけど、ヒロは知っているかな？

……ん？

「資産所得」というのは「資産から生まれる所得」のことだ。例えば、株の配当金や

NISA（ニーサ）って、
なに？

NISAのメリット

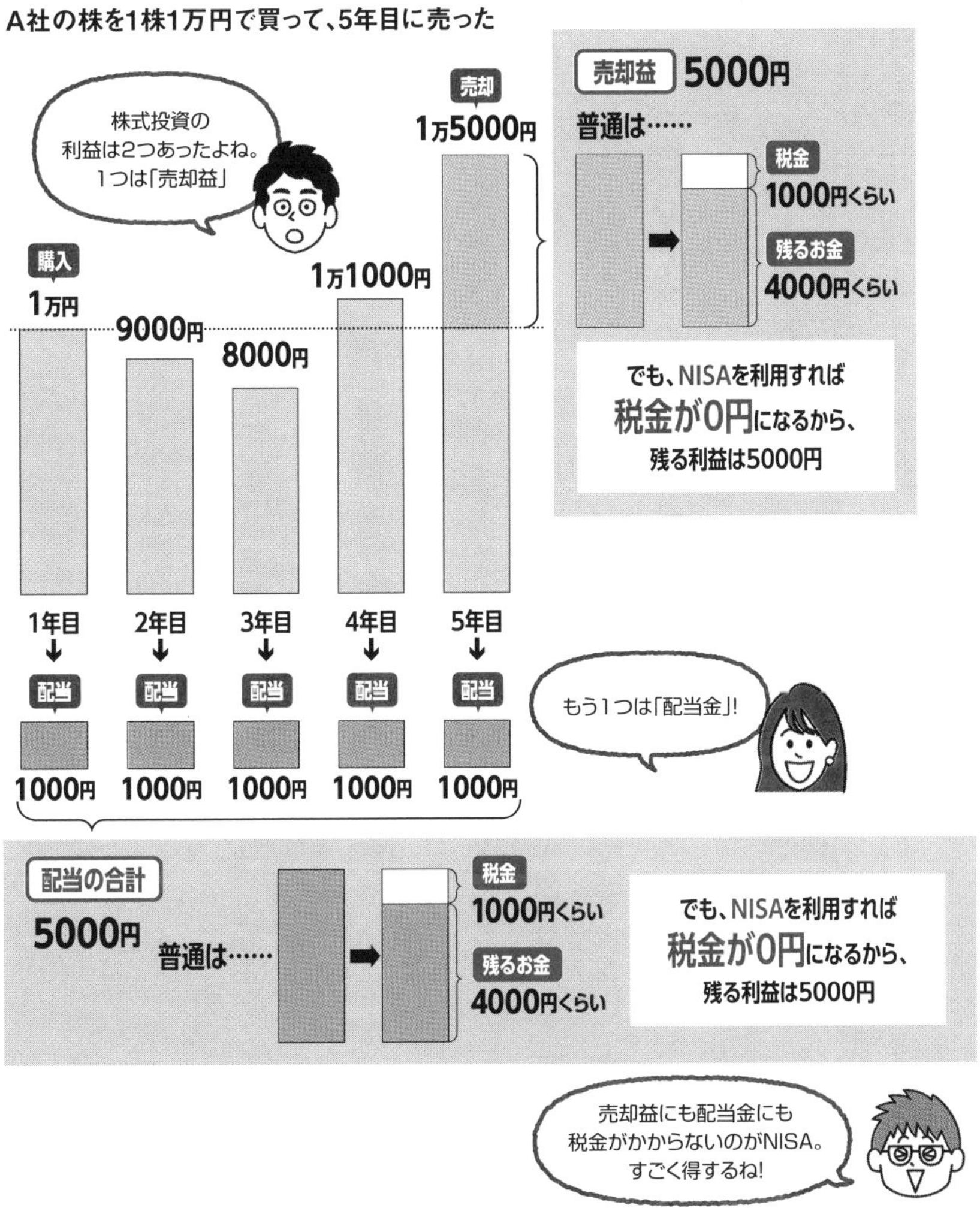
A社の株を1株1万円で買って、5年目に売った
株式投資の利益は2つあったよね。1つは「売却益」
購入
1万円
9000円
8000円
1万1000円
売却
1万5000円
1年目
2年目
3年目
4年目
5年目
配当
1000円
1000円
1000円
1000円
1000円
もう1つは「配当金」!
売却益 5000円
普通は……
税金
1000円くらい
残るお金
4000円くらい
でも、NISAを利用すれば税金が0円になるから、残る利益は5000円
配当の合計
5000円
普通は……
税金
1000円くらい
残るお金
4000円くらい
でも、NISAを利用すれば税金が0円になるから、残る利益は5000円
売却益にも配当金にも税金がかからないのがNISA。すごく得するね!

売却益は、「株」という「資産」から生まれる「所得」だから、資産所得だね。ほかには、銀行預金から生まれる利子もそうだし、土地や建物をたくさん持っている人が、誰かに家を貸して家賃をもらったら、それも資産所得だ。

いいね、資産所得！　働かなくてもお金が入ってくるんだ！

そうなんだ。**働かなくても入ってくるお金だから「不労所得」ともいう**よ。それに対して、**お給料みたいに働いてもらうお金を「労働所得」といったりする**よ。

でも、働かないでお金をもらうなんて、ちょっと悪いことをしているみたいな……。

そんなことはないさ。株に投資をすれば、損をするリスクがあるよね。それを覚悟のうえで投資する人がいなければ、株式会社を経営している人は困ってしまう。家を貸すのだって、借りる人からすれば、住宅ローンを借りなくても住むところを確保できるわけで、必要な人にとってはありがたいはずだ。**不労所得は基本的に、自分のお金を誰かの役に立つように使うことで手に入れるべきもの**だよ。それに対して、**労働所得は、自分の労働が誰かの役に立つからもらえる**わけだよね。

ふーん……。で、それがNISAと、どう関係するの？

日本人は、アメリカやヨーロッパの国々の人たちと比べて、資産所得を稼ごうとする姿勢が弱いといわれている。そのために、資産そのものの増え方が弱いんだ。日本とアメリカ、イギリスの人たちの資産（家計金融資産）が、この20年間で、どれくらい増えたかを比較したグラフがあるから、見てみようか（次ページ）。

うわーっ、日本はダントツで伸びていないよ。

なんで伸びていないかというと、**日本人は、お金があってもあまり投資をしないで、現金や銀行預金のかたちで持っておきたがる**からなんだよね。現金と銀行預金をまとめて「現預金」と呼ぶけれど、日本人の場合、資産の半分以上（54・9％：※）を現預金が占める。でも、**現預金を持っていても、お金はほとんど増えない**よね。だって、現金を家に置いておいても、お金はまったく増えないし、銀行に預金しても金利はすごく低いだろ？

そうだったね……。アメリカやイギリスの人たちは違うの？

そうなんだ。現預金の割合は、アメリカでは1割強（12・8％：※）、イギリスでは3割弱（27・2％：※）で、日本よりずっと少ない。アメリカやイギリスの人たちはそのぶん、株式や投資信託などへの投資にお金を多く回しているんだ。投資が多いぶん、資産所得が増えていて、資産全体が日本より増えているというわけさ。グラフにある「運用リターン」というのは、株式や投資信託から生まれた資産所得のことだからね。

なんか……。このままだと、日本って、すごく貧乏な国になっちゃいそうだね。

だから、NISAなんだ。**日本人はなぜか現預金が大好きなんだけど、政府としては、**

日本とアメリカ、イギリスの「家計金融資産」の比較

2000年時点の各国の家計金融資産を「1」としたときの伸び

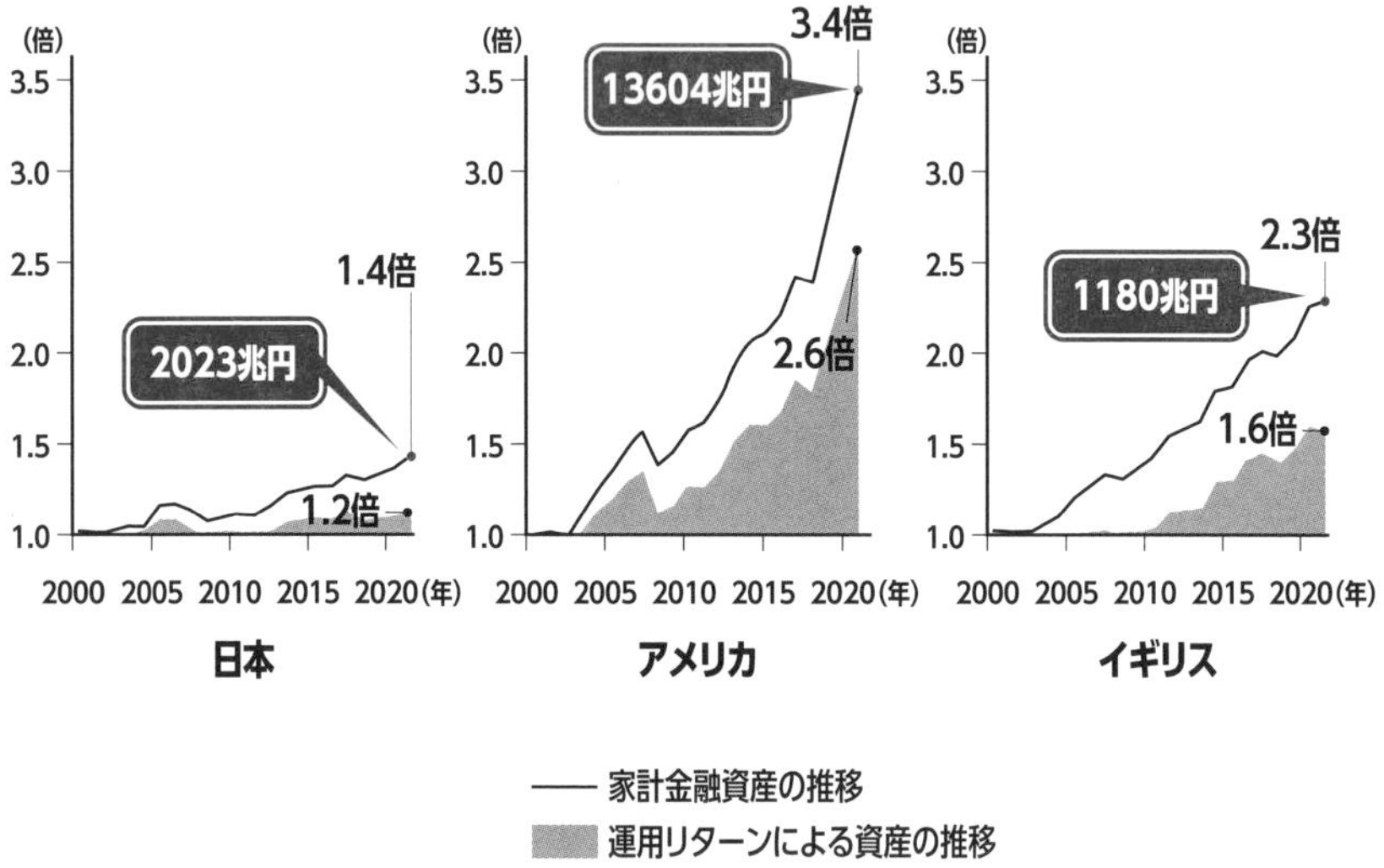

＊ 内閣官房「資産所得倍増に関する基礎資料集」をもとに作成

もっとお金を投資に回してもらいたい。そうしないとヒロがいうように、国が貧乏になっちゃいそうだからね。**そこで投資をすると得する制度をつくった。それがNISA**っていうわけさ。投資でお金を儲けても、税金が引かれると聞くと、モチベーションが下がるよね。

うん！　さっき税金の話を聞いて、ちょっとがっかりしちゃったよ。

でも、NISAを使えば、税金がゼロ円と聞けば、やる気になるよね。

うん！　すごく、やる気になってきたよ！　僕もNISAをやりたい！

でも、残念ながら今のところ、ヒロがNISAを使うのは難しいわ。「ジュニアNISA」という、子どもが使えるNISAの制度は、残念ながら2023年で廃止されちゃうの。2024年からは、18歳以上にならないとNISAは使えないのよね。

えーっ、そうなのー。

そうなのよ。でも、こういう制度はよく変わるから、何年かしたらまた、18歳未満でも使える制度ができるかもしれないわ。大人向けのNISAも2024年から変わるけれど、より使いやすくなる方向になっているしね。それに、さっきの「資産所得倍増計画」の話で、そもそも、なんで投資が必要なのかもよくわかったでしょ。

うん！　よーく、わかったよ！

※内閣官房「資産所得倍増に関する基礎資料集」

解説

岸田文雄内閣が２０２２年、「資産所得倍増計画」を打ちだしました。「貯蓄から投資へ」という動きを後押しする政策です。その実現のためにＮＩＳＡを大幅に拡充することが決まり、ＮＩＳＡに注目が集まっています。

ＮＩＳＡは「国民の投資を後押しするため、投資の利益にかかる税金を免除する税制優遇制度」です。投資で得た利益には通常、20・315％の税金がかかりますが、ＮＩＳＡを利用すると、投資で得た利益が非課税になります。例えば、投資信託を売却（解約）して１００万円の利益が出たとき、ＮＩＳＡを使わなければ、約20万円の税金がかかって約80万円しか手に入りません。けれどＮＩＳＡを使えば、まるまる１００万円を手にすることができるというわけです。これは大きいですよね。

子どもにＮＩＳＡについて説明するなら、そもそも「どうして国が今、国民の投資を後押ししているのか」という背景から伝えられると、社会の勉強にもなっていいと思います。ＦＰパパがデータを使って説明した通り、２０００年以降、**日本の家計の金融資産の増え方は、欧米と比べると弱く、要するに「貧しくなってきた」**といっていいでしょう。その理由として、**資産を現預金で持つ傾向が強く、投資に回すお金が少ない**という事情が大きく働いていることもデータからわかります。

１００歳まで生きることも珍しくない長生きの時代。しかも少子高齢化で、年金の担い手は減っていきます。**これから大人になる子どもたちは、自分の人生と老後を支**

える資産を自分の力で形成していくことを、より強く求められます。

ＮＩＳＡの制度は２０２４年から大きく変わりますが、２０２３年までは３つの制度があります。「一般ＮＩＳＡ」と「つみたてＮＩＳＡ」、そして「ジュニアＮＩＳＡ」です。18歳未満を対象とした「ジュニアＮＩＳＡ」は、残念ながら廃止になります。18歳以上が対象の「一般ＮＩＳＡ」と「つみたてＮＩＳＡ」は統合され、１つのＮＩＳＡ制度のなかに「成長投資枠」と「つみたて投資枠」があるという仕組みに変わります。新しい制度の「成長投資枠」は、これまでの「一般ＮＩＳＡ」を引き継ぐものです。そして「つみたて投資枠」は「つみたてＮＩＳＡ」を引き継ぎます。

さまざまな制度があって混乱しそうですが、まず、ざっくりと次のように理解するといいでしょう。

- **投資初心者向き→「つみたてNISA」「つみたて投資枠」**
- **投資上級者向き→「一般NISA」「成長投資枠」**

なにが違うかというと「投資できる商品（投資対象商品）」です。「つみたてＮＩＳＡ」と「つみたて投資枠」は、どちらも、国が「積立・分散投資に適している」と認めた投資信託だけを対象とします。つまりは、安定的にお金を増やすのに向くと、国が認

これまでのNISAと、新しいNISAの比較

	2023年まで		2024年以降	
	つみたてNISA	一般NISA	つみたて投資枠	成長投資枠
対象年齢	18歳以上			
投資対象商品	国が認めた「積立・分散投資に適した投資信託」	上場株式や投資信託など、幅広い投資商品	国が認めた「積立・分散投資に適した投資信託」	上場株式や投資信託など、幅広い投資商品※
投資方法	積立投資のみ	積立投資も一括投資も	積立投資のみ	積立投資も一括投資も
両制度の併用	不可		可	
非課税期間	最長20年間 2042年まで	最長5年間 2027年まで	無期限	
新規に投資できる期間	2023年まで	2023年まで	2024年以降いつでも	
年間投資枠	40万円	120万円	120万円	240万円
生涯投資上限	800万円	600万円	1800万円 (このうち成長投資枠が1200万円)	

※ただし「高レバレッジ型および毎月分配型で、運用期間が20年未満の投資信託」など、除外される投資商品もある

リスクが低い商品を国が選んでいる「つみたて投資枠」は、初心者向きよ
2024年から、制度が拡充されて、より使いやすくなっているよ
国が、僕らにもっと投資してほしいからなんだね

めた投資信託だけを買う仕組み。「長期・積立・分散投資」を始めるのに好適で、初心者向きです。一方、「一般ＮＩＳＡ」と「成長投資枠」の場合、幅広い投資信託に加えて上場株式など、ややリスクの高い商品に投資した場合にも利用できるので、上級者向きです。

では、２０２４年からなにが変わるのでしょうか。右の表にまとめましたが、新しい制度は、よりメリットが大きいものになっていることがわかります。**リスクはもちろんゼロではありませんが、初心者の投資の入り口としてＮＩＳＡは優れています。**親子で研究してみてはいかがでしょうか。

まとめ　ＮＩＳＡの拡充で投資のメリットが大きくなる

- ▼ＮＩＳＡとは「少額投資非課税制度」であり、「国民にもっと投資をして、豊かになってもらう」ために国がつくった仕組み
- ▼投資で配当金や売却益などの利益が出ると、普通は20・315％の税金がかかるが、ＮＩＳＡを利用すると税金がかからない
- ▼2024年からＮＩＳＡが拡充され、利用するメリットがさらに大きく

頼藤 太希　よりふじ たいき

株式会社Money&You代表取締役。中央大学商学部客員講師。慶應義塾大学経済学部卒業後、外資系生保にて資産運用リスク管理業務に従事。2015年に株式会社Money＆Youを創業し、現職。月間400万PV超の女性向けWebメディア「Mocha」やYouTube「Money＆You TV」を運営。『会社も役所も銀行もまともに教えてくれない 定年後ずっと困らないお金の話』（大和書房）『はじめてのNISA&iDeCo』（共著、成美堂出版）『マンガと図解 はじめての資産運用』（共著、宝島社）など著書多数。日本証券アナリスト協会検定会員。ファイナンシャルプランナー（AFP）。

Twitter @yorifujitaiki

高山 一恵　たかやま かずえ

株式会社Money&You取締役。慶應義塾大学文学部卒業。2005年に女性向けFPオフィス、株式会社エフピーウーマンを創業、10年間取締役を務め退任。その後、株式会社Money＆Youの取締役に就任。講演活動、執筆活動、相談業務を行い、女性の人生に不可欠なお金の知識を伝えている。『はじめてのNISA&iDeCo』（共著、成美堂出版）、『1日1分 読むだけで身につくお金大全100』（共著、自由国民社）、『マンガと図解 はじめてのFIRE』（共著、宝島社）など著書多数。一般社団法人不動産コンサルティング協会理事。ファイナンシャルプランナー（CFP）。

Twitter @takayamakazue

11歳から親子で考えるお金の教科書
子どもに年収を聞かれたら？

2023年04月10日 初版第1刷発行

著　者　頼藤 太希・高山 一恵
発行者　北方 雅人
発　行　株式会社 日経BP
発　売　株式会社 日経BPマーケティング
〒105－8308　東京都港区虎ノ門4－3－12

デザイン・DTP ……… 鈴木大輔・江﨑輝海（ソウルデザイン）
校閲 ……………………… 西村 創（円水社）
編集 ……………………… 小野 田鶴
印刷・製本 …………… 図書印刷

ISBN 978-4-296-20182-2